GAIGE KAIFANG
JIANSHI

改革开放简史

本书编写组

人民出版社

中国社会科学出版社

　　1949 年 10 月 1 日，毛泽东在天安门城楼上庄严宣告中华人民共和国中央人民政府成立

1978 年 12 月 18 日，邓小平在中国共产党第十一届中央委员会第三次全体会议上

1997 年 9 月 12 日，江泽民在中国共产党第十五次全国代表大会上

2007 年 10 月 15 日，胡锦涛在中国共产党第十七次全国代表大会上

2012 年 11 月 15 日，习近平在北京人民大会堂同采访中国共产党第十八次全国代表大会的中外记者见面

目　录

第一章 ‖ 改革开放拉开大幕

　　风起云天，潮涌东方。改革开放是中国人民和中华民族发展史上一次伟大革命，正是这个伟大革命推动了中国特色社会主义事业的伟大飞跃。习近平在庆祝中国共产党成立 100 周年大会上的重要讲话，立足党的百年奋斗历程，从革命、建设、改革、新时代四个时期总结党团结带领中国人民创造的伟大成就和宝贵经验，强调改革开放是决定当代中国前途命运的关键一招，为实现中华民族伟大复兴提供了充满新的活力的体制保证和快速发展的物质条件，中国大踏步赶上了时代。

　　1978 年 12 月 18 日，在中华民族历史上，在中国共产党历史上，在中华人民共和国历史上，都是载入史册的重要日子。中国共产党召开十一届三中全会，重新确立马克思主义的思想路线、政治路线和组织路线，作出把党和国家工作中心转移到社会主义现代化建设上来、实行改革开放的历史性决策，实现了新中国成立以来党的历史上具有深远意义的伟大转折，开启了改革开放和社会主义现代化建设的伟大征程。

一、解放思想成为改革开放先导

粉碎"四人帮"以后，世界密切注视着中国：中国会向何处去？这也真实反映了当时绝大多数中国人的心态。结束"文化大革命"十年内乱，中国面临一个新的转折关头。当时，世界经济快速发展，科技进步日新月异，而十年内乱导致我国经济濒临崩溃的边缘，人民温饱都成问题，国家建设百业待兴。党内外强烈要求纠正"文化大革命"的错误，使党和国家从危难中重新奋起。

邓小平的复出，让人们看到了希望。1977 年 7 月 17 日，历经三落三起，73 岁的邓小平重新走上领导岗位。他指出："如果现在再不实行改革，我们的现代化事业和社会主义事业就会被葬送。"国内外发展大势，要求中国共产党尽快就关系党和国家前途命运的大政方针作出政治决断和战略抉择。

掀起思想解放大潮

历史的巨轮往往会在惯性的驱使下，继续沿着过去的轨道运行。"文化大革命"结束后，广大党员干部和人民群众都期待着中国迅速摆脱困境，加快推进社会主义现代化建设。但是，"两个凡是"①方针的提出，严重禁锢着人们

---

① "两个凡是"，即"凡是毛主席作出的决策，我们都坚决维护，凡是毛主席的指示，我们都始终不渝地遵循"。

的思想，使"左"的指导思想不能得到根本纠正。

"两个凡是"提出不久，邓小平等老一辈革命家就多次提出批评，倡导实事求是。1977年2月，邓小平同前来看望他的王震谈话时指出，"两个凡是"不是马克思主义，不是毛泽东思想。4月，邓小平致信华国锋、叶剑英和党中央，针对"两个凡是"的错误观点，指出"我们必须世世代代地用准确的完整的毛泽东思想来指导我们全党、全军和全国人民，把党和社会主义的事业，把国际共产主义运动的事业，胜利地推向前进"。

1977年7月，邓小平在党的十届三中全会上强调，要用准确的完整的毛泽东思想作指导思想，提出要把毛泽东倡导的群众路线和实事求是的作风恢复起来。9月，在纪念毛泽东逝世一周年之际，聂荣臻、徐向前、陈云等先后在《人民日报》发表文章，总结党的历史经验，强调准确完整地宣传毛泽东思想，阐述恢复和发扬实事求是优良传统的重大意义。这激发起人们对"两个凡是"造成的思想阻碍进行反思，引发到底是把实践还是把"两个凡是"作为判断是非标准的争论。

1978年5月10日，中央党校内部刊物《理论动态》第60期刊登《实践是检验真理的唯一标准》，《光明日报》在第二天以特约评论员名义公开发表，新华社全文转发。之后，《人民日报》及全国绝大多数省、自治区、直辖市报纸陆续转载。该文认为，检验真理的标准只能是社会实践；社会实践不仅是检验真理的标准，而且是唯一的标准；理论与实践的统一是马克思主义最基本的原则；任何理论都要不断接受检验，凡是科学的理论都不会害怕实践的检验；马克思主义理论宝库并不是一堆僵死不变的教条，它要在实践中不断增加新的观点和结论，抛弃那些不适合新情况的个别旧观点、旧结论；如果躺在马列主义、毛泽东思想的现成条文上，甚至拿现成的公式去限制、宰割、裁剪无限丰富的飞速发展的革命实践，是错误的。这篇文章从理论上根本否定了"两个凡是"的错误方针，在全国引起强烈反响，掀起了真理标准问题大讨论。

邓小平等老一辈革命家对真理标准问题大讨论予以旗帜鲜明的支持。1978 年 6 月，邓小平在全军政治工作会议上发表讲话，批评"两个凡是"观点，强调马列主义、毛泽东思想的基本原则任何时候都不能违背，但一定要实事求是，从实际出发，理论和实践相结合。他指出，有一些同志天天讲毛泽东思想，却往往忘记、抛弃甚至反对毛泽东同志的实事求是、一切从实际出发、理论与实践相结合的这样一个马克思主义的根本观点、根本方法；他们的观点，实质上是主张只要照抄马克思、列宁、毛泽东同志的原话，照抄照转照搬就行了。要不然，就说这是违反了马列主义、毛泽东思想，违反了中央精神。这一讲话被作为中央文件下发并在《人民日报》上全文发表，对真理标准问题大讨论和实际工作起到了巨大的促进作用。

1978 年 6 月 24 日，《解放军报》发表特约评论员文章《马克思主义的一个最基本的原则》，从理论上系统地回答了对实践是检验真理唯一标准提出的责难，认为怎样对待马列主义、毛泽东思想，不是一个小问题，而是一个真捍卫还是假捍卫毛泽东思想的问题。中央及省级报刊共刊登讨论文章 650 多篇，一场关于真理标准问题的大讨论迅速在全党全社会展开。

1978 年 9 月，邓小平视察本溪、大庆、哈尔滨、长春、沈阳、鞍山、唐山、天津等地，发表了一系列重要谈话，后被称为"北方谈话"。这个谈话的要点包括："两个凡是"不是高举毛泽东思想的旗帜，毛泽东思想的精髓是实事求是；实事求是、理论与实际相结合、一切从实际出发，这是政治问题，是思想问题，也是我们实现四个现代化的现实问题，不恢复实事求是的优良传统和作风，四个现代化没有希望；要根据现在的国际国内条件，敢于思考问题，提出问题，解决问题，千万不要搞"禁区"；要解放思想，开动机器，不合理的东西可以大胆改革；关起门来不行，要好好向世界先进经验学习；社会主义制度优越性的根本表现，就是能够允许社会生产力以旧社会所没有的速度迅速发展，使人民不断增长的物质文化生活需要能够逐步得到满足，必须发展生产力，改善人民生活条件等。这一谈话对中国社会主义的发展道路、根本任务、发展动力等根本问题进行了不同程度的阐述，集中反映了邓小平在历史大转折时期的理论思考。

真理标准问题大讨论形成了思想解放的大潮，打破了教条式的理论禁锢，推动恢复了实事求是的马克思主义思想路线。在社会主义中国，这场思想解放运动，荡涤僵化落后的观念，冲破思想的禁区，打破发展的僵局，为作出改革开放的历史性决策、实现伟大的历史转折作了必要的思想和理论准备。

恢复高考制度

1977 年冬天，关闭 11 年之久的高考考场大门重新打开。

1977 年冬和 1978 年夏，高考参试总人数达 1160 万人。高考制度的恢复，不仅成为许多人命运的转折点，而且成为一个国家与时代发展的拐点。

"文化大革命"中文化教育领域首先遭到冲击，"两个估计"① 成为教育工作者及广大知识分子的沉重精神枷锁，并成为文化教育领域的桎梏。邓小平敏锐地认识到中国要走现代化建设之路，必须重视教育和科技。恢复高考制度成为邓小平复出后打破"文化大革命"思想枷锁的重要突破口。

1977 年 8 月，邓小平主持召开科学和教育工作座谈会，果断决定：改变"文化大革命"时期推荐上大学的高校招生办法，于当年恢复中断了长达 11 年的高校招生考试制度。他一锤定音地说，"今年就要下决心恢复从高中毕业生中直接招考学生"。9 月，邓小平亲自修改教育部报送的《关于 1977 年高等学校招生工作的意见》中的政审标准和工作要求，强调主要抓两条：第一是本人表现好，第二是择优录取。10 月，这一意见获国务院批准、中央政治局会议讨论通过。

1977 年 10 月 21 日，《人民日报》头条刊发《高等学校招生进行重大改革》报道，正式公布了恢复高考这一重大消息，全国上下欢呼雀跃，奔走相告。这一年，570 多万名考生从农村、城市、部队走进考场，27.3 万人被高等学校录取。高考制度的恢复，激起了广大青年学习科学文化知识

---

① 1971 年 8 月 13 日，中共中央转发的《全国教育工作会议纪要》提出了"两个估计"：新中国成立后 17 年毛主席的无产阶级教育路线基本上没有得到贯彻执行，资产阶级专了无产阶级的政；大多数教师和新中国成立以后培养出的高等学校学生的世界观，基本上是资产阶级的。

的热情，为国家选拔了大量优秀人才，被誉为向四个现代化进军的盛举。

1977 年 11 月 18 日，《人民日报》发表经中央政治局审定的教育部大批判组文章《教育战线的一场大论战——批判"四人帮"炮制的"两个估计"》，推倒了多年来压在教育界和知识界头上的"两个估计"，对肃清"文化大革命"在其他领域的影响起到了标杆性带动作用。

迎来"科学的春天"

我国著名数学家陈景润对哥德巴赫猜想研究作出了重大贡献，为摘取数学王冠上耀眼的明珠，付出了全部的青春和才华。1978 年，发表于《人民文学》第 1 期的报告文学《哥德巴赫猜想》，使陈景润这个名字家喻户晓，激励人们走向科学和知识的春天。

1978 年 3 月，全国科学大会在北京召开。邓小平在会上指出，四个现代化，关键是科学技术的现代化。没有现代科学技术，就不可能建设现代农业、现代工业、现代国防。没有科学技术的高速度发展，也就不可能有国民经济的高速度发展。正确认识科学技术是生产力，正确认识为社会主义服务的脑力劳动者是劳动人民的一部分，这对于迅速发展我们的科学事业有极其密切的关系。

邓小平的讲话澄清了长期束缚科学技术发展的重大理论是非问题，掀开了科学技术事业发展的新篇章，成为按下科学春天的触发器。全国科学大会审议通过《1978—1985 年全国科学技术发展规划纲要（草案）》，将 108 个项目确定为全国重点科研项目，有力地推动了科技领域的拨乱反正，广大科技工作者扬眉吐气。科学技术事业发展受到全社会高度关注，对随之而来的改革开放和社会主义现代化建设产生了深远影响。

在大会闭幕式上，中央人民广播电台播音员朗诵了中国科学院院长郭沫若的书面讲话《科学的春天》，向全国人民传达了对这次大会的诗意表述："这是革命的春天，这是人民的春天，这是科学的春天！让我们张开双臂，热烈地拥抱这个春天吧！"

二、十一届三中全会与党的工作中心转移

党的十一届三中全会犹如春雷唤醒神州大地，标志着党在新的历史条件下的伟大觉醒。全会结束了粉碎"四人帮"后党和国家工作在徘徊中前进的局面，作出把党和国家工作中心转移到经济建设上来、实行改革开放的历史性决策，实际上形成了以邓小平同志为核心的中央领导集体。在改革开放总设计师邓小平的领导下，中国进入了改革开放和社会主义现代化建设新时期。

具有深远意义的中央工作会议

1978年11月10日至12月15日，党中央在北京召开工作会议。会议原计划讨论经济方面的问题，没有涉及真理标准讨论等大是大非问题以及党内外普遍关注的冤假错案平

反问题。陈云等老一辈革命家明确提出，首先要解决历史遗留问题，为"天安门事件"和一些重大冤假错案进行平反；要在真理标准问题上进行讨论，确立实事求是的思想路线。这些呼声得到了与会者的积极响应，由此改变了会议原定的议程和内容。

这次会议取得了许多重要成果：一致同意从 1979 年 1 月起，把全党工作的着重点转移到社会主义现代化建设上来；决定为"天安门事件"和历史遗留的一批重大冤假错案平反，重新评价一些重要领导人的功过是非；充分肯定了真理标准问题讨论的重大意义；通过了中央政治局关于人事问题和中央纪律检查委员会人选的建议。会议还对推进体制机制改革，实行对外开放的必要性、紧迫性和方法途径等进行了深入讨论。

12 月 13 日，在会议闭幕式上 ①，邓小平发表《解放思想，实事求是，团结一致向前看》讲话。他指出，解放思想是当前的一个重大政治问题，不打破思想僵化，不大大解放干部和群众的思想，四个现代化就没有希望；一个党，一个国家，一个民族，如果一切从本本出发，思想僵化，迷信盛行，那它就不能前进，它的生机就停止了，就要亡党亡国。他充分肯定真理标准问题大讨论的意义，指出这是个思想路线问题，是个政治问题，是个关系到党和国家前途和命运的问题。

————————

① 闭幕会后，由于要学习和讨论华国锋、叶剑英、邓小平在闭幕会上的讲话，会议又接着开了两天。各组对华国锋、叶剑英、邓小平三位中央领导人的讲话一致表示拥护，对这次会议的民主气氛和解决了一系列重大问题表示充分的肯定，并对之后的工作提出了许多很好的意见和建议。12 月 15 日，历时 36 天的中央工作会议圆满结束。

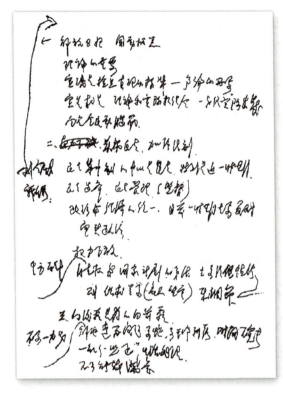

★ 邓小平亲拟的在中央工作会议闭幕会上的讲话提纲（部分）

邓小平指出，这次会议解决了一些过去遗留下来的问题，是解放思想的需要，也是安定团结的需要，目的正是为了向前看，正是为了顺利实现全党工作重心的转变。他特别指出，要完整地、准确地理解和掌握毛泽东思想的科学原理，并在新的历史条件下加以发展。他强调，要研究新情况，解决新问题。如果再不实行改革，我们的现代化事业和社会主义事业就会被葬送。

邓小平指出，在经济政策上，要允许一部分地区、一部分企业、一部分工人农民，由于辛勤努力成绩大而收入先多一些，生活先好起来，就必然产生示范力量，就会使整个国民经济不断地波浪式地向前发展，使全国各族人民都能较快地富裕起来。

邓小平的讲话，把准了社会变革的脉搏，回应了时代的呼声，在隆冬时节给人们带来了春天的期盼。这篇讲话，实际上是随后召开的党的十一届三中全会的主题报告，成为"开辟新时期新道路、开创建设有中国特色社会主义新理论的宣言书"。

实现历史性的伟大转折

瑞雪兆丰年，飞雪迎春到。1978 年 12 月 18 日，在北京罕见的大雪天里，具有划时代意义的党的十一届三中全会隆重召开，给严冬带来了春天的讯息，奏响了改革开放和社会主义现代化建设的春之序曲。

全会冲破长期"左"的错误的严重束缚，彻底否定"两个凡是"的错误方针，高度评价关于真理标准问题的讨论，重新确立了党的实事求是的思想路线。全会停止使用"以阶级斗争为纲"的口号，及时地、果断地结束全国范围的揭批林彪、"四人帮"的群众运动，决定从 1979 年 1 月起，把全党的工作着重点和全国人民的注意力转移到社会主义现代化建设上来。

为适应全党工作着重点转移的要求，全会强调，实现四个现代化，要求大幅度地提高生产力，也就必然要求多方面地改变同生产力发展不适应的生产关系和上层建筑，改变一切不适应的管理方式、活动方式和思想方式，因而是一场广泛、深刻的革命，必须根据新的历史条件和实践经验，采取一系列新的重大的经济措施，对经济管理体制和经营管理方法着手认真的改革，在自力更生的基础上积极发展同世界各国平等互利的经济合作，努力采用世界先进技术和先进设备，并大力加强实现现代化所必需的科学和教育工作。

针对我国经济管理体制中存在的权力过于集中的问题，全会提出应该有领导地大胆下放权力，让地方和工农业企业在国家统一计划的指导下有更多的经营管理自主权，以发挥中央部门、地方、企业和劳动者个人四个方面的主动性、积极性、创造性；坚决按经济规律办事，重视价值规律的作用，扩大厂矿企业和生产队的自主权；着手大力精简各级经济行政机构。全会要求，必须集中主要精力把农业尽快搞上去，并提出了发展农业生产的系列政策措施和经济措施：切实保护人民公社、生产大队和生产队的所有权和自主权；认真执行按劳分配原则，按照劳动的数量和质量计算报酬，克服平均主义；任何人不得乱加干涉社员自留地、家庭副业和集市贸易；较大幅度提高粮食等主要农产品收购价格，降低农用工业品价格；积极发展农村社队工副业。

解决历史遗留问题，必须遵循实事求是、有错必纠的原则。全会明确，党中央在理论战线上的崇高任务，就是领导、教育全党和全国人民历史地、科学地认识毛泽东同志的伟大功绩，完整地、准确地掌握毛泽东思想的科学体系，把马列主义、毛泽东思想的普遍原理同社会主义现代化建设的具体实践结合起来，并在新的历史条件下加以发展。全会认真讨论了"文化大革命"中发生的一些重大政治事件和"文化大革命"前遗留下来的某些历史问题，决定撤销1976年发出的有关所谓"反击右倾翻案风"运动和"天安门事件"的错误文件；审查和纠正了过去对彭德怀、陶铸、杨尚昆等同志所作的错误结论，指出这是完整准确地掌握毛泽东思想体系的表现。

全会强调，为了保障人民民主，必须加强社会主义法制，使民主制度化、法律化，使这种制度和法律具有稳定性、连续性和极大的权威性，做到有法可依、有法必依、执法必严、违法必究；要保证人民在法律面前人人平等，不允许任何人有超于法律之上的特权。全会总结和吸取党的历史经验教训，决定健全党的民主集中制，健全党规党法，严肃党纪，指出对于违犯党纪的，不管是什么人，都要执行纪律，做到功过分明、赏罚分明、伸张正气、打击邪气。

全会增选了中央领导机构成员，从组织上加强了中央领导机构，保证了党的十一届三中全会确定的路线、方针、政策的贯彻执行。

党的十一届三中全会拉开了改革开放的伟大序幕。自那时起，改革成为时代强音，开放成为时代潮流，中国人用勤劳与智慧完成了一场场激动人心的精彩叙事，有着古老文明的中华大地开始呈现一派盎然生机。

三、拨乱反正任务的完成

为了把工作中心转移到社会主义现代化建设上来，党和国家有步骤地完成拨乱反正任务，解决新中国成立以来许多历史遗留问题和实际中出现的新问题，安定团结的政治局面得以形成。

平反冤假错案和调整社会各方面关系

坚持解放思想、实事求是，坚持真理、修正错误，是党和人民的事业不断从胜利走向胜利的重要保证。在"文化大革命"中，一大批党员干部遭到林彪和"四人帮"反革命集团的残酷迫害。平反冤假错案，积极调整社会各方面的关系，成为当时党内国内政治生活的一件大事。

中央和地方遵循实事求是、有错必纠的原则，彻底平反纠正冤假错案。1978年12月24日，党中央为彭德怀、陶铸举行了追悼大会。这是落实党的十一届三中全会要求，最早平反的涉及党和国家领导人的冤假错案。1979年2月，党中央决定由中央纪律检查委员会、中央组织部组成"刘少奇案件复查组"，对该案进行全面复查。经过周密的调查研究，反复核对材料，"刘少奇案件复查组"于11月向党中央递交《关于刘少奇同志案件的复查情况报告》。1980年2月，党的十一届五中全会为刘少奇平反昭雪，恢复了他作为伟大的马克思主义者和无产阶级革命家、党和国家主要领导人之一的名誉，高度评价他的光辉一生。5月17日，刘少奇追悼大会在北京人民大会堂隆重举行，邓小平代表党中央致悼词。到1982年底，全国大规模平反冤假错案工作基本结束，一批有经验、有能力的党员干部重新走上工作岗位。

在对冤假错案进行复查平反的同时，党中央对发生在"文化大革命"前由于历次政治运动中"左"的错误和其他方面的错误而产生的大量案件和历史遗留问题，进行了复查清理，多方面调整社会关系。从1979年1月起，党中央决定开始摘掉地主、富农分子的政治帽子，给予他们人民公社社员待遇；为国民党起义、投诚人员落实政策，宽大释放了在押的原国民党县团以下的党、政、军、特人员；按照党中央统一部署，各地区各部门对反右派斗争严重扩

大化中划定的"右派分子"进行了甄别改正。从 1979 年
11 月起，开始把小商、小贩、小手工业者及其他劳动者从
原工商业者中区别出来。到 1981 年，70 万人恢复了劳动者
身份。

1978 年至 1979 年，各民主党派、全国工商联和各人民
团体分别召开代表大会，选举各自的领导机构和领导人，标
志着各民主党派、全国工商联和各人民团体开始恢复和发
展；1980 年，中国伊斯兰教协会、中国道教协会、中国天主
教爱国会、中国基督教三自爱国运动委员会、中国佛教协会
先后召开会议，恢复了正常工作；落实台胞、台属政策和侨
务政策。这些政策对促进社会安定团结，巩固和发展爱国统
一战线，理顺人心，调动一切积极因素，推动现代化建设事
业起到了重要作用。

到 1982 年底，平反冤假错案、有步骤地妥善处理历史
遗留问题、调整各方面社会关系工作基本完成。"家庭出
身""海外关系"等长期困扰人们的身份概念，在拨乱反正
中冰融雪解。团结一致向前看，全身心投入改革开放和社会
主义现代化建设的生动局面基本形成。

对林彪、江青两个反革命集团案主犯的审判，是民主法
制建设中引人注目的大事。五届全国人大常委会第十六次会
议通过了《关于成立最高人民检察院特别检察厅和最高人民
法院特别法庭检察、审判林彪、江青反革命集团案主犯的决
定》。1980 年 11 月至 1981 年 1 月，最高人民法院特别法庭
开庭公审这两个反革命集团案 10 名主犯，彰显了社会主义
民主法制的庄严。

通过《关于建国以来党的若干历史问题的决议》

前途是光明的，道路是曲折的。在中国这样的社会历史条件下建设社会主义，没有任何先例可循，犹如攀登一座人迹未至的高山，一切攀登者都要披荆斩棘、开通道路。

以毛泽东同志为主要代表的中国共产党人，为新民主主义革命的胜利、社会主义革命的成功、社会主义建设的全面展开，为实现中华民族独立和振兴、中国人民解放和幸福，作出了彪炳史册的贡献，为党和人民事业胜利发展、为中华民族阔步赶上时代发展潮流，创造了根本政治前提和制度基础，奠定了坚实的理论和实践基础。不能否认，毛泽东在社会主义建设道路的探索中走过弯路，晚年特别是"文化大革命"中犯的错误，在于违反了他自己正确的东西，是一个伟大的革命家、伟大的马克思主义者所犯的错误，既有主观因素和个人责任，也有国内国际的复杂社会历史原因。如何全面、历史、辩证地看待毛泽东，已经不是对他个人的功过评价问题，而是一个关系党和国家前途命运的重大政治问题。

党的十一届三中全会后，随着拨乱反正的进一步展开，党内外对新中国成立以来经验教训进行总结的呼声高涨，要求正确评价毛泽东的历史地位、科学把握毛泽东思想。1979年9月，党的十一届四中全会通过叶剑英代表党中央、全国人大常委会和国务院在庆祝中华人民共和国成立30周年大会上的讲话，对新中国成立以来30年的历史经验进行了初步总结。

　　1979 年 11 月，党中央决定起草《关于建国以来党的若干历史问题的决议》。1980 年 3 月 19 日，邓小平就起草《决议》提出 3 条明确要求：确立毛泽东同志的历史地位，坚持和发展毛泽东思想，这是最核心的一条；对新中国成立 30 年来历史上的大事，哪些是正确的，哪些是错误的，要进行

★ 党的十一届六中全会通过的《关于建国以来党的若干历史问题的决议》（部分）

实事求是的分析，包括一些负责同志的功过是非，要作出公正的评价；通过这个《决议》对过去的事情做个基本的总结，总结过去是为了引导大家团结一致向前看。4月1日，邓小平具体谈了对新中国成立以后毛泽东的评价问题。他强调，讲错误，不应该只讲毛泽东同志，中央许多负责同志都有错误。不要造成一种印象，别的人都正确，只有一个人犯错误。这不符合事实。

《决议》讨论稿完成后，从1980年9月起在党内一定范围内征求意见。其中，影响最大的是10月中旬到11月下旬党内4000名高级干部的讨论。在讨论过程中，焦点问题之一是对毛泽东和毛泽东思想的评价问题。邓小平旗帜鲜明地表态，毛泽东思想这个旗帜丢不得，丢掉了这个旗帜，实际上就否定了我们党的光辉历史。此前，他就曾指出，没有毛主席就没有新中国，这丝毫不是什么夸张。毛泽东思想培育了我们整整一代人。没有毛泽东思想，就没有今天的中国共产党。在不断听取意见和反复修改后，1981年6月，党的十一届六中全会审议并一致通过《决议》。

《决议》对党领导新民主主义革命的28年历史进行了简要回顾，对新中国成立以来32年的历史作出了基本估计，从根本上否定了"文化大革命"和"无产阶级专政下继续革命"的错误理论。《决议》正确评价毛泽东的历史地位，坚决维护了毛泽东思想的科学体系，强调要坚持和发展毛泽东思想，统一思想，团结一致向前看。

《决议》深刻总结了新中国成立以来社会主义建设的经验教训，对党的十一届三中全会以来逐步确立的、适合我国情况的社会主义现代化建设的正确道路的主要点，作了10

个方面的概括和总结①，初步提出了在中国建设什么样的社会主义和怎样建设社会主义的问题，科学指明了新起点上中国社会主义继续发展的前进方向。

《决议》标志着党在指导思想上拨乱反正任务的胜利完成，对于统一全党全军全国各族人民的思想认识，同心同德为实现新的历史任务而奋斗，起到了不可估量的历史作用。

四、调整经济政策与农村改革取得突破

在粉碎"四人帮"后的最初两年里，党的工作和国家经济形势有了明显好转，但农业与工业、轻工业与重工业、积累与消费等重大关系比例失调问题依然突出；人民公社集体经济体制保证了高积累下的社会稳定，但同时存在着经营管理过于集中、农村经济效率不高等问题。这些问题加上我国经济体制中长期存在的其他弊端，极不利于国民经济的恢复和发展。

---

① 10个方面的概括和总结，即社会主义改造基本完成以后，我国所要解决的主要矛盾是人民日益增长的物质文化需要同落后的社会生产之间的矛盾；社会主义经济建设必须从我国国情出发，量力而行，积极奋斗，有步骤分阶段地实现现代化的目标；社会主义生产关系的变革和完善必须适应生产力的状况，有利于生产的发展；在剥削阶级作为阶级消灭以后，阶级斗争已经不是主要矛盾；逐步建设高度民主的社会主义政治制度，是社会主义革命的根本任务之一；社会主义必须有高度的精神文明；改善和发展社会主义的民族关系，加强民族团结，对于我们这个多民族国家具有重大意义；必须加强现代化的国防建设，国防建设要同国家的经济建设相适应；在对外关系上，必须继续坚持反对帝国主义、霸权主义、殖民主义和种族主义，维护世界和平；必须把我们的党建设成为具有健全的民主集中制的党。

调整国民经济

1978 年，我国工业生产比 1977 年有较快增长。但是煤炭、电力等仍然不能满足国民经济发展的需要；全国重点企业主要工业产品质量指标有 43% 没有恢复到历史最好水平；燃料、动力和原料、材料消耗指标，有 55% 没有恢复到历史最好水平；全国工业系统的全民所有制企业中，还有 24% 的企业存在不同程度的亏损；一部分工业产品品种、规格不对路，质量不合格，形成积压。国民经济调整和整顿的任务很繁重。

1979 年 3 月 14 日，李先念、陈云就财经工作联名致信党中央，提出前进的步子要稳，不要再折腾，必须避免反复和出现大的"马鞍形"；现在的国民经济是没有综合平衡的，比例失调的情况是相当严重的。3 月 21 日至 23 日，中央政治局召开会议，讨论 1979 年国民经济计划和国民经济调整问题。邓小平在会上指出，现在的中心任务是三年调整，这是个大方针、大政策；首先要有决心，东照顾西照顾不行；过去提以粮为纲、以钢为纲，现在到该总结的时候了。会议通过修改后的 1979 年国民经济计划，对有关指标进行了大幅度下调。

1979 年 4 月，中央工作会议正式提出"调整、改革、整顿、提高"的方针，决定从 1979 年起，用 3 年时间坚决地、逐步地把各方面严重失调的比例关系调整过来，使整个国民经济真正纳入有计划、按比例健康发展的轨道。但由于长期积累的"左"的思想和急于求成的心态，许多部门和地方对经济形势的严重性、经济调整的必要性紧迫性的认识不足。为此，党中央于 1980 年 12 月又召开工作会议，对新中国成立以来经济建设经验教训进行总结，下决心去掉不切实际的设想，去掉主观主义的高指标，使全党对经济调整的紧迫性必要性、社会主义现代化建设的长期性艰巨性，都有了更加清醒的认识。会议决定，从 1981 年起对国民经济进一步调整，以实现经济工作的稳定和主动。

五届全国人大四次会议通过政府工作报告，明确提出我国今后经济发展要真正从实际情况出发，走出一条速度比较实在、经济效益比较好、人民可以得到更多实惠的新路子，并提出了以"提高经济效益"为中心发展国民经济的具体措施。

到 1982 年底，国民经济扭转了重大比例失调造成的不稳定状态，逐步走上了健康发展的轨道，长期存在的积累率过高和农业、轻工业严重落后的状况有了明显变化。

探索实行家庭联产承包责任制

由于多年来农村工作中"左"的政策影响，"文化大革命"结束时，全国还有 2.5 亿人没有解决温饱问题。面对严峻的农村经济形势，许多地方大胆进行了农村改革探索。1977年 11 月，安徽省委通过《关于当前农村经济政策几个问题的规定》，提出允许生产队根据农活建立不同的生产责任制、尊重生产队的自主权、减轻社队和社员的负担、允许和鼓励社员经营自留地和家庭副业、开放集市贸易等。这是粉碎"四人帮"后，首份允许生产队建立生产责任制的文件。

1978 年，安徽遭遇严重旱灾，为赶上秋季小麦播种，一些生产队突破规定，以借地种麦、借地度荒的名义将土地包给农民分组耕种，甚至分户耕种。9月，安徽省委召开紧急会议，大胆作出了支持"借地度荒"的决定。在"借"字的启发下，一些地方和农民自发实行包干到组或包产到户责任制。1978年的一个冬夜，安徽省凤阳县小岗生产队的18户村民签下了"大包干生死状"：把应该交给国家、留给集体的粮食固定下来，收获以后收多收少都是农民自己的。同时，广东、贵州、云南等地许多生产队也采取了类似做法，并得到了当地党和政府的支持。这种"包干到户"简单易行，推行后深受当地农民欢迎。随后，在农业生产责任制基础上形成的以家庭联产承包为基础、统分结合的双层经营体制，逐渐成为党和国家农村政策的重要基石。

1979年2月19日，《人民日报》发表《靠辛勤劳动过上富裕生活》，报道了广东省中山县小榄公社埒西二大队第二生产队社员黄新文的事迹。黄新文一家靠参加生产队集体劳动和发展以养猪为主的家庭副业，1978年全年总收入为10700多元，大大超过当地收入水平。文章说，黄新文对国家、集体的贡献大，个人收入多，根本不是什么"资本主义"，他走的路子没有错，应该受到赞扬和鼓励。这成为第一个被公开报道的农民"万元户"。"万元户"叫法随后在全国范围内流行起来，成为人们追求生活富裕最直接、最明显的标志，激发了人们勤劳致富的积极性和主动性。

党的十一届四中全会通过《中共中央关于加快农业发展若干问题的决定》，明确指出政策是否符合发展生产力需要，要看这种政策能否调动劳动者的生产积极性；允许社、队在国家统一计划的指导下因时因地制宜，保障自主权，发挥主动性。这一决定为农村体制改革打开了政策大门。

各地兴起的包产到户、包干到户，激活了沉睡多年的乡村，但也引起社会上一些人的疑虑，担心会偏离社会主义道路。1980 年 5 月，邓小平有针对性地指出："农村政策放宽以后，一些适宜搞包产到户的地方搞了包产到户，效果很好，变化很快。""有的同志担心，这样搞会不会影响集体经济。我看这种担心是不必要的。"9 月，党中央印发《关于进一步加强和完善农业生产责任制的几个问题》，肯定包产到户是依存于社会主义经济，而不会脱离社会主义轨道的，没有什么复辟资本主义的危险。

在党中央大力支持下，各种形式的家庭联产承包责任制迅猛发展，到 1982 年达到了全国生产队总数的 86.7%，比 1980 年增加 36.7 个百分点。1982 年 1 月，党中央批转《全国农村工作会议纪要》，明确指出目前实行的各种责任制，包括小段包工定额计酬，专业承包联产计酬，联产到劳，包产到户、到组，包干到户、到组等，都是社会主义集体经济生产责任制。农村家庭联产承包责任制，使农民获得生产和分配自主权，解决了生产管理过分集中、经营方式过分单一等问题，受到农民普遍欢迎。

五、对城市经济体制改革的探索

农村改革的率先突破，为其他领域的改革作出了示范、积累了经验。1978 年 7 月，一场打破"铁饭碗"的改革悄悄在广东清远氮肥厂试行：拿出 5 万元设立综合奖并和产量挂钩，按照多劳多得分配给工人，第二年厂子就扭亏为盈，产能大幅度提升。尝到甜头的清远随后在其他县办国营工厂推行"超计划利润提成奖"。时任广东省委第一书记习仲勋总结的"清远经验"震动全国。1979 年 4 月，党中央决定在北京、天津、上海等地大型国营企业进行扩大企业自主权改革试点，城市经济体制改革逐步在全国推开。

国营企业扩大自主权的改革试点

"打酱油的钱不能打醋"，是改革开放之初国营企业普遍存在的管理状况。扩大企业自主权、改革分配制度、打破"大锅饭"，成为国企改革的内在要求。

1979 年 7 月，国务院印发《关于扩大国营工业企业经营管理自主权的若干规定》《关于国营企业实行利润留成的规定》等系列文件，指导企业进行改革，并要求地方和部门再选择一些企业进行试点，初步改变了企业只按国家指令性计划生产、不了解市场、不关心产品销路和盈利亏损的情况，使企业有了部分的自主计划权、产品销售权、资金使用权以及部分的干部任命权，增强了企业的经营和市场意识。1979 年底，全国试点企业扩大到 4200 家，1980 年 6 月发展到 6600 家，占全国预算内工业企业的 16% 左右，产值和利润分别占 60% 和 70% 左右。

1980 年 12 月，中央工作会议提出，扩大企业自主权改革试点主要在 6600 家企业中继续进行，试点面不再扩大，以利于总结经验，巩固提高。在总结经验的基础上，从中央到地方，逐步把改革试点推向经济责任制和财政体制等方面。这一改革，主要是在解决好国家和企业关系的基础上，实行企业内部改革，通过各种形式的经济责任制，处理好企业和职工的关系，进一步调动职工的积极性。1981年春，经济责任制改革首先由山东省在企业中试点。10月至11月，国务院提出通过在工业企业中实行经济责任制，把企业和职工的经济利益，同他们所承担的责任和实现的经济效益联系起来。在具体实践中，绝大部分企业选择了"盈亏包干"的办法，经济责任制很快推行到全国3.6万家国有企业，到1981年底增加到4.2万家。发端于1978年、初步形成于1979年的国企改革，至此迈出了艰难的第一步，城市经济体制改革从此激流浩荡、百舸争流。

实行经济责任制对推动经济发展、提高经济效益发挥了积极作用，但尚未触及企业的市场主体地位问题。为进一步推动城市经济体制改革，围绕中央和地方的关系，党中央进行了积极的探索和试点，并开始推进财政和银行体制改革，建立"分灶吃饭"的财政体制。从1980年开始，国家实行划分收支、分级包干、多收可以多支的新财政体制，扩大了地方的经济自主权。这个政策有利于调动地方增产增收积极性，但"分灶吃饭"的财政体制也存在一些弊端，如造成中央财政困难、财政预算外资金大幅度增加等问题。针对上述弊端，国家决定改革银行体制，逐步恢复和设立国有专业银行，初步构建起了以中国人民银行为中央银行，以工商银行、农业银行、中国银行、建设银行等为专业银行的金融机构体系。

探索形成多种经济成分共同发展局面

党的十一届三中全会以后，随着下乡知识青年大量返城，劳动就业问题日益突出。1979年，全国2000多万待业人员中，有回城青年700多万、留城待业青年320多万。

1979年6月，20多名知青在北京前门箭楼西侧，搭棚盘灶、烹茶迎宾，大碗茶青年茶社开门营业，"个体户"由此成为人们耳熟能详的词语。大概同一时间，浙江温州的章华妹在自家门口支了一张小桌子，摆上针头线脑，成为个体户。1980年，温州成立工商所，章华妹成为温州第一个获得执照的个体户。这张个体户营业执照也是改革开放以来全国的第一张。

1980年8月，党中央召开全国劳动就业工作会议，提出坚持国家统筹规划指导，允许实行劳动就业部门介绍就业与自愿组织起来就业、自谋职业相结合的新办法。1981年10月，党中央、国务院作出《关于广开门路，搞活经济，解决城镇就业问题的若干决定》，对发展多种经济形式解决就业问题给予充分肯定，指出在社会主义公有制经济占优势的根本前提下，实行多种经济形式和多种经营方式长期并存是党的一项战略决策。

个体经济发展到一定规模，势必要雇工经营。安徽芜湖个体户"傻子瓜子"年广久的雇工问题，引起不少争议。"傻子瓜子"并非个例，当时个体户中许多都存在不同程度的雇工现象。人们对个体户雇工算不算走资本主义道路、个体户是不是资本家等问题感到很困惑，在社会上引发广泛热议。

1982年4月，一份由安徽省委撰写的关于"傻子瓜子"

问题的调查报告送到了邓小平的案头。邓小平表态，先放一放，看一看。1984 年 10 月，邓小平再次提到"傻子瓜子"："我的意见是放两年再看。那个能影响到我们的大局吗?""让'傻子瓜子'经营一段，怕什么? 伤害了社会主义吗?"这个表态及随后一系列相关政策的出台，打消了社会上对个体经济的顾虑，促进了个体私营经济的发展。到 1987 年底，全国城乡共有个体工商业 1372 万户，从业人员 2158 万人。

在坚持公有制经济主体地位的前提下，我国所有制结构改革不断加快，逐步形成了以公有制为主体，个体经济、私营经济、外资经济和其他经济为补充，多种经济成分共同发展的局面。

六、推动对外开放和创办经济特区

"杀出一条血路来"，是改革开放起步后中国披荆斩棘、冲出重围的真实写照。党的十一届三中全会后，中国勇敢迈向了世界市场。在这个过程中，我们呛过水，遇到过漩涡，遇到过风浪，但在游泳中学会了游泳。历史和实践证明，坚定不移地推进对外开放，是正确的战略抉择。

酝酿对外开放决策

20 世纪 70 年代，世界科技日新月异，给各国发展创造了机遇。1978 年，微软公司已经成立 3 年，联邦德国告别铅字印刷开始用电脑排版，世界上第一个移动电话系统开通，发达国家的电视普及率超过了 70%，欧洲共同体通过了使用欧洲货币单位的宣言……将目光投向世界的中国人，感受到了前所未有的震撼和冲击。

1978 年 10 月 10 日，邓小平在会见德意志联邦共和国新闻代表团时，明确使用了"开放"一词，提出是向世界各国学习的时候了。22 日，邓小平作为新中国成立以来首位访问日本的中国领导人，对日本进行友好访问。访问期间，他参观了日产汽车公司、君津钢铁厂、松下电器产业公司，乘坐了高速气垫船、新干线超特快列车、特快电车。邓小平在考察中也在深入思考中国的现代化之路。25 日，他在记者招待会上坦诚地说，首先要承认我们的落后，老老实实承认落后就有希望；再就是要善于学习，向一切发达的国家请教。相信本着这样的态度、政策、方针，我们是有希望的。

1978 年 11 月，邓小平对新加坡进行了为期两天的正式访问。后来，邓小平在谈到中国的改革开放时，多次说到要借鉴"新加坡的经验"。他回忆这次访问说，外国人在新加坡设厂，新加坡得到几个好处：一个是外资企业利润的 35%要用来交税，这一部分国家得了；一个是劳务收入，工人得了；一个是带动了它的服务行业，这都是收入。

1978 年，我国共有 12 名国务院副总理率团出访约 20次，共访问全世界 51 个国家，其中既包括朝鲜、罗马尼亚、南斯拉夫等社会主义国家，也包括日本、法国、英国等发达资本主义国家。谷牧带队考察法国、联邦德国、瑞士、丹麦、比利时 5 国后感叹：瑞士的发电站在用计算机管理，而在中国西南一家大型炼钢厂，居然还在使用一台 140 年前的英国机器。回国后，代表团提交的《关于访问欧洲五国的情况报告》提出，我们现在达到的经济技术水平同发达的资本主义国家比较，差距还很大，大体上落后 20 年，从按人口平均的生产水平讲，差距就更大。我们一定要迎头赶上，改变这种落后状况。各代表团、考察团回国后，也纷纷提交报告，建议在借鉴西方先进发展经验的同时，加快引进国外资金和西方先进技术，更好地促进我国经济建设，推进我国现代化建设。

邓小平对此提出："引进这件事要做，下决心向外国借点钱搞建设，要抓紧时间。"他表示，我们派了许多代表团到欧洲和日本去考察，发现我们可以利用的东西很多，许多国家都愿意向我们提供资金和技术，条件也不苛刻，从政治、经济角度对我们都有利，国际条件有利，国内条件也有利，只要下决心干，就可以加快建设速度。

创建经济特区

1978 年春夏，国家计委、外贸部派出经济贸易考察组到香港、澳门进行实地考察。考察组回到广州后，向习仲勋等广东党政领导人提出将宝安、珠海两县从"以粮食为主"逐步转到"以经营出口副食品为主"的建议，广东也向考察组提出在毗邻港澳的地方建立试验区的大胆建议。

1979 年 1 月，广东省和交通部联名向国务院呈报《关于我驻香港招商局在广东宝安建立工业区的报告》，正式提出在宝安蛇口建立工业区，利用国内较为廉价的土地和劳动力，结合利用国外资金、先进技术和原材料，实现我国交通航运现代化；促进宝安城市工业建设和广东省的建设。

与此同时，一份关于香港厂商要求在广州开设工厂的来信摘报，也送到邓小平那里。邓小平随即批示："这件事，我看广东可以放手干。"这坚定了广东改革开放先走一步的决心和信心。

1979 年 4 月，习仲勋在中南海怀仁堂向邓小平作专题汇报时，再次提出希望中央下放若干权力，让广东获得较多的对外经济自主权和机动余地；允许在毗邻港澳的深圳、珠海以及属于重要侨乡的汕头，各划出一块地方单独进行管理，作为港澳同胞、华侨和外商的投资场所，按照国际市场的需要组织生产，初步定名为"贸易合作区"。邓小平非常赞同广东富有新意的设想，他敏锐地感到这是一种新思路，是中国实施开放政策、促进经济发展的一个重要突破口。当听说"贸易合作区"的名称定不下来，大家意见不一致时，邓小平不假思索地说："还是叫特区好，陕甘宁开始就叫特区嘛！中央没有钱，可以给些政策，你们自己去搞，杀出一条血路来。"

1979 年 6 月 6 日、9 日，广东、福建分别向中央上报《关于发挥广东优越条件，扩大对外贸易，加快经济发展的报告》《关于利用侨资、外资，发展对外贸易，加速福建社会主义建设的请示报告》。7 月，党中央、国务院批转了这两个报告，确认两省对外经济活动实行特殊政策和灵活措施，给地方以更多的自主权，并强调这是一个重要的决策，对加速我国的四个现代化建设有重要的意义；同意先在深圳、珠海两市试办出口特区，给予更多的主动权，抓住当前有利国际形势，先走一步，把经济尽快搞上去。待取得经验后，再考虑在汕头和厦门设置特区的问题。1980 年 5 月，根据

★ 1981 年 5 月，广东省深圳经济特区设置初期的场景

邓小平的提议，党中央、国务院正式将"出口特区"改称为
"经济特区"。8 月，党和国家批准在深圳、珠海、汕头、厦
门设置经济特区。

　　创办经济特区，是坚持实事求是、敢为人先的实践创
新，在体制改革中发挥了试验田作用，在对外开放中发挥了
重要窗口作用。1984 年一二月间，邓小平视察深圳、珠海、
厦门 3 个经济特区时，肯定了经济特区的发展势头，说"看
来路子走对了"，并欣然为深圳、珠海、厦门经济特区分别
题词："深圳的发展和经验证明，我们建立经济特区的政策
是正确的""珠海经济特区好""把经济特区办得更快些更好
些"。敢闯敢试敢为天下先，经济特区在中国对外开放热潮
涌动中不断发展壮大。

积极引进利用外资

1978 年，中国的外汇储备只有 1.67 亿美元。这相对于规模宏大的社会主义现代化建设要求，只是杯水车薪。在大量引进国外先进技术设备的同时，中国依托并抓住有利的国际环境，积极探索运用国际通行的外商投资渠道和投资方式来拓展对外开放。

1979 年起，我国在利用自有外汇和买方信贷进口成套设备的同时，开始接受世界银行贷款。1980 年 4 月，国际货币基金组织通过恢复中华人民共和国合法席位的决议，并分别于 9 月、11 月将中国份额增加到 12 亿、18 亿特别提款权。1979 年，中国国际信托投资公司组建，开展国际信托、投资、租赁等业务，于 1982 年 1 月在日本成功发行 100 亿日元私募债券。1980 年至 1982 年，我国先后同日本、法国、美国公司签订了 5 个协议，开始海上石油合作勘探开发。这个时期，我国开始接受外国政府贷款，开展补偿贸易、租赁业务、对外加工装配业务、国际信托投资业务等，兴办中外合资企业。到 1982 年底，我国实际使用外资总额超过 130 亿美元。

在各种直接利用外资形式中，中外合资经营发展最为迅速。1978 年 10 月，邓小平在一份简报上批示"合资经营可以办"。11 月，他在国家计委关于轿车生产能不能搞中外合资的请示上批示：可以，不但轿车可以，重型汽车也可以。1979 年 7 月，他指出："现在比较合适的是合资经营，比补偿贸易好。"10 月，他再次强调中外合资经营的好处，明确指出利用外资"主要的方式是合营"。

1979 年 7 月，五届全国人大二次会议通过《中华人民共和国中外合资经营企业法》，为中外合资经营企业提供了法律保障。1980 年 5 月 1 日，营业执照为 001 号的北京航空食品有限公司，成为中国政府批准的第一家中外合资企业。7 月，国务院颁布《中外合资经营企业登记管理办法》《中外合资经营企业劳动管理规定》《关于中外合营企业建设用地的暂行规定》。9 月，五届全国人大三次会议审议通过了《中华人民共和国中外合资经营企业所得税法》。这些法律法规的出台，进一步完善了中外合资经营企业的发展环境。

改革对外贸易体制

1978 年，我国进出口总额只有 206 亿美元，占全球国际贸易总量的比重仅为 0.78%，搞活对外贸易的要求已越来越迫切。但高度集中、国家计划安排的外贸体制越来越不适应进一步对外开放的需要。

1979 年 9 月，国务院将给予广东、福建两省的外贸经营自主权扩大到北京、天津、上海三市；12 月，又将外贸经营自主权扩大到沿海、沿长江各省区，同时扩大地方经营进出口商品的范围。北京、天津、上海、辽宁、四川、山东等省市先后成立了进出口贸易公司，直接对外交易。中央各部委和各省、自治区、直辖市先后成立了各种类型的外贸公司、工贸公司、农贸公司、技贸公司。中央对冶金、机械、兵器、航空、船舶等部门，也进行了进出口赋权。通过改革外贸商品分工，将原对外贸易部集中统一的部分进出口商品经营权，赋予一些地方或分散到各部门，调动了各方面的积极性，扩大了中国产品走向世界的通道。

外贸体制改革要求外汇体制进行相应改革。外汇体制改革核心是外贸出口企业收汇实行内部结算价格，提高地方出口外汇留成比例。改革前，外贸公司盈利上缴财政，亏损由财政承担，实行国内外两个市场、两种价格。改革后，实行出口商品外汇分成，打破了长期实行的中央统负盈亏的中央财政包干制，进一步鼓励了地方、部门、企业扩大出口。

外贸体制改革调动了各方面发展对外贸易的积极性，推动了出口贸易额大幅度增长。这一时期，我国外贸出口总额从1978年的97.5亿美元，增加到1981年的220亿美元，增长了126%。

七、党和国家领导制度改革

党的十一届三中全会后，为适应新形势新要求，针对严重妨碍社会主义优越性发挥的种种体制弊端，党中央深刻总结历史经验，进一步酝酿党和国家领导制度改革，采取了一系列重大举措。

完善党和国家领导制度

党的十一届五中全会决定恢复设立中央书记处，并将其作为中央政治局及其常委会领导下的经常性工作机构。重新建立书记处，既是组织上拨乱反正，恢复党的传统，又是适应新时期的需要。

邓小平对党和国家领导制度改革进行了长时间的思考。1980年8月18日，他在中央政治局扩大会议上作了《党和国家领导制度的改革》讲话，批评了当时存在的官僚主义现象、权力过分集中现象、家长制现象、干部领导职务终身制

★ 1987年7月1日，《人民日报》重新发表的邓小平讲话（部分）

现象和形形色色的特权现象，指出领导制度、组织制度问题更带有根本性、全局性、稳定性和长期性。强调改革并完善党和国家各方面的制度，是一项艰巨的长期的任务，改革并完善党和国家的领导制度，是实现这个任务的关键。

邓小平明确了党和国家领导制度改革的基本设想：向五届全国人大三次会议提出修改宪法，建议在宪法中明确不允许权力过分集中的原则；考虑设立顾问委员会；建立从国务院到地方各级政府从上到下的强力的工作系统；有准备、有步骤地改变党委领导下的厂长（经理）负责制；各企事业单位普遍成立职工代表大会或职工代表会议；各级党委要真正实行集体领导和个人分工负责相结合制度。

党的十一届三中全会后，"文化大革命"期间受到冲击的多党合作和政治协商制度得到恢复和发展，统一战线和人民政协也进入新发展阶段。1979年6月，全国政协五届二次会议召开，邓小平指出，我国的统一战线已经成为工人阶级领导的、以工农联盟为基础的社会主义劳动者和拥护社会主义的爱国者的广泛联盟；新时期统一战线和人民政协的任务，就是要调动一切积极因素，团结一切可以团结的力量，为把我国建设成为现代化的社会主义强国而奋斗。

1979年10月，党中央批转中组部、统战部《关于在国务院各部委和地方各级人民政府中安排党外人士担任领导职务的请示报告》，明确与党外人士实行民主合作是党的一贯政策。

1979年10月，邓小平在政协全国委员会、中央统战部举行的招待会上，首次把多党合作提升到我国政治制度的高度，强调在中国共产党领导下，实行多党合作是我国具体历史条件和现实条件所决定的，是我国政治制度的一个特点和优点，长期共存、互相监督是一项长期不变的方针。

规范党内政治生活

"文化大革命"时期，党的纪律检查机构被取消。党的十一届三中全会讨论了加强党的建设的一系列措施，决定恢复被取消多年的党的纪律检查机构，明确其任务是维护党规党法，切实搞好党风。中央纪律检查委员会成立后，各省、自治区、直辖市陆续恢复了纪律检查机构，边建立组织边开展工作。到1979年8月，福建、内蒙古等20个省、自治区、直辖市党委纪律检查委员会，共收到来信和接待来访49万多件（次），处理党员违纪案件3.44万起。

1979年11月2日，邓小平在中央党、政、军机关副部长以上干部会议上，作了《高级干部要带头发扬党的优良传统》的报告。13日，党中央、国务院下发《关于高级干部生活待遇的若干规定》，根据国家经济情况并保证工作需要原则，对高级干部的生活待遇作出具体规定，要求高级干部应自觉遵守，对违反规定者要批评教育，错误严重、情节恶劣的，给予纪律处分。

为解决"文化大革命"给党内思想、组织、纪律、作风等方面带来的突出问题，党的十一届五中全会审议通过了《关于党内政治生活的若干准则》。《准则》把党章有关规定、党的优良传统和作风、党内政治生活中的重要是非界限、处理党内关系的重要原则等加以具体化、规范化、系统化，对健全党内民主生活、维护党的集中统一、加强以民主集中制为中心的制度建设，发挥了重要作用。《准则》强调，要坚持党的政治和思想路线，坚持集体领导、反对个人专断，坚持党性、根绝派性，发扬党内民主、正确对待不同意见，保障党员的权利不受侵犯，各级领导干部要接受党和群众的监督、不准搞特权，要建立和完善对干部考核、奖惩、轮换、退休、罢免的一整套制度等。《准则》作为党内重要法规，对于当时恢复和健全党内民主、维护党的集中统一、严肃党的纪律、促进党的团结，实现政治上、思想上、组织上、作风上的拨乱反正，实现全党工作中心的转移，发挥了重要历史作用。

解决干部新老交替问题

任何事情都是人干的，没有大批的人才，我们的事业就不能成功。改革开放后，国家面临的一个严重问题，不是四个现代化的路线、方针对不对，而是缺少一大批实现这个路线、方针的人才。邓小平指出："这是一个新课题，也是对老同志和高级干部提出的一个责任，就是要认真选好接班人。"

1979 年 11 月，邓小平在中央高级干部会议上提出，实行干部退休制度，设立顾问制度作为过渡形式；尽快改变机构臃肿、人浮于事的状况；选拔一批年富力强、有专业知识的干部。1982 年 2 月，党中央印发《关于建立老干部退休制度的决定》，规定了现职领导干部的任职年龄要求，规定了老干部离退休的年龄、条件、政治待遇和生活待遇。4 月，国务院发布《关于老干部离职休养制度的几项规定》，规定新中国成立以前参加革命工作、达到规定年龄的干部实行离休制度。这些改革干部制度的重要文件，使废除领导干部职务终身制有了可操作的依据。此后，一批老干部根据党中央的精神，主动离休、退休或退居二线。到1982年底，党中央直属机关和中央国家机关有7260多名老干部办理了离休手续，占应离休人数的81%。

解决组织路线，最大的问题，也是最难、最迫切的问题，是选好接班人。在废除领导干部职务终身制的同时，党中央也在考虑解决好干部队伍新老交替的问题。1979年7月至8月，邓小平在视察山东、上海、天津等省市时，强调现在党的思想路线和政治路线已经确立，但组织路线问题还没解决，要解决好接班人问题。

1980年8月，邓小平在中央政治局扩大会议上，进一步提出要逐步实现各级领导人员的革命化、年轻化、知识化、专业化。到1982年6月底，在党中央和国务院各部门新的领导班子中，新选拔的中青年干部占66%，领导班子平均年龄由64岁降到60岁，干部队伍年轻化趋势明显，新老交接问题一定程度上得到解决。

为了更好发挥老同志的作用，推进党和国家领导制度改革，党中央决定设立中央顾问委员会。1980年8月，邓小平在中央政治局扩大会议上说，党中央正在考虑设立一个顾问委员会，名称还可以再考虑，连同中央委员会，都由党的全国代表大会选举产生；让一大批原来在中央和国务院工作的老同志，充分利用他们的经验，发挥他们的指导、监督和顾问的作用；同时也便于使党中央和国务院的日常工作更加精干，逐步实现年轻化。这一设想得到了全党绝大部分同志的拥护和支持。

1982 年 1 月 13 日，邓小平在中央政治局会议上将新老交替、精简机构比喻为"一场革命"。7 月 30 日，在中央政治局扩大会议上，邓小平强调，顾问委员会，应该说是干部领导职务从终身制走向退休制的一种过渡；顾问委员会是个过渡，这个过渡是必要的，这种形式切合党的实际。

"我们的未来在希望的田野上"，1981 年一曲风靡大江南北、唱遍大街小巷的《在希望的田野上》，唱出了改革开放带给人们的感受。党的十一届三中全会后的三年多时间里，经过全党全军全国各族人民的艰苦努力，党在指导思想上完成了拨乱反正的艰巨任务，在各条战线的实际工作中取得了重大胜利，实现了历史性的伟大转变。

第二章 ‖ 改革开放全面展开

潮起逐浪，浪叠新高。在党的十一届三中全会确定的航向上，中国改革开放的巨轮冲破迷雾、劈波斩浪、一往无前。"建设有中国特色的社会主义"重大命题，社会主义初级阶段理论，"一个中心、两个基本点"基本路线，"三步走"发展战略……一个又一个创造性思想成果，引导我国经济体制改革从农村向城市稳步推进，各方面建设和改革全面推开，经济社会面貌发生深刻变化。

一、建设有中国特色的社会主义与小康目标

如何建设社会主义、建设什么样的社会主义？这项前无古人的伟大事业，不可能在书本中找到现成的答案，而是要随时随地以当时的历史条件为转移，不断在探索中锚定目标、把握方向。以邓小平同志为主要代表的中国共产党人，遵循理论逻辑和实践逻辑的统一，持续对改革开放和社会主义现代化建设道路进行深入思考和不懈探索。

"走自己的道路，建设有中国特色的社会主义"

党的十一届三中全会后，党和国家的各项事业都取得了瞩目成绩，但改革开放的任务依然十分艰巨：10亿多人口，8亿在农村，基本上还是用手工工具搞饭吃；一部分现代化工业，同大量落后于现代水平几十年甚至上百年的工业，同时存在；少量具有世界先进水平的科学技术，同普遍的科技水平不高，文盲半文盲还占人口近四分之一的状况同时存在；发展社会主义公有制所必需的生产社会化程度还很低，商品经济和国内市场很不发达，自然经济和半自然经济占相当比重，社会主义经济制度还不成熟不完善。中国走什么样的改革开放道路，建设什么样的社会主义，成为国内外普遍关注的重大问题。

党的十二大明确提出"走自己的道路，建设有中国特色的社会主义"重大命题，回答了改革开放的中国坚持什么方向、走什么道路这个全党和全国人民最关心的重大问题。从此，中国特色社会主义成为党的全部理论和实践的主题。

邓小平在大会开幕词中指出，十一届三中全会以来，党对社会主义建设规律的认识深刻得多了，经验丰富得多了。他强调，把马克思主义的普遍真理同我国的具体实际结合起来，走自己的道路，建设有中国特色的社会主义，是我们总结长期历史经验得出的基本结论。中国的事情要按照中国的情况来办，要依靠中国人自己的力量来办。独立自主，自力更生，无论过去、现在和将来，都是我们的立足点。

党的十二大闭幕后，邓小平在会见外宾时指出，我国政治形势更加稳定，可以更好地一心一意搞建设了；社会主义必须大力发展生产力，逐步消灭贫穷，不断提高人民的生活水平。1984 年 6 月，邓小平在回答参加第二次中日民间人士会议日方代表团成员提出的"什么是中国式的社会主义"问题时，从坚持马克思主义讲到什么是马克思主义、什么是社会主义，从中国的近代史讲到现在，从国内讲到国际，从改革讲到开放，从经济讲到政治，讲了一整套相互关联的方针政策。他指出，我们构想的这条道路叫作建设有中国特色的社会主义的道路，这条道路是可行的，走对了。这次谈话以《邓小平谈什么是有中国特色的社会主义》为题在《瞭望》杂志刊发后，引起国内外高度关注。

之后，邓小平多次强调，各项工作都要有助于建设有中国特色的社会主义，都要以是否有助于人民的富裕幸福、是否有助于国家的兴旺发达，作为衡量做得对或不对的标准；马克思主义必须是同中国实际相结合的马克思主义，社会主义必须是切合中国实际的有中国特色的社会主义。

建设有中国特色的社会主义，是指引改革开放和社会主义现代化建设的伟大旗帜，在马克思主义中国化的历史进程中高高飘扬。

翻两番、奔小康

建设什么样的社会主义？实现什么样的现代化？邓小平以中国传统文化中的小康概念，给出了生动的回答，创造性地赋予"小康"一词以鲜明的中国特色和时代特征，将原本抽象的社会发展目标具体化。

"小康"体现中国传统国家治理文化中的民本思想，既反映着千百年来中国人民对丰衣足食的朴素追求，也蕴含着中国历代先贤的理想社会情愫。邓小平提出的小康社会，作为反映我国经济社会和现代化发展水平的总体概念，既包括个人或家庭摆脱贫困生活后的情景，又包含了物质文化全面发展的目标体系。

1979 年 12 月，邓小平在会见日本首相大平正芳时第一次使用"小康"来描述 20 世纪末中国的现代化图景。他说，我们要实现的四个现代化，是中国式的四个现代化。我们的四个现代化的概念，不是像你们那样的现代化的概念，而是"小康之家"。他指出，到那时"要达到第三世界中比较富裕一点的国家的水平，比如国民生产总值人均一千美元，也还得付出很大的努力。就算达到那样的水平，同西方来比，也还是落后的。所以，我只能说，中国到那时也还是一个小康的状态"。

党的十二大把 20 世纪末的奋斗目标由实现四个现代化，改为符合我国实际情况的小康目标，从战略思想上解决了新中国成立后在社会主义建设发展速度和发展目标上急于求成的问题。围绕实现小康目标，党的十二大提出了"翻两番"的奋斗目标：力争使全国工农业的年总产值翻两番，即由 1980 年的 7100 亿元增加到 2000 年的 2.8 万亿元左右。实现了这个目标，我国国民收入总额和主要工农业产品的产量将居于世界前列，整个国民经济的现代化进程将取得重大进展，城乡人民的收入将成倍增长，人民的物质文化生活可以达到小康水平。

1983 年春节前，邓小平带着"小康社会在实践中有没有具体标准"这个问题，到经济相对发达的江苏、浙江和上海进行了为期 3 周的调研。经过深入调研了解情况，他系统阐述了达到小康社会的标准：人民的吃穿用问题解决了、住房问题解决了、就业问题解决了、人不再外流了、中小学教育普及了、人们的精神面貌变化了。

"小康"作为中国特色社会主义理论体系和话语体系中的特有名词，切合改革开放初期我国经济社会发展的实际，易于为广大人民群众所理解所掌握，一经提出就深入人心，得到全社会的广泛认同，成为改革开放新时期催人奋进的奋斗目标。

二、推进改革开放向纵深发展

改革是全面的改革，开放是全方位的开放。党的十二大后，党中央多措并举、综合施策，继续巩固农村改革成果、加大城市经济体制改革力度，其他领域的改革也随之迈出新的步伐。在各方面改革陆续推进过程中，高度集中的计划经济体制逐步被打破，我国社会主义现代化建设出现了农业和工业、农村和城市、经济体制和社会体制、对内改革和对外开放共同推进、相互促进的生动局面。

农村经济改革的深入

家庭联产承包责任制的实行，极大激发了农民的积极性，焕发了农村的活力。但滞后的观念和体制的束缚，成为横在城乡之间的鸿沟。当时，卖粮难、储粮难、运粮难的现象比较普遍，甚至出现有的农民把《人民日报》上的文章剪下来，贴在扁担上，作为"合法"售卖劳动成果依据的现象。这表明，农村改革迫切需要继续深化，向纵深推进。

为联产承包责任制正名助力。1983年1月2日，党中央"一号文件"把各地实行的"包产到户""包干到户"，正式统称为"联产承包责任制"。文件将联产承包责任制定义为"统一经营与分散经营相结合"的经营方式。这个文件统一了党内外对农村改革和联产承包责任制的认识。12日，邓小平同中央和有关部门负责同志谈话时说，"一号文件很好，政策问题解决了"。到1984年底，全国569万个生产队中，99%以上实行了家庭联产承包责任制。到1987年，全国约有1.8亿农户实行了家庭联产承包责任制，占全国农户总数的98%。

★ 1984年，国庆35周年群众游行队伍中的"联产承包好"彩车

破除制约农村改革的体制禁锢。随着联产承包责任制的深入推广，人民公社体制已越来越难以适应农村改革的需要。1982 年，新修改的宪法作出改变农村人民公社政社合一体制，设立乡政府作为基层政权，普遍成立村民委员会作为群众性自治组织等规定。1983 年 10 月，党中央、国务院发出《关于实行政社分开、建立乡政府的通知》，要求根据宪法规定，在农村设立乡政府。乡（镇）政府的建立，是农村体制的重大改革，有利于促进农村经济发展，为稳定和完善家庭联产承包责任制提供了制度保障。到 1985 年 6 月，全国 5.6 万多个人民公社改建为 9.2 万多个乡（镇）人民政府，全国 54 万多个生产大队改建为 82 万多个村民委员会。

改革农副产品统购派购制度。随着家庭联产承包责任制的确立和农村商品市场的开放，农村经济体制改革取得巨大成就，生产全面增长，主要农产品供应紧缺状况有了很大改善。党的十二届三中全会以后，城乡经济体制改革全面展开，以农副产品统购派购制度改革为标志的新一轮农村改革迈出了决定性一步。

1985 年，我国取消农副产品统购派购制度，除个别品种外，国家不再向农民下达农副产品统购派购任务，按照不同情况，分别实行合同定购和市场收购。其中，粮食取消统购，改为合同定购，定购以外的粮食可以自由上市；生猪、水产品和供应大中城市、工矿区的蔬菜，逐步取消派购，自由上市、自由交易、随行就市、按质论价；其他统购派购农副产品，分品种、分地区逐步放开。1985 年 1 月，党中央、国务院发布《关于进一步活跃农村经济的十项政策》，规定任何单位都不得向农民下达指令性生产计划。

截至 1985 年 6 月，原实行统购或派购的粮食、棉花、生猪、菜牛、菜羊、鲜蛋、水产品等 39 种农副产品，除个别品种外，已先后分别实行合同定购和市场收购；国家计划按合同收购的 1500 多亿斤粮食和 8500 万担棉花，基本落实到农户或生产单位；26 个省、自治区、直辖市放开了猪肉销售价格，大中城市的蔬菜价格也已全部或部分放开。改革农副产品统购派购制度，给农村经济注入了新的活力，亿万农民有了更充分的经营自主权和选择权，开始按照市场需求调整农村产业结构、发展农业生产。

鼓励发展乡镇企业。农村改革的不断深化，使得农民经营自主权不断扩大，收入大幅度提高，创办企业的积极性空前高涨。到 1983 年，全国农民合资经营的社队企业达 50 多万家。1984 年 3 月，党中央、国务院转发《关于开创社队企业新局面的报告》，将社队企业名称改为乡镇企业，指出乡镇企业是多种经营的重要组成部分，要求要和国营企业一样，一视同仁，给予必要的扶持。到 1987 年，全国乡镇企业发展到 1750 多万家，产值达到 4764 亿元，占农村社会总产值的 50.4%。乡镇企业的快速发展，促进了农村经济发展、增加了农民收入、更新了农民观念，为农村改革发展注入了活力。

"写出了一个政治经济学的初稿"

20 世纪 80 年代初，我国城市企业已有 100 多万家、职工达 8000 多万人，提供的税收和利润占全国财政收入的 80% 以上。城市企业和职工的积极性、主动性、创造性能否发挥，关系我国经济全局和国家财政经济状况能否根本好转，关系党的十二大提出的到 20 世纪末工农业年总产值翻两番的奋斗目标能否实现。

党中央指出，中国特色的社会主义，首先应该是企业有充分活力的社会主义。而当时经济体制的种种弊端，恰恰集中表现为企业缺乏应有的活力。因而，增强企业特别是增强大中型国营企业的活力，是以城市为重点的整个经济体制改革的中心环节。围绕这个中心环节，主要应该解决好两个方面的关系问题：确立国家和国营企业之间的正确关系，扩大企业自主权；确立职工和企业之间的正确关系，保证劳动者在企业中的主人翁地位。

党的十二届三中全会审议通过《中共中央关于经济体制改革的决定》，标志着以城市为重点的经济体制改革全面展开。

发展商品经济。全会提出，只有充分发展商品经济，才能把经济真正搞活，促使各个企业提高效率，灵活经营，灵敏地适应复杂多变的社会需求；实行计划经济同运用价值规律、发展商品经济，不是互相排斥的，而是统一的。

运用价值规律。全会强调，我国实行的是计划经济，即有计划的商品经济；完全由市场调节的生产和交换，主要是部分农副产品、日用小商品和服务修理行业的劳务活动；实行计划经济不等于以指令性计划为主，指令性计划和指导性计划都是计划经济的具体形式；指导性计划主要依靠运用经济杠杆的作用来实现，指令性计划则是必须执行的，但也必须运用价值规律。

建立有充分活力的社会主义企业。全会分析了我国经济体制的基本特征，提出制定全面改革蓝图、加快改革步伐、推动以城市为重点的改革等重大任务。全会针对长期以来把全民所有同国家机构直接经营企业混为一谈的观念，提出所有权同经营权是可以适当分开的，在服从国家计划和管理的前提下，企业有权选择灵活多样的经营方式，有权安排自己的产供销活动，有权拥有和支配自留资金，有权依照规定自行任免、聘用和选举本企业的工作人员，有权自行决定用工办法和工资奖励方式，有权在国家允许的范围内确定本企业产品的价格，强调要推动企业真正成为相对独立的经济实体，成为自主经营、自负盈亏的社会主义商品生产者和经营者。全会对我国社会主义经济性质、计划与市场关系的全新认识，在扩大企业经营自主权上提出的一系列改革举措，为深入推动以城市为重点的经济体制改革提供了根本指导。

这个文件首次提出我国社会主义经济是公有制基础上的、有计划的商品经济，突破了把计划经济和商品经济对立起来的传统观念，是对马克思主义政治经济学的重大创新和贡献，标志着我们党对社会主义经济建设规律的认识达到了前所未有的高度。邓小平认为，全会"写出了一个政治经济学的初稿，是马克思主义基本原理和中国社会主义实践相结合的政治经济学""这是真正坚持社会主义"。1985年3月，邓小平在全国科技工作会议上再次谈道，"去年，中央作了经济体制改革的决定。全世界都在评论，认为这是中国共产党的勇敢的创举"。

深化国营企业改革

在城市经济体制改革全面展开过程中，中央加大了国家与企业利益分配关系的探索力度。以"利改税"、"拨改贷"、国营企业股份制改革为标志，以理顺国家与企业的关系为切入点，国营企业进入了改革的新阶段。

改革开放初期，我国国营企业改革的方针是扩大企业自主权，调整国家与企业之间的生产管理权限与利益分配关系，在企业内部建立经济责任制，为此各地先后实行"放权让利""利润包干"等举措。但"利润包干"在实际中存在"苦乐不均""鞭打快牛"现象，国家财政收入稳定性也难以得到有力保障。

"利改税"的目标是使企业在经济利益上同条条或块块脱钩，由按企业行政隶属关系确定利益分配的做法，改为不分隶属关系统一依法向中央和地方缴纳不同税收的办法，以便把企业应有的经营管理权真正交给企业。1980 年至 1981 年底，湖北、广西、上海等 18 个省、自治区、直辖市的 456 家国营企业进行"利改税"试点。1983 年，国务院决定停止以利润分成为主的经济责任制，全面实行"利改税"。

在探索国家与企业利益分配关系过程中，国家尝试对固定资产投资管理体制进行改革，将基本建设投资拨款改为贷款，简称为"拨改贷"。1979 年，"拨改贷"首先在北京、上海、广东 3 个省市及纺织、轻工、旅游等行业进行试点。1980 年，国家扩大了"拨改贷"的范围，规定凡是实行独立核算、有还贷能力的建设项目，都要进行"拨改贷"改革。1985 年 1 月起，"拨改贷"在全国各行业全面推行。

为搞活国营企业，增强企业自我改造和自我发展能力，全国广泛推行承包经营责任制。到 1987 年，全国已有 80% 的国营企业实行各种形式的承包经营责任制，国营企业留利占利润总额的比重，由 1978 年的 3.7% 上升到 40% 以上（扣除各种税费，实际留利约为 20%）。围绕搞活企业这个中心环节，城市经济体制改革在财政税收、金融、商业、劳动工资等配套措施方面也有不同程度进展。

国家在地方试点基础上，探索企业所有权和经营权的进一步分离，开始对企业进行股份制改革。1984 年，上海飞乐电声总厂面对音响设备市场需求增加、急需资金扩大生产的情况，提出搞股份制、通过发行股票向其他单位和内部职工集资的设想，得到上海市委、市政府的支持。11 月，经中国人民银行上海分行批准，上海飞乐音响股份有限公

★ 1986 年 11 月 14 日，邓小平把一张上海飞乐音响股份有限公司股票作为礼物赠送给美国纽约证券交易所董事长约翰·范尔霖，向世界宣告中国改革开放的决心

司成立，向社会公众及职工发行股票，成功发行 1 万股，每股面值 50 元，其中 35% 由法人认购，65% 向社会公众公开发行。飞乐股票成为"中国改革开放第一股"。

1986 年 12 月，国务院印发《关于深化企业改革增强企业活力的若干规定》，明确各地可选择少数有条件的全民所有制大中型企业进行股份制试点。此后，股份制试点如雨后春笋般日益增多，到 1992 年底，全国已有 3700 家股份制试点企业，其中有 92 家获准在上海证券交易所上市，在探索公有制实现形式上迈出了一大步。

科技教育体制改革

科技与教育是关系现代化建设全局的根本问题。邓小平强调，发展战略规划，第一位就是发展教育和科学技术。要实现现代化，关键是科学技术要能上去，发展科学技术，不抓教育不行。他说："我们国家要赶上世界先进水平，从何着手呢？我想，要从科学和教育着手。"

1978 年 3 月全国科学大会后，"科学技术是生产力"观念日益深入人心。邓小平曾诙谐地说，"现在连山沟里的农民都知道科学技术是生产力"，"农民把科技人员看成是帮助自己摆脱贫困的亲兄弟，称他们是'财神爷'"。

1985 年 3 月，邓小平提出，现在要进一步解决科技和经济结合的问题。经济体制，科技体制，这两方面的改革都是为了解放生产力。新的经济体制，应该是有利于技术进步的体制；新的科技体制，应该是有利于经济发展的体制。双管齐下，长期存在的科技与经济脱节的问题，有可能得到比较好的解决。邓小平强调，改革经济体制，最重要的、他最关心的，是人才；改革科技体制，他最关心的，还是人才，改革就是要创造使拔尖人才能够脱颖而出的环境。同月，党中央颁布的《关于科学技术体制改革的决定》，明确提出运行机制、组织结构、人事制度、经费制度等方面的改革目标任务，吹响了科技体制改革的号角。

1985年5月，为顺应全国经济体制改革的形势和农村生产力发展的需要，国家科委向国务院提交了《关于抓一批"短平快"科技项目促进地方经济振兴的请示》，因其中引用了"星星之火，可以燎原"这句话，因而也被称为"星火计划"。1986年初，国家正式批准实施这项计划，截至1995年底，全国共组织实施"星火计划"项目66736项，覆盖了全国85%以上的县。

1986年3月，王大珩、王淦昌、杨嘉墀、陈芳允四位科学家给邓小平写信，建议积极跟踪研究国际战略性高技术发展。邓小平十分重视，明确批示："此事宜速作决断，不可拖延。"11月，党中央、国务院批准《高技术研究发展计划纲要》，这一计划被命名为"863计划"，是改革开放以来我国首个高技术发展计划。从此，我国高技术研究进入了一个新的发展阶段，上万名科学家在各个不同领域联合攻关，取得了丰硕科技成果。

教育是"一个民族最根本的事业"。国家在改革科技体制的同时，也对教育体制进行了改革。1983年10月，邓小平给北京景山学校题词"教育要面向现代化，面向世界，面向未来"，为教育改革指明了方向。六届全国人大常委会第九次会议决定，将每年 9 月 10 日定为教师节，推动在全社会形成尊师重教的良好风气。1985 年 5 月，党中央颁布《关于教育体制改革的决定》明确提出，教育体制改革的根本目的是提高民族素质，多出人才，出好人才；有步骤地实行九年制义务教育；改革高等学校的招生计划和毕业生分配制度，实行国家计划招生、用人单位委托招生、在国家计划外招收少数自费生三种办法；成立国家教育委员会，统筹整个教育事业的发展，统一部署和指导教育体制改革等。《决定》的颁布及实施，标志着教育体制改革的全面展开。

从 1985 年开始，高等学校毕业生就业开始实行计划分配和双向选择相结合的制度。六届全国人大四次会议通过《中华人民共和国义务教育法》，以法律形式确定了我国义务教育制度。1987 年 6 月，国务院批转《国家教育委员会关于改革和发展成人教育的决定》，明确了我国成人教育的工作重点、方针政策等。

在改革过程中，我国逐步建立了以政府投入为主、多渠道筹措基础教育经费的教育体制，在一定程度上缓解了高等教育资金短缺的问题。教育体制改革激发了地方和社会办教育的积极性，九年制义务教育得到有计划、分步骤实施，各级各类教育都得到发展，适应改革开放和社会主义现代化建设的各类人才不断涌现。

对外开放格局的形成

经济特区的发展，是邓小平一直高度关注的问题。1984

年2月，他强调，建立经济特区，实行开放政策，有个指导思想要明确，就是不是收，而是放；可以考虑再开放几个港口城市，如大连、青岛，这些地方不叫特区，但可以实行特区的某些政策；要开发海南岛，如果能把海南岛的经济迅速发展起来，那就是很大的胜利。

1984年3月26日至4月6日，中共中央书记处和国务院联合召开沿海部分城市座谈会，讨论进一步开放沿海港口城市、办好经济特区、搞好海南岛开发建设的问题。5月，《沿海部分城市座谈会纪要》印发，正式确定开放天津、上海、大连、青岛、宁波、福州、广州等14个沿海城市，决定实行以下政策和措施：放宽利用外资建设项目的审批权限；增加外汇使用额度和外汇贷款；对中外合资、合作经营、外商独资企业给予优惠待遇；可以兴办新的经济技术开发区，在经济管理体制改革方面，可以参照经济特区的成功经验等。这是我国发挥沿海港口城市区位优势、扩大对外开放、加快现代化建设的重大决策，对促进这些城市发展乃至带动全国经济发展具有重要意义。

六届全国人大二次会议通过决议，决定撤销广东省海南行政公署，成立海南行政区人民政府，扩大海南的自主权限。七届全国人大一次会议通过设立海南省和建立海南经济特区的决定。海南设省及把海南岛设立为经济特区，体现了党中央加快改革开放的魄力和决心。

1984年11月，国务院在对东南沿海地区进行实地考察的基础上，形成了《关于沿海地区经济发展的几个问题》报告，提出经济特区、沿海开放城市、沿海经济开放区应当成为对外开放的桥头堡；上海、广东应当发挥对内对外辐射两个扇面作用，在经济特区和开放城市中起枢纽作用，建议"开放珠江三角洲和长江三角洲，进而陆续开放辽东半岛、胶东半岛，北起大连港、南至北海市，构成一个对外开放的经济地带"。

1985 年 2 月，党中央、国务院批转《长江、珠江三角洲和闽南厦漳泉三角地区座谈会纪要》，同意将长江三角洲、珠江三角洲和闽南厦漳泉三角地区划为沿海经济开放区，使之逐步发展成为对外贸易的重要基地和内地扩展对外经济联系的窗口。

至此，我国初步形成由"经济特区—沿海开放城市—沿海经济开放区—内地"构成的多层次、有重点、点面结合的对外开放格局，形成了覆盖两个直辖市、25 个省辖市、

★ 群众欢庆海南省成立

67个县，约1.5亿人口的沿海对外开放地区。对外开放在广度和深度上的进一步扩大，对我国经济社会发展起到了巨大推动作用。

三、加强社会主义民主法制与精神文明建设

坚持正确的政治发展道路，是关系根本、关系全局的重大问题。以什么样的思路来谋划和推进社会主义民主政治建设，在我国政治生活中具有管根本、管全局、管长远的作用。围绕改革开放和中国特色社会主义现代化建设的伟大实践，党中央在推进经济体制改革的同时，稳妥推进社会主义民主法制建设，坚持物质文明和精神文明"两手抓、两手都要硬"，在制度、组织、思想和行动上不断提升党的建设水平，为经济社会发展提供至关重要的保障。

颁布"八二宪法"

宪法是国家的根本法，是治国安邦的总章程，具有最高的法律地位、法律权威、法律效力。在改革开放不断深化的进程中，修改出一部全面反映党的十一届三中全会以来改革开放要求、体现党和人民共同意志的新宪法，成为一项迫切的重要任务。

五届全国人大二次会议通过《关于修正〈中华人民共和国宪法〉若干规定的决议》，废除了"文化大革命"中实行的

革命委员会①制度，恢复了人民政府制度。五届全国人大三次会议决定成立宪法修改委员会，专责修改宪法工作。

　　五届全国人大五次会议审议通过新的《中华人民共和国宪法》，即现行宪法。这部宪法规定了我国的根本政治制度和基本政治制度、基本经济制度、国家的根本任务、公民的基本权利和义务、国家机构的设置和职责等重大问题，是对1954年制定的新中国第一部宪法的继承和发展，史称"八二宪法"。

　　"八二宪法"恢复了"人民民主专政"的概念，并赋予其新的时代内容；规定中华人民共和国的一切权力属于人民；人民行使国家权力的机关是全国人民代表大会和地方各级人民代表大会，任何组织或个人都不得有超越宪法和法律的特权；我国社会主义经济制度的基础是生产资料的社会主

★ 五届全国人大五次会议会场

_____

　　① 革命委员会是"文化大革命"期间废除原有的党政领导体制而采取的各级政权组织形式，简称"革委会"。

义公有制，即全民所有制和劳动群众集体所有制，城乡劳动者个体经济是社会主义公有制经济的补充；国家的根本任务是集中力量进行社会主义现代化建设；公民在法律面前一律平等，公民的人身自由、人格尊严不受侵犯；我国的国家机构实行民主集中制原则。

"八二宪法"明确规定，国家在必要时得设立特别行政区，在特别行政区内实行的制度按照具体情况由全国人民代表大会以法律规定，这为通过"一国两制"方式解决台湾、香港、澳门问题奠定了法律基础。同时，"八二宪法"在社会主义精神文明建设、促进国家统一和民族团结、实行独立自主的对外政策等方面也作出了一系列新规定，体现了党的十一届三中全会以来党和人民的共同意志。

"八二宪法"为我国改革开放和社会主义现代化建设事业提供了坚实的法律保证。

探索完善中国特色的政治制度

党的十二大以来，党和国家坚持和完善人民代表大会制度、中国共产党领导的多党合作和政治协商制度、民族区域自治制度、基层群众自治制度，有力推动中国特色的政治制度建设。

完善人民代表大会制度。"八二宪法"规定，扩大全国人大常委会的职权和组织，全国人大及其常委会行使国家立法权，除基本法律应由全国人大制定外，其他法律由全国人大常委会制定。五届全国人大五次会议通过了《关于修改〈中华人民共和国全国人民代表大会和地方各级人民代表大会选举法〉的若干规定的决议》《关于修改〈中华人民共和国地方各级人民代表大会和地方各级人民政府组织法〉的若干规定的决议》等，规定县以上各级人民代表大会设立常务委员会，地方各级革命委员会改为人民政府，并相应地恢复省长、自治区主席、市长和州长、县长等职称。

六届全国人大常委会第十八次会议审议通过《全国人民代表大会常务委员会关于修改〈中华人民共和国全国人民代表大会和地方各级人民代表大会选举法〉的决定》，就选举资格、全国人民代表大会代表名额、代表比例、代表名额分配、选民登记等问题作了修改和补充。据此修订的《中华人民共和国全国人民代表大会和地方各级人民代表大会选举法》随后公布，为保障人民当家作主提供了重要保障。

中国共产党领导的多党合作和政治协商制度，是从中国土壤中生长出来的新型政党制度，是我国政治制度的一个鲜明特点和优势。党的十二大把"长期共存、互相监督"的"八字方针"，发展为"长期共存、互相监督、肝胆相照、荣辱与共"的"十六字方针"。此后，各民主党派在国家政治生活中的作用得到进一步发挥，在政协第六届全国委员会委员、第六届全国人大代表中，非中共党员的比例分别从第五届的40%、27.2%增加至第六届的60%、37.5%；越来越多的民主党派成员和无党派人士担任领导职务。1989年12月，党中央印发《关于坚持和完善中国共产党领导的多党合作和政治协商制度的意见》，各民主党派在国家政治生活中的作用得到进一步发挥。

民族区域自治制度是国家的一项重要政治制度。我国是统一的多民族国家，处理好民族问题、做好民族工作是关系祖国统一和边疆稳定的大事、关系民族团结和社会稳定的大事、关系国家长治久安和中华民族繁荣昌盛的大事。采用民族区域自治来解决中国的民族问题，是符合中国国情和各民族共同利益的正确选择。六届全国人大二次会议审议通过《中华人民共和国民族区域自治法》，明确民族区域自治是党运用马列主义解决中国民族问题的基本政策，是国家的一项重要政治制度；规定民族区域自治是在国家统一领导下，各少数民族聚居的地方实行区域自治，设立自治机关，行使自治权。民族区域自治制度的实施，对实现各民族的平等权利、巩固全国各族人民的大团结、增强中华民族的凝聚力具有重大意义。

"八二宪法"颁布实施后，我国基层群众自治制度开始形成。全国企事业单位普遍建立职工代表大会，城市中的居民委员会进一步健全。农村人民公社政社合一体制得到根本改变，农村村民委员会逐步建立，到1985年底全国共建立了948618个村民委员会。六届全国人大常委会第二十三次会议通过《中华人民共和国村民委员会组织法（试行）》，规定村民委员会是村民自我管理、自我教育、自我服务的基层群众性自治组织。七届全国人大常委会第十一次会议审议通过《中华人民共和国城市居民委员会组织法》，为城市居民委员会的发展提供了法律保障。

以制定"八二宪法"为代表的社会主义民主政治建设取得的成果，为我国经济体制改革的深化和经济发展、社会稳定提供了重要政治保证。

坚持"两手抓、两手都要硬"

我国改革从农村到城市，从经济领域到其他领域全面展开，对外开放进一步扩大。邓小平强调，搞现代化一定要坚持以经济建设为中心，但要有两手，只有一手是不行的，不加强精神文明建设，物质文明建设也要受破坏、走弯路，甚至整个社会还会变质。党中央明确了物质文明和精神文明"两手抓、两手都要硬"的方针。党的十二大比较全面、系统地论述了社会主义精神文明建设的战略地位、主要内容以及同物质文明建设的辩证关系等重大问题。

在党中央的重视和领导下，20 世纪 80 年代初，"五讲四美三热爱"等精神文明建设活动广泛开展起来，对促进党风和社会风气好转起了积极作用，涌现出蒋筑英、罗健夫、"活雷锋"朱伯儒等模范共产党员。但是，随着对外交往的扩大，国外的一些腐朽的东西，特别是西方资产阶级的思想政治文化也乘机渗透进来，同国内一些人错误的思想政治观念结合起来，出现了一股盲目崇拜西方资本主义国家"民主""自由"，否定党的领导、否定社会主义制度的资产阶级自由化思潮。1983 年 10 月，邓小平在党的十二届二中全会上，敏锐而明确地提出，思想战线不能搞精神污染，对现代西方资产阶级文化，一定要以马克思主义进行分析、鉴别和批判。根据会议精神，在全国思想文化领域开展了反对精神污染和反对资产阶级自由化的斗争。

党的十二届六中全会通过《中共中央关于社会主义精神文明建设指导方针的决议》，阐述了社会主义精神文明建设的指导方针和根本任务，强调坚持以马列主义、毛泽东思想为指导，是社会主义现代化事业的根本，也是社会主义精神文明建设的根本；社会主义精神文明建设的战略地位，决定了它必须是推动社会主义现代化建设的精神文明建设，必须是促进全面改革和实行对外开放的精神文明建设，必须是坚持四项基本原则的精神文明建设；社会主义精神文明建设的根本任务，是适应社会主义现代化建设的需要，培育有理想、有道德、有文化、有纪律的社会主义公民，提高整个中华民族的思想道德素质和科学文化素质。《决议》是关于社会主义精神文明建设的第一份纲领性文件，为我国精神文明建设的健康发展提供了基本指导方针。

然而，由于一些人包括有些高级领导干部对资产阶级自由化的实质和危害认识不够、反对不力，导致党的十二届六中全会决议所强调的加强马克思主义在精神文明建设中的指导地位和反对资产阶级自由化的内容，没有得到认真贯彻。1986年底，发生了波及不少城市的学潮。在邓小平的支持下，党中央采取措施，有效稳定了局面、恢复了秩序。

推动党的建设出现新局面

邓小平指出，"我们这么大一个国家，怎样才能团结起来、组织起来呢？一靠理想，二靠纪律。组织起来就有力量。没有理想，没有纪律，就会像旧中国那样一盘散沙"。成就中国历史上的改革开放和社会主义现代化建设这一空前伟大的事业，决定性的条件就是把党建设好，使每个共产党员成为名副其实的共产党员，以实际行动回应人民和时代的期望。党要管党、从严治党的提出，丰富和发展了马克思主义政党建设理论，为改革开放环境下建设坚强有力的马克思主义执政党提供了思想指导。

党的十二大围绕把党建设成为领导社会主义现代化建设事业坚强核心的重要任务，坚持从思想、组织、作风和干部队伍等方面入手，推动党的建设出现新局面。大会通过的党章对党的性质和党的指导思想，对当时我国社会主要矛盾和党的总任务，对党在国家生活中如何正确地发挥领导作用，都作了符合新的形势要求的规定。

党的十二大决定用3年时间对党的作风和组织进行一次全面整顿。1983年，党的十二届二中全会讨论通过《中共中央关于整党的决定》。邓小平强调，整党必须严格，整党不能走过场。这次整党到1987年5月基本结束。通过整党，增强了广大党员干部对党的十一届三中全会以来路线方针政策理解和贯彻落实的自觉性，查处了一批党员干部严重违法乱纪的案件，使党的组织进一步纯洁，党内思想、作风和纪律松弛状况有了改变。

进入改革开放新时期，针对一些党员干部中出现的贪污受贿、以权谋私等严重的问题，邓小平指出："这股风来得很猛。如果我们党不严重注意，不坚决刹住这股风，那末，我们的党和国家确实要发生会不会'改变面貌'的问题。"他强调，对于腐败现象要坚决严惩，要雷厉风行地抓，要公布于众，要按照法律办事。该受惩罚的，不管是谁，一律受惩罚。越是改革开放越是要严肃法纪、惩治腐败的思想，体现了我们党坚决反对腐败的立场和决心。

党要管党，最关键的是干部问题。邓小平指出："党要管党，一管党员，二管干部。"针对改革开放之初我们党缺少一批年富力强、有专业知识的干部的状况，邓小平及时提出干部队伍革命化、年轻化、知识化、专业化的要求，极大促进了干部队伍的新老交替和素质提升。经过努力，全国范围内补充了一大批年轻干部到不同岗位上，全党干部队伍年龄结构得到初步改善，8万多名有知识、懂业务、德才兼备的中青年干部被选拔到县以上各级领导岗位；到1987年底，全国4700万名党员中，35岁以下的占27.3%，具有高中以上文化程度的由1978年的12.8%提高到28.5%。

四、党在社会主义初级阶段基本路线的确立

党的十三大阐明了我国正处在社会主义初级阶段的历史方位，明确了党在初级阶段的基本路线，提出"三步走"的经济发展战略，初步回答了我国社会主义建设所处阶段、任务、动力、条件、布局和国际环境等基本问题，为深化改革开放提供了思想理论指引。

社会主义初级阶段

正确认识我国社会所处的历史阶段，是建设有中国特色的社会主义的基本问题，是制定和执行正确的路线方针政策的根本依据。改革开放以来，党不断深化对我国国情和社会主义发展阶段的认识，形成了社会主义初级阶段理论。

　　1979 年 9 月，叶剑英在庆祝中华人民共和国成立 30 周年大会上的讲话中指出，社会主义制度必然要有一个由初级到高级的过程。1980 年 4 月，邓小平强调，不要离开现实和超越阶段采取一些"左"的办法，这样是搞不成社会主义的。1981 年 6 月，党的十一届六中全会通过《关于建国以来党的若干历史问题的决议》，首次使用"社会主义初级阶段"这一概念，指出当前中国社会的主要矛盾是人民日益增长的物质文化需要同落后的社会生产之间的矛盾。

　　党的十三大召开前，邓小平强调，这次大会要指明中国社会主义所处的阶段，即社会主义的初级阶段，而且这个阶段必须是坚持社会主义的，一切要从这个实际出发来制订规划。在此背景下，大会系统地阐述了社会主义初级阶段理论：第一，中国社会已经是社会主义社会，必须坚持而不能离开社会主义；第二，中国的社会主义社会还处在初级阶段，必须从这个实际出发，而不能超越这个阶段。社会主义初级阶段不是泛指任何国家进入社会主义都会经历的起始阶段，而是特指我国在生产力落后、商品经济不发达条件下建设社会主义必然要经历的特定阶段。我国从 20 世纪 50 年代生产资料私有制的社会主义改造基本完成，到社会主义现代化的基本实现，都属于社会主义初级阶段。

　　社会主义初级阶段，是我们党从社会性质和发展阶段上对中国国情所作的全局性、总体性判断。这一理论的提出，成功解决了经济文化比较落后的国家进入社会主义社会后的历史方位、主要矛盾和根本任务等重大问题，是中国特色社会主义理论的逻辑起点和重要内容。

　　党的十三大立足社会主义初级阶段的实际，正式把党在社会主义初级阶段的基本路线概括为：领导和团结全国各族人民，以经济建设为中心，坚持四项基本原则，坚持改革开放，自力更生，艰苦创业，为把我国建设成为富强、民主、文明的社会主义现代化国家而奋斗。"一个中心、两个基本点"是这条基本路线的简明概括。

在社会主义初级阶段，坚持和完善社会主义制度，以经济建设为中心是兴国之要，是党和国家兴旺发达、长治久安的根本要求；四项基本原则是立国之本，是党和国家生存发展的政治基石；改革开放是强国之路，是党和国家发展进步的活力源泉。必须始终坚持把以经济建设为中心同四项基本原则、改革开放这两个基本点统一于发展中国特色社会主义的伟大实践，任何时候都不能动摇。

从"两步走"到"三步走"

历史，总是在时间的坐标中展开其壮丽画卷。中国共产党善于从大历史视野对目标任务进行长远谋划，牢牢把未来掌握在自己手中，让国家发展按照稳定的节奏不断向前。

1979 年 12 月，邓小平提出在 20 世纪末实现中国式现代化的任务目标。1980 年 1 月，把 20 年分为两个 10 年，提出前一个 10 年主要是打好基础，为后一个 10 年实现"中国式的四个现代化"创造必要的条件。12 月，他又对这一设想作出补充阐述，经过 20 年的时间，使中国现代化经济建设的发展达到小康水平，然后继续前进，逐步达到更高程度的现代化。

党的十二大确定"两步走"战略，即 20 世纪 80 年代的 10 年主要是打好基础的阶段，要实现工农业总产值翻一番的目标，基本上解决人民的温饱问题；20 世纪 90 年代的 10 年为起飞阶段，工农业总产值再翻一番，人民生活达到小康水平。党的十二大后，邓小平重点思考"小康"实现后如何发展的问题。1984 年 4 月，邓小平在会见英国外宾时，对"小康"之后的发展目标作了新的设想：第一个目标就是到 20 世纪末达到小康水平，第二个目标就是要在 30 年至 50 年内达到或接近发达国家的水平。1986 年 9 月，邓小平又提出，到 21 世纪中叶达到中等发达国家水平。

1987 年 4 月，邓小平在会见西班牙外宾时，首次从战略上对中国现代化建设提出分"三步走"的构想。他说，原定的目标是，第一步在 80 年代翻一番。以 1980 年为基数，当时国民生产总值人均只有 250 美元，翻一番，达到 500 美元。第二步是在 20 世纪末再翻一番，人均达到 1000 美元。实现这个目标意味着我们进入小康社会，把贫困的中国变成小康的中国。那时国民生产总值超过 1 万亿美元，虽然人均数还很低，但是国家的力量有很大增加。"三步走"中更重要的还是第三步，在 21 世纪用 30 年到 50 年再翻两番，大体上达到人均 4000 美元。做到这一步，中国就达到中等发达国家的水平。邓小平的这一战略构想正式写入了党的十三大报告。

"三步走"发展战略从社会主义初级阶段基本国情出发，以经济社会发展程度和相应的人民生活水平为标志，来部署经济建设的战略步骤，确定每一步所要达到的目标，明确了此后中国社会主义建设的奋斗目标。

五、营造改革开放的良好环境

实行改革开放重大决策后，党中央审时度势、冷静观察，以巨大的政治智慧和勇气，科学判断时代主题和国际形势的发展变化，适时调整对外方针政策、提出"一国两制"伟大构想，为改革开放和社会主义现代化建设的推进营造了良好环境。

时代主题变化与新时期对外政策的调整

20世纪80年代，美苏关系从激烈对抗走向缓和，世界局势和国际力量对比发生新的变化。1984年5月，邓小平会见巴西总统菲格雷多时指出，现在世界上问题很多，有两个比较突出，一是和平问题，二是南北问题。1985年3月，邓小平在会见日本商工会议所访华团时说："现在世界上真正大的问题，带全球性的战略问题，一个是和平问题，一个是经济问题或者说发展问题。和平问题是东西问题，发展问题是南北问题。概括起来，就是东西南北四个字。南北问题是核心问题。"明确和平与发展两大问题，抓住了世界格局中最突出的矛盾、最根本的变化、最主要的特征，提供了观察和解决世界各种问题的基本着眼点和立足点，指明了人类社会所要解决的最主要任务，具有十分重要而深远的意义。

改革开放之初，邓小平指出，中国的对外政策是要寻求一个和平的环境来实现四个现代化。他把中国对外政策概括

★ 1985 年 3 月 4 日，邓小平会见日本商工会议所访华团

为三句话：第一句话是反对霸权主义，第二句话是维护世界和平，第三句话是加强同第三世界的团结和合作，强调维护世界和平并不是喊空话，而是基于中国自身发展的需要，也符合世界人民特别是第三世界人民的需要。党的十二大指出，中国坚持独立自主的对外政策，以和平共处五项原则为指导发展同各国的关系；中国共产党愿意按照"独立自主、完全平等、互相尊重、互不干涉内部事务的原则，发展我党同各国共产党和其他工人阶级政党的关系"。

　　1985 年 6 月，邓小平在中央军委扩大会议上阐释了国际形势的变化和中国外交战略的转变。他指出，第一个转变是对战争与和平问题的认识。过去我们的观点一直是战争不可避免而且迫在眉睫，好多的决策都是从这个观点出发的。这几年我们仔细地观察了形势，认为世界战争的危险还是存在的，但是世界和平力量的增长超过战争力量的增长，在较长时间内不发生大规模的世界战争是有可能的，维护世界和平是有希望的。第二个转变是我们的对外政策。过去有一段时间，针对苏联霸权主义的威胁，我们搞了"一条线"的战略，现在我们改变了这个战略，这是一个重大的转变。中国坚定地站在和平力量一边，谁搞霸权就反对谁，谁搞战争就反对谁。中国不打别人的牌，也不允许任何人打中国牌。

六届全国人大四次会议批准的《关于第七个五年计划的报告》，全面阐述了中国独立自主和平外交政策的主要内容和基本原则：把反对霸权主义、维护世界和平、发展各国友好合作和促进共同经济繁荣，作为对外工作的根本目标；主张世界上所有国家不论大小、富贫、强弱一律平等，中国自己决不称霸，也坚决反对来自任何方面和以任何形式出现的霸权主义；中国信守互相尊重主权和领土完整、互不侵犯、互不干涉内政、平等互利、和平共处五项原则，坚决反对任何国家以社会制度和意识形态的相同或不同作为占领别国领土、干涉别国内政的借口；中国属于第三世界，坚持把加强和发展同第三世界国家的团结与合作作为对外工作的一个基本立足点；中国坚持长期实行对外开放，在平等互利基础上不断扩大和发展同各国的经济、贸易、技术交流与合作等。这标志着中国基本完成了对外政策的调整。

这一时期，中国在同世界各国发展友好关系方面取得重大进展。1983 年至 1989 年，中国同 12 个国家建立外交关系，建交国总数达到 137 个。中美关系总体保持稳定发展，经贸、科技、文化等方面的合作不断扩大。1985 年，美国已经成为中国第三大贸易伙伴国。20 世纪 80 年代中后期，中苏关系明显改善，1989 年 5 月戈尔巴乔夫访华，标志着两国关系实现正常化。1983 年，中日双方确定"和平友好、平等互利、相互信赖、长期稳定"四项原则，为中日睦邻友好关系发展奠定基础。

"一国两制"构想的提出

实现祖国完全统一，是全体中华儿女共同的愿望，也是中华民族根本利益所在。1979 年 1 月 1 日，全国人大常委会发表《告台湾同胞书》。1981 年 9 月 30 日，叶剑英发表谈话，阐述台湾回归祖国、实现和平统一的"九条方针"。1982 年 1 月，邓小平在会见海外人士时指出，"九条方针"实际上就是"一个国家两种制度，两种制度是可以允许的，他们不要破坏大陆的制度，我们也不破坏他那个制度"。"一国两制"的构想，首先被用于解决香港、澳门问题，为实现祖国和平统一开辟了新途径。

香港问题是英国殖民主义造成的历史遗留问题。1840 年鸦片战争后，英国强迫清政府相继签订《南京条约》《北京条约》《展拓香港界址专条》等一系列不平等条约，强占中国的香港岛、九龙半岛，并强租新界地区，租期 99 年，到 1997 年 6 月 30 日期满。

1979 年 3 月，邓小平在北京会见香港总督麦理浩时明确指出，香港主权属于中华人民共和国，但香港又有它的特殊地位。香港是中国的一部分，这个问题本身不能讨论。1981 年 12 月，党中央作出 1997 年 7 月 1 日收回香港的决定。中国政府对处理香港问题确定了两条原则：一定要在 1997 年收回香港，恢复行使主权，不能再晚；在恢复行使主权的

★ 1982 年 9 月 24 日，邓小平会见英国首相撒切尔夫人

前提下，保持香港的稳定和繁荣。

　　1982 年 9 月，邓小平在与英国首相撒切尔夫人会谈时明确阐明了中国政府对香港问题的基本立场。他指出，我们对香港问题的基本立场是明确的；主权问题不是一个可以讨论的问题；香港继续保持繁荣，根本上取决于中国收回香港后，在中国的管辖之下，实行适合于香港的政策；至于说一旦中国宣布 1997 年要收回香港，香港就可能发生波动，他的看法是小波动不可避免，如果中英两国抱着合作的态度来解决这个问题，就能避免大的波动。他强调，我们还考虑了我们不愿意考虑的一个问题，就是如果在十五年的过渡时期内香港发生严重的波动，怎么办？那时，中国政府将被迫不得不对收回的时间和方式另作考虑。这鲜明表达了中国政府的原则立场和坚定决心，打掉了撒切尔夫人"用一个不平等条约代替三个不平等条约"的幻想。这次会谈后，中英双方

开始通过外交途径磋商香港问题。

1984 年 12 月，经过 22 轮的谈判，中英两国政府正式签署联合声明，确认中华人民共和国政府于 1997 年 7 月 1 日对香港恢复行使主权。1985 年 5 月，中英两国政府在北京互换批准书，联合声明正式生效，香港进入回归祖国的过渡期。

在中英谈判和香港回归祖国过渡期，邓小平利用各种场合阐述了"一国两制"的构想和内涵。1984 年 10 月 2 日，邓小平接见 60 多位外籍华人科学家时，再次就解决台湾问题、香港问题阐明了"一国两制"构想。6 日，邓小平在会见澳门中华总商会负责人时说，澳门问题也将按照解决香港问题那样的原则来进行，"一国两制"，澳人治澳，50 年不变。1987 年 4 月，邓小平在会见香港特别行政区基本法起草委员会第四次全体会议的全体委员时说，我们的社会主义制度是有中国特色的社会主义制度，这个特色，很重要的一个内容就是对香港、澳门、台湾问题的处理，就是"一国两制"。

香港回归进程启动之后，澳门回归问题也随之提上日程。中葡谈判比较顺利。1987 年 4 月，中葡两国政府正式签署联合声明，确认中华人民共和国政府于 1999 年 12 月 20 日对澳门恢复行使主权。

为维护国家主权、安全、发展利益，奠定香港、澳门繁荣稳定的法治基石，六届全国人大三次会议决定成立香港特别行政区基本法起草委员会，负责起草香港基本法。1989 年 2 月，香港基本法草案同时在香港和内地广泛征求意见，香港和内地社会各界人士踊跃参与讨论，仅香港人士就提出近 8 万份意见建议。七届全国人大三次会议通过《中华人民共和国香港特别行政区基本法》，同时作出设立香港特别行政区的决定。香港基本法是根据宪法制定的基本法律，规定了在香港特别行政区实行的制度和政策，为"一国两制"在香港特别行政区的实践提供了法律保障。

七届全国人大一次会议决定成立澳门特别行政区基本法起草委员会，负责起草澳门基本法。八届全国人大一次会议通过《中华人民共和国澳门特别行政区基本法》，其总体结构、主要原则与香港基本法是一致的，但也有许多规定是立足于澳门的实际情况制定的，具有澳门特色。

实践证明，"一国两制"既坚定不移地维护了一个中国原则，体现了中国人民实现祖国统一、维护国家主权与领土完整的坚定决心，也尊重香港、澳门、台湾的历史与现实，是党实现祖国统一的创造性战略构想。

六、走有中国特色的精兵之路

根据邓小平作出的关于战争与和平问题的战略判断，我国逐步改变和调整国防和军队建设的指导方针，走出了一条有中国特色的精兵之路。

军队建设指导思想的战略性转变

20世纪80年代以来，世界形势发生了明显的变化。邓小平正确把握国际战略形势发展的总趋势，及时作出和平与发展是当代世界的两大问题的正确论断，为我军建设指导思想实行战略性转变奠定了理论基础。

转变军队建设指导思想。1977年12月，邓小平在中央军委全体会议上作出世界战争可以延缓爆发的判断，进一步改变了战争不可避免且迫在眉睫的看法。在他主持下召开的1985年五六月间的军委扩大会议，作出了军队建设指导思想实行战略性转变的重大决策，将指导思想由过去的立足于"早打、大打、打核战争"的临战准备状态，转到和平时期的建设轨道上来，要求国防和军队建设在服从国家经济建设的前提下，充分利用较长时间内大仗打不起来的和平环境，有计划有步骤地加强以现代化为中心的根本建设，走精兵之路，提高军政素质，增强军队在现代战争条件下的自卫作战能力。

在改革开放新的历史条件下，坚持党对军队的绝对领导，对于始终不渝地保持人民军队的性质，巩固国家政权和发展社会主义事业，具有十分重要的意义。邓小平明确指出，"这个军队永远是党领导下的军队，永远是国家的捍卫者，永远是社会主义的捍卫者，永远是人民利益的捍卫者"。邓小平注重发扬我军的优良传统和作风，并从中提炼概括出"五种革命精神"[①]，号召全军予以发扬。1987年1月，中央军委作出《关于新时期军队政治工作的决定》，进一步明确新时期军队政治工作地位、指导思想、主要任务、方针政策和基本方法等，是新时期加强军队政治工作的纲领性文件。

军队建设的"三个适应"要求。1988年，在邓小平的领导下，中央军委制定《关于加快和深化军队改革的工作纲

---

①　"五种革命精神"，即革命和拼命精神，严守纪律和自我牺牲精神，大公无私和先人后己精神，压倒一切敌人、压倒一切困难的精神，坚持革命乐观主义、排除万难去争取胜利的精神。

要》，提出军队改革的总任务，就是要建立适应国际战略环境、适应国民经济发展水平和国防建设需要、适应现代战争要求的军事体制和运行机制，把我军建设成为具有中国特色的现代化、正规化革命军队。一方面，邓小平强调现阶段我军必须把搞好体制改革作为一个重点问题来抓；另一方面，也要求军队改革必须积极而稳妥地进行，强调"胆子要大，步子要稳"。

"百万大裁军"

1980年，邓小平指出精简军队与提高战斗力的关系，他说："军队要提高战斗力，提高工作效率，不'消肿'不行。"人民解放军把"消肿"和调整体制编制，作为军队整顿的重要任务，多次精简整编。1980年，党中央决定大力精简机关、压缩非战斗人员和保障部队。1982年5月，为改革国防科研、生产管理体制，加强集中统一领导，成立国防科学技术工业委员会。8月，为适应诸军兵种合成作战指挥的需要，中央军委决定将军委炮兵、装甲兵、工程兵机关改为总参谋部业务部门；国务院、中央军委作出《关于撤销基建工程兵的决定》，对全军再次进行精简整编。经过1980年、1982年两次裁军，军队员额从602万减少到400多万。

1985年，中央军委扩大会议作出减少军队员额100万的决策，通过了《军队体制改革、精简整编方案》。邓小平指出，下这样大的决心，把军队的员额减少100万，这是中国共产党、中国政府和中国人民有力量、有信心的表现。按照中央军委部署，"百万大裁军"从1985年下半年开始，采取先机关，后部队、院校和保障单位的顺序，自上而下地组织实施。其重点是机关和直属单位，尤其是人民解放军各总部、国防科工委、大军区、军兵种机关及直属单位的人员。同时，将大军区由原来的 11 个合并整编为北京、沈阳、济南、兰州、成都、广州、南京 7 大军区。全军经过撤并、改制等，共减少军级以上单位 31 个、师级和团级单位 4054 个。

到 1987 年 4 月，军队裁减员额任务基本完成，全军机关人员精减 40% 左右。军事学院、政治学院、后勤学院合并为国防大学，撤并了部分其他院校。35 个陆军军合并整编为 24 个陆军集团军。装甲兵部队的全部，炮兵、高炮部队大部及部分野战工兵部队编入新组建的陆军集团军序列；有的陆军集团军还增编了电子对抗分队或陆航团，我军向现代化合成军队迈出了重要一步。

重新组建武警部队。为适应军队精简整编形势需要，1982 年 6 月，党中央批转公安部党组《关于人民武装警察管理体制问题的请示报告》，军队担负地方内卫任务及内卫执勤的部队移交公安部门，同公安部门原来实行义务兵役制的边防、消防等警种统一起来，重新组建中国人民武装警察部队 ①。1983 年 4 月，中国人民武装警察部队总部在北京成立，各省区市设有武警总队，各地市州盟设有武警支队，各县市设有武警大队或中队。1984 年 3 月，全国警卫人员列

---

① 中国人民武装警察部队前身为中国人民解放军公安军。1957 年 8 月 29 日，中央军委发布命令，撤销公安军军种番号但仍称人民公安部队。1959 年 1 月 1 日，人民公安部队正式整编为人民武装警察部队。1962 年 1 月，成立人民武装警察部队领导机构，部队全称为中国人民武装警察部队。1963 年 1 月，中共中央决定恢复中国人民公安部队番号。1963 年 2 月 1 日，中国人民武装警察部队改称中国人民公安部队。

入武警部队序列。

恢复军衔制。1980 年 3 月，邓小平在中央军委常委扩大会议上指出，军队还是要搞军衔制。1982 年初，中央军委常务会议正式作出恢复军衔制的决定。1983 年 5 月，中央军委成立全军恢复军衔制领导小组。六届全国人大二次会议通过《中华人民共和国兵役法》，规定中国人民解放军实行军衔制度；1988 年 7 月，七届全国人大常委会第二次会议通过《中国人民解放军军官军衔条例》；9 月，中央军委授予 17 名军官上将军衔，从当年 10 月 1 日起，人民解放军正式实施新军衔制度。

这一时期，人民军队在保卫国家领土主权斗争中出色地履行了职责。1979 年二三月间，人民解放军边防部队实施了对越边境自卫反击战。1984 年，人民解放军收复老山、者阴山后，进行了长达数年的老山坚守防御战，保卫了国家领土主权完整，维护了国家尊严。

七、改革开放经受住多种考验

历史的长河，时而浪涛汹涌，时而静水流深。20 世纪 80 年代后期，经受住多种严峻考验的中国改革开放和社会主义现代化建设，在惊涛骇浪中破浪前行，动力愈加强劲。

经受住政治风波考验

20 世纪 80 年代末，国内外敌对势力妄图把中国搞乱，改变中国的社会主义方向，煽动反对党的领导、反对社会主义制度的活动，最终酿成了 1989 年春夏之交的政治风波。在关系党和国家生死存亡的关键时刻，中央政治局在邓小平和其他老一辈革命家坚决有力的支持下，依靠人民果断平息了这场风波。

政治风波的发生，促使党更加冷静地思考过去、现实和未来。1989 年 6 月 9 日，邓小平接见首都戒严部队军以上干部，对中国乃至世界都高度关注的中国向哪个方向发展、走哪条道路的根本问题作出明确回答。他指出，党的十一届三中全会制定的路线方针政策，包括发展战略的"三部曲"没有错；党的十三大概括的"一个中心、两个基本点"的基本路线没有错。邓小平认为，如果说有错误的话，就是坚持四项基本原则还不够一贯，没有把它作为基本思想来教育人民，教育学生，教育全体干部和共产党员；要说不够，就是改革开放得还不够。邓小平的重要讲话，为政治风波后中国的改革发展指明了正确方向。

政治风波暴露了党中央领导层中存在的问题。1989 年 6 月 23 日至 24 日，党的十三届四中全会召开，选举江泽民为中央委员会总书记，强调要继续坚决执行党的十一届三中全会以来的路线、方针、政策，继续坚决执行党的十三大确定的"一个中心、两个基本点"的基本路线。这次全会是党的历史上的一次非常重要的会议，标志着党在关系生死存亡的关键时刻取得了决定性胜利。

党的十三届四中全会以后，新的中央领导集体坚决、全面地贯彻党的基本路线，一手抓治理整顿、深化改革，一手抓党的建设、精神文明建设和思想政治工作，认真克服"一手硬、一手软"现象，国家政治局面迅速趋向稳定，经济形势逐步好转，思想战线出现新的转机。

在新的中央领导集体卓有成效开展工作的情况下，1989年9月，邓小平向中央政治局正式提出辞去中共中央军事委员会主席职务的请求。11月，党的十三届五中全会同意邓小平的这一请求，决定江泽民为中共中央军事委员会主席。七届全国人大三次会议接受邓小平辞去中华人民共和国中央军事委员会主席职务的请求，选举江泽民为中华人民共和国中央军事委员会主席。

经过党的十三届四中、五中全会，党的中央领导集体顺利实现新老交替，这对于保证十一届三中全会以来党的路线方针政策的连续性、稳定性，维护国家的长治久安，具有极为重大的意义。

成功打破西方"制裁"

树欲静而风不止。当中国政局稳定下来的时候，国际局势接连发生重大变化，社会主义阵营出现重大变故。1989年以后，波兰、民主德国、匈牙利、捷克斯洛伐克、保加利亚、罗马尼亚、南斯拉夫等国长期执政的共产党失去执政地位。1991年12月，苏联解体。东欧剧变、苏联解体，其速度之快、程度之激烈，出乎人们的预料，极大地改变了世界政治版图，世界社会主义运动遭受严重挫折。一时间，"社会主义失败了""马克思主义过时了"等论调大行其道，敌对势力狂妄预言中国也将会重蹈苏东覆辙。

苏东剧变后，邓小平指出，现在旧的格局在改变中，新的格局还没有形成，我们的对外政策还是两条：第一条是反对霸权主义、强权政治，维护世界和平；第二条是建立国际政治新秩序和经济新秩序。根据邓小平对国际形势的基本判断，党中央秉持冷静观察、稳住阵脚、沉着应对、韬光养晦、善于守拙、决不当头、有所作为的方针，成功地顶住了逆流，扭转了局面，争取了主动，坚定地捍卫了中国特色的社会主义。

政治风波发生后，以美国为首的西方国家借机对中国施加政治压力和经济"制裁"。面对西方国家施加的压力，邓小平强调，绝不能示弱，越怕越示弱，人家劲头就越大，要泰然处之，不受他们挑动，唯一的办法是我们自己不乱。面对严峻复杂的局面，按照邓小平提出的要保持稳定和坚持改革开放的政策策略，党中央处变不惊、妥善应对。1989年9月29日，江泽民在庆祝中华人民共和国成立40周年大会上明确宣告，任何经济制裁都丝毫不能动摇振兴中华、坚持社会主义道路的决心，丝毫不能动摇中国同世界各国人民友好相处的信念。

中国同以美国为首的西方国家进行了坚决的和有理有利有节的斗争。中国对美国始终坚持严正立场，反对美国干涉中国内政，申明中国不怕"制裁"、不怕孤立、绝不让步。包括美国在内的西方国家逐渐意识到，孤立中国不利于自身利益。1990年7月，日本率先取消对华"制裁"。随后，德国、英国、澳大利亚等西方国家先后恢复了同中国的政治、经济和文化接触交流。1991年11月，美国国务卿到访北京，中美双方达成有关谅解。到1991年底，中国同大多数西方国家的关系回到正常轨道。1992年2月，美国国务院宣布取消对华"制裁"。1993 年 11 月，江泽民应邀出席在美国西雅图举行的亚太经合组织领导人非正式会议，中美两国领导人举行正式会晤，标志着以美国为首的西方国家对中国的所谓"制裁"被打破。

在打破西方"制裁"、改善国际环境的同时，党中央作出了开发上海浦东、继续扩大对外开放的决策。1989 年 6 月，邓小平强调："现在国际上担心我们会收，我们就要做几件事情，表明我们改革开放的政策不变，而且要进一步地改革开放。"1990 年 4 月 12 日，江泽民主持召开中央政治局会议，原则通过国务院提交的上海浦东开发方案。18 日，李鹏在上海宣布：党中央、国务院同意上海市加快浦东地区的开发，在浦东实行经济技术开发区和某些经济特区的政策。开发上海浦东，向国内外发出了继续坚定不移坚持改革开放的强烈信号。此后，上海浦东很快成为外商洽谈投资热土。到 1991 年 8 月，浦东的"三资"企业已从 37 家激增至 135 家。开发浦东，也掀起了长江流域对外开放的热潮，许多外商在长江流域寻求合作机会，为下一步长江流域主要城市的对外开放奠定了基础。

在世界社会主义运动遭受严重挫折和西方国家"制裁"的双重挑战面前，社会主义中国不仅没有被孤立，相反，中国的改革开放更加坚定地朝着全方位方向发展，中国特色社会主义焕发出了更加蓬勃的生机活力。

治理经济环境、整顿经济秩序

在经济体制改革过程中，价格问题始终是党中央高度关注的重点改革领域。改革开放后，随着市场机制发挥作用的范围越来越大，经济运行中出现了两种价格，即政府决定的计划价格和市场机制决定的市场价格。为了适应这种变化和经济发展的需要，1985年，国家价格管理部门开始实行生产资料价格"双轨制"，国营企业在完成国家生产计划后的超产部分，可以按照市场价格出售。

由于在短缺经济条件下国家规定的计划价格一般比由市场供求关系决定的市场价格低很多，这部分通过市场价格供应的生产资料在满足乡镇企业、个体经济和外资企业需求的同时，也引起企业之间的苦乐不均，尤其是在法制不健全和经济体制急剧变动的情况下，还滋生出腐败现象。1987年，被称为"过五关斩六将"的副食品价格改革，引发了较为严重的通货膨胀。1988年8月，中央政治局第十次全体会议讨论并原则通过的《关于价格、工资改革的初步方案》，进一步刺激了当时通货膨胀条件下人民群众对物价上涨的心理预期，出现了几乎覆盖全国所有城市和部分乡村的抢购风潮。

面对严峻的形势，党中央作出治理经济环境、整顿经济秩序的重大决策。1988年9月，党的十三届三中全会决定，在坚持改革开放总方向的前提下，把1989年和1990年改革和建设的重点，突出地放到治理经济环境和整顿经济秩序上来。1989年11月，党的十三届五中全会在深入分析经济形势的基础上，通过了《中共中央关于进一步治理整顿和深化改革的决定》，提出用3年或者更长些时间基本完成治理整顿任务。

治理整顿大体分两步进行。第一步是在调整结构的同时，以启动市场、争取经济适度发展为治理整顿重点。第二步是从 1990 年第四季度起，将治理整顿、深化改革的重点逐步转到调整产业结构、提高经济效益上来，以逐步解决我国经济发展中的深层次矛盾和问题。

到 1990 年底，治理整顿和深化改革取得了明显成效。社会供需矛盾有所缓解，农业喜获丰收，主要比例关系有所调整，物价得到有效控制，国际收支状况改善，整个国民经济继续朝着好的方向发展，促进了政治和社会的稳定。科技、教育、文化、卫生、体育等各项事业取得新成果。1990 年，国内生产总值 18872.9 亿元，比上年增长 3.9%；国民总收入 18923.3 亿元，比上年增长 4.1%。1991 年 4 月，国务院发布《关于调整粮油统销价格的决定》，从当年 5 月 1 日起，适当提高粮油统销价格，为后来取消凭票定量供应粮油、实行敞开供应创造了良好条件。

治理整顿作为我国改革开放史上一个承上启下的特殊阶段，为进一步深化改革开放、加速经济发展创造了相对宽松的经济环境和法治保障。1991 年 9 月召开的中央工作会议认为，经过 3 年努力，整个国民经济已经恢复到正常年份的增长速度，经济秩序也有比较明显改善，治理整顿的主要任务基本完成。

清理"三角债"工作取得阶段性成果

20 世纪 90 年代初，"三角债"问题已经开始成为影响我国经济发展的突出问题。"三角债"的成因主要有三个：一是由于建设项目超概算严重，当年投资计划安排不足和自筹资金不落实，造成严重的固定资产投资缺口，造成对生产部门货款和施工企业工程款的大量拖欠。二是企业亏损严重，挤占了企业自有资金和银行贷款，加剧了相互拖欠。三是企业产品不适销对路或根本无销路，产品积压，产成品资金上升，形成"投入—产出—积压—拖欠—再投入—再产出—再积压—再拖欠"的恶性循环。此外，商品交易秩序紊乱、结算纪律松弛、信用观念淡薄，也加剧了"三角债"问题。

1990 年 3 月，国务院发出《关于在全国范围内开展清理"三角债"工作的通知》，要求将清理"三角债"作为治理整顿、深化改革的重要任务。1990 年七八月间，国务院召开全国生产工作会议，宣布清理"三角债"进入攻坚阶段。会后，国务院发布《关于在全国范围内清理企业拖欠货款实施方案的通知》，强调把清理"三角债"作为下半年促进经济形势进一步向好的重要措施之一。1991 年 3 月，国务院办公厅转发国务院清理"三角债"领导小组《关于继续组织清理"三角债"的意见》，要求进一步整顿社会信用秩序，防止前清后欠。6 月，国务院就清理"三角债"工作明确了五条指导意见：抓紧进行产业结构和产品结构调整；重视推销工作；提高企业经济效益以清理"三角债"为突破口；堵住基本建设投资的缺口；考虑对长期产品积压的企业进行必要限制。

根据国务院要求，清理工作探索了一些有效办法：争取各地区、各部门主要领导的重视；准备工作迅速、扎实；改进清欠方法，先试点后推开；找准形成拖欠的主要源头；加大资金、压贷挂钩等清欠配套措施；着眼于经济结构调整，对"三角债"问题严重的企业，要求进行必要的停产、限产。到 1991 年底，清理"三角债"工作取得阶段性成果，中国经济持续向好，银根放松，"三角债"问题已不再是影响中国经济发展的首要问题。

20 世纪 90 年代初出现的"三角债"问题，是我国由计划经济体制向市场经济体制转轨过程中，新旧体制摩擦和国民经济深层次矛盾的集中反映。这个时期的"三角债"清理工作思路，经历了从清欠到清欠与防欠相结合，再到防欠为主的转变。清理工作的顺利推进，不仅触及经济深层次问题，而且达成加快经济体制改革的广泛共识。

重要历史关头一锤定音

20 世纪 90 年代初，我国外有压力，内有隐忧，特别是经济运行中存在的许多深层次问题尚未得到根本解决，姓"社"姓"资"问题引发激烈争论，有人对社会主义的前途缺乏信心，成为制约进一步深化改革扩大开放的思想瓶颈。

在这个重要历史关头，1992 年春，邓小平先后到武昌、深圳、珠海和上海等地视察，发表一系列重要谈话，主要集中在以下几个方面：强调要毫不动摇地坚持党的"一个中心、两个基本点"的基本路线，坚持不懈地推进改革开放；提出进一步明确什么是社会主义、怎样建设社会主义这一重大理论问题；提出判断改革开放的"三个有利于"标准，计划与市场都是手段，社会主义的本质是解放生产力、发展生产力，消灭剥削，消除两极分化，最终达到共同富裕；强调发

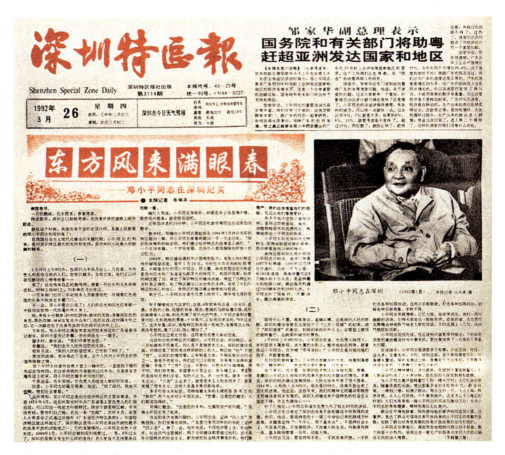

★ 1992 年 3 月 26 日,《深圳特区报》关于邓小平视察南方的报道（部分）

展才是硬道理，对于我们这样发展中的大国来说，经济要发展得快一点；明确坚持"两手抓、两手都要硬"，一手抓改革开放，一手抓打击各种犯罪活动，要靠法制和必须始终坚持四项基本原则；提出正确的政治路线要靠正确的组织路线来保证；提出社会主义经历一个长期发展过程后必然代替资本主义，这是社会历史发展不可逆转的总趋势。

邓小平南方谈话在国内外产生了巨大的影响。1992 年2 月，党中央将谈话要点作为中央文件下发，并就全党学习邓小平南方谈话和在经济建设、思想文化建设以及党的建设等领域贯彻南方谈话精神，作出了一系列决策和部署。

1992 年 3 月，江泽民主持召开中央政治局全体会议，讨论我国改革和发展的若干重大问题。会议认为，邓小平南方谈话内涵丰富、思想深刻、意义重大，不仅对改革和建设、对开好党的十四大具有十分重要的指导作用，而且对社会主义现代化建设事业具有重大而深远的意义。江泽民在党的十五大报告中，对邓小平南方谈话作了一个深刻准确的历史评价："一九九二年邓小平南方谈话，是在国际国内政治风波严峻考验的重大历史关头，坚持十一届三中全会以来的理论和路线，深刻回答长期束缚人们思想的许多重大认识问题，把改革开放和现代化建设推进到新阶段的又一个解放思想、实事求是的宣言书。"

以邓小平同志为主要代表的中国共产党人，提出"把马克思主义的普遍真理同我国的具体实际结合起来，走自己的道路，建设有中国特色的社会主义"，确定分两步走、在 20 世纪末实现国民生产总值翻两番的目标，提出第三步到 21 世纪中叶基本实现社会主义现代化的战略；比较系统地论述了我国社会主义初级阶段的理论，明确概括和全面阐发了党的"一个中心、两个基本点"的基本路线，阐明了在中国建设社会主义、巩固和发展社会主义的基本问题，实现了马克思主义与中国具体实际相结合的历史性飞跃。

第三章 ‖ 改革开放开创新局面

长风破浪，继往开来。在 20 世纪和 21 世纪的交汇期，在决定党和国家命运的重大历史关头，党中央坚持党的十一届三中全会以来的路线不动摇，确立了社会主义市场经济体制的改革目标和基本框架，确立了社会主义初级阶段的基本经济制度和分配制度，初步建立了社会主义市场经济体制，人民生活总体上实现了由温饱到小康的历史性跨越；捍卫了中国特色社会主义伟大事业，加深了对什么是社会主义、怎样建设社会主义，建设什么样的党、怎样建设党的认识，积累了十分宝贵的经验，开创了全面改革开放新局面，成功把中国特色社会主义事业全面推向 21 世纪。

一、确定经济体制改革目标与基本框架

西方曾有人断言：社会主义和市场经济不可能兼容，社会主义不可能搞市场经济。党的十一届三中全会以来的改革开放实践和理论总结，有力而响亮地打破了这个谶言。社会

主义市场经济体制改革目标的确立，把社会主义制度与市场经济结合起来，形成了具有中国特色的经济发展模式，为改革开放和社会主义现代化建设插上了腾飞的翅膀。建立和完善社会主义市场经济体制，作为前无古人的伟大创举，是中国共产党人对马克思主义的重大创新，是社会主义发展史上的重大突破。

确立社会主义市场经济体制改革目标

我国经济体制改革确定什么样的目标，是关系整个社会主义现代化建设全局的一个重大问题。这个问题的核心是正确认识和处理计划与市场的关系。邓小平南方谈话后，党中央围绕把经济建设和改革开放搞得更快更好，进行了深入思考，形成了"社会主义市场经济体制"初步构想。党的十四大的召开，强调我国经济体制改革的目标是建立社会主义市场经济体制，以有利于进一步解放和发展生产力。

党的十四大系统总结党的十一届三中全会以来改革开放14年的基本实践和基本经验，明确建立社会主义市场经济体制的改革目标，提出了 20 世纪 90 年代加快改革开放、推动经济发展和社会全面进步的主要任务，阐述了党和国家的对外方针政策，对新形势下加强党的建设和改善党的领导作出了战略部署。大会提出用邓小平建设有中国特色社会主义的理论武装全党的任务，把"建设有中国特色社会主义的理论"写入了大会通过的党章修正案，确立了这一理论在全党的指导地位。

明确我国经济体制改革的目标是建立社会主义市场经济

体制。党的十四大指出，社会主义市场经济体制要使经济活动遵循价值规律的要求，适应供求关系的变化；通过价格杠杆和竞争机制的功能，把资源配置到效益较好的环节中去，并给企业以压力和动力，实现优胜劣汰；运用市场对各种经济信号反应比较灵敏的优点，促进生产和需求的及时协调。同时也要看到，市场有其自身的弱点和消极方面，所以必须加强和改善国家对经济的宏观调控。

围绕社会主义市场经济体制制定总体规划，有计划、有步骤地进行相应的体制改革和政策调整。大会指出，经济能不能加快发展，不仅是重大经济问题，而且是重大政治问题；现在国内条件具备、国际环境有利，既有挑战，更有机遇，是加快发展的好时机；抓住有利时机，集中力量把经济建设搞上去，力争使国民经济在讲求效益的前提下，实现较高增长速度，是完全正确和可能的。大会将我国在20世纪90年代的经济发展速度从原来的6%调整至8%或9%；到20世纪末，我国国民生产总值要超过原定比1980年翻两番的目标，使我国国民经济整体素质和综合国力跨上新台阶。

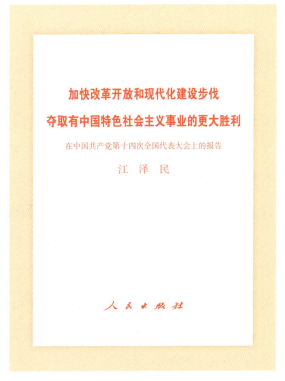

★ 党的十四大报告单行本

社会主义市场经济体制基本框架的初步确立

八届全国人大一次会议将"国家实行社会主义市场经济"写入宪法修正案。党的十四届三中全会审议通过《中共中央关于建立社会主义市场经济体制若干问题的决定》，将党的十四大提出的经济体制改革目标和基本原则进一步具体化。《决定》制定了建立社会主义市场经济体制的总体规划，回应了改革实践中的许多重大现实问题，成为20世纪90年代推进经济体制改革的行动纲领。

关于建立社会主义市场经济体制的目标。全会指出，社会主义市场经济体制是同社会主义基本制度结合在一起的；建立社会主义市场经济体制，就是要使市场在国家宏观调控下对资源配置起基础性作用。

关于社会主义市场经济体制的基本框架。全会指出，必须坚持以公有制为主体、多种经济成分共同发展的方针，进一步转换国有企业经营机制，建立适应市场经济要求，产权清晰、权责明确、政企分开、管理科学的现代企业制度；建立全国统一开放的市场体系，实现城乡市场紧密结合，国内市场与国际市场相互衔接，促进资源的优化配置；转变政府管理经济的职能，建立以间接手段为主的完善的宏观调控体系，保证国民经济的健康运行；建立以按劳分配为主体，效率优先、兼顾公平的收入分配制度，鼓励一部分地区一部分人先富起来，走共同富裕的道路；建立多层次的社会保障制度，为城乡居民提供同我国国情相适应的社会保障，促进经济发展和社会稳定。

根据党的十四大和十四届三中全会部署，国家逐步推进

★ 党的十四届三中全会通过的《中共中央关于建立社会主义市场经济体制若干问题的决定》（部分）

财政、税收、金融、外贸、外汇、投资、价格、流通、住房和社会保障等方面的改革。在粮食、钢材等价格已经基本放开的基础上，将棉、油等主要农产品以及其他重要生产资料的价格相继放开；中央银行的职能加强，商业银行的企业化改革逐步推进；外贸体制和外汇管理体制改革取得重大进展；国家宏观调控体系逐步健全，市场在资源配置中的基础性作用明显增强，加快经济发展的条件更加具备，焕发出改革开放全面推进、经济建设迅猛发展的蓬勃生机。

到 2000 年，中国成功实现由计划经济体制向社会主义市场经济体制的转变，市场在资源配置中的基础性作用明显增强，市场价格形成机制逐步建立，社会主义市场经济体制基本框架初步建立。

加强宏观调控

任何一个新生事物的出现，都不可避免地会带来许多新问题。社会主义市场经济作为崭新模式，必然会经历磨合与适应过程。

在社会主义市场经济体制建立前后，经济领域固有问题依然存在、新挑战新情况层出不穷，新办法正在形成、老规矩逐渐失效。1992 年初就已经比较严重的经济过热问题，在这个背景下变得更加尖锐。具体表现在：在加快改革和经济发展的过程中，一些地方和部门片面追求高速度，出现了固定资产投资增加过快，银行信贷和货币投放压力增大；工业生产增长速度过快，交通运输紧张，产品积压增加；开发区热、房地产热、股票热，以及乱集资、乱拆借、乱设金融机构等，造成投资失效、金融市场混乱；经济持续高烧导致生产资料价格猛涨，物价上涨和通货膨胀呈现加速态势。怎样让过热的经济平稳回落，又保持经济的快速发展，无疑是一场严峻的考验。面对这些问题，党中央立足改革完善社会主义市场经济体制，作出了加强宏观调控的决策。

党中央提醒全党要防止经济过热，把经济发展的好势头保持下去。1992 年 4 月，江泽民明确指出："要在深化改革上狠下功夫，避免只在扩大投资规模上做文章，以防出现新的重复建设和产品积压。"10月，中央专门召开经济情况通报会，强调既要抓住机遇、加快发展，又要注意可能出现的各种问题，保证改革开放和经济发展的顺利进行。

1993年4月，党中央再次召开经济情况通报会，讨论解决乱集资、乱拆借、房地产热和开发区热等问题。5月，党中央召开华东六省一市经济工作座谈会，提出要把加快发展的注意力集中到深化改革、转换机制、优化结构、提高效率上来。国务院也先后就坚决制止乱集资和加强债券发行管理、严格审批和清理各类开发区问题作出部署，并派出7个工作组分别到14个省区市进行检查。6月，党中央、国务院印发《关于当前经济情况和加强宏观调控的意见》，以整顿金融秩序为重点，提出加强和改善宏观调控的具体措施，要求实行适度从紧的财政政策和货币政策、整顿金融秩序和流通环节、控制投资规模和加强价格监督。7月，国务院先后召开全国金融、财政、税务工作会议，提出了两个"约法三章"①。

这次宏观调控工作除动用必要的行政手段和组织措施外，主要运用经济、法律手段，从加快新旧体制转换中寻找解决问题之策，把解决经济运行中的突出问题，转变成加快改革、建立社会主义市场经济体制的动力。经过3年

---

① "金融约法三章"：立即停止和认真清理一切违章拆借，已违章拆借出的资金要限期收回；任何金融机构不得擅自或变相提高存贷款利率；立即停止向银行自己兴办的各种经济实体注入信贷资金。"财税约法三章"：严格控制税收减免；严格控制财政赤字，停止银行挂账；财税部门及所属机构，未经中国人民银行批准，一律不准涉足商业性金融业务，所办公司要限期与财税部门脱钩。

的努力，宏观调控取得显著成效：过度投资得到有效控制，固定资产投资增长速度由 1993 年的 62％下降到 1996 年的 14.8％；金融秩序迅速好转，信贷规模总量得到控制，制止了乱集资、乱拆借等现象；物价逐渐放开且涨幅明显回落，商品零售价格指数从 1994 年 10 月最高的 25.2％降至 1996 年的 6.1％；经济增长保持了较高速度，1993 年至 1996 年国内生产总值年均增长 12％。

宏观调控的加强与完善，让中国经济成功实现从发展过热到"高增长、低通胀"的"软着陆"，避免了经济的大起大落，积累了驾驭和完善社会主义市场经济的初步经验。

二、加快经济体制改革步伐

按照党的十四大关于建立社会主义市场经济体制的要求，党中央推动国有企业[①]改革进入转换机制、制度创新阶段。随着国有企业改革的深化，财政、金融和社会保障体系改革也持续推进。

实行分税制改革

20 世纪 90 年代，改革初期为调动地方积极性而形成的分灶吃饭、财政包干体制，已难以适应经济体制改革形势发

---

① 1993 年宪法修正案将"国营经济"修改为"国有经济"，将"国营企业"修改为"国有企业"。

展的需要，分税制改革应运而生。

1993 年 7 月，全国财政工作会议和全国税务工作会议明确，分税制"是按税种划分中央和地方的财政收入，中央收哪几种税，地方收哪几种税"。9 月，中央政治局常委会会议同意财税改革方案。11 月，党的十四届三中全会通过《中共中央关于建立社会主义市场经济体制若干问题的决定》，指出要积极推进财税体制改革，把地方财政包干制改为在合理划分中央与地方事权基础上的分税制，建立中央税收和地方税收体系，把维护国家权益和实施宏观调控所必需的税种列为中央税，与经济发展直接相关的主要税种列为共享税，同时采取办法充实地方税税种，增加地方税收入；改革和完善税收制度，推行以增值税为主体的流转税制度，对少数商品征收消费税，对大部分非商品经营继续征收营业税；统一企业所得税和个人所得税。12 月，《国务院关于实行分税制财政管理体制的决定》正式出台，进一步细化中央与地方的事权和财权划分、税收返还、配套改革等政策。

分税制改革一年后，国家财政收入就增长了 870 亿元，增幅近 20%。其中，中央财政占总体财政收入的比例由 35.8% 增至 74.1%，中央财政状况得到明显改善，有力保障国家重点项目建设，增强宏观调控能力和提供基本公共服务能力，为中国经济的转型升级提供了强有力支撑。

国有企业脱困与国有资产管理机制的探索

计划经济体制下的管理模式抑制了国有企业的经营活

力。到 20 世纪 90 年代，国营企业经营机制不活、债务和社会负担沉重、经济效益下降、生产经营艰难、严重亏损的情况日益突出。

从 1994 年开始，国务院在 100 家国有大中型企业中进行建立现代企业制度的试点，在 18 个城市进行优化资本结构和资产重组的配套改革试点，国有企业改革正式启动。之后，国务院和各地方政府先后选择 2700 多家国有企业进行建立现代企业制度试点，推行公司制、股份制改革，为建立现代企业制度进行有益探索。这些试点企业逐步建立起现代企业制度的领导体制和组织制度框架，形成企业法人治理结构。

党的十五大发出了国有企业改革与脱困动员令：通过改革、改组、改造和加强管理，用 3 年左右的时间解决国有大中型企业亏损困局；力争到 20 世纪末实现在大多数国有大中型骨干企业初步建立起现代企业制度的目标。

1998 年，党中央为保证国企 3 年脱困任务完成，果断实施债转股、政策性破产、技术改造三大政策性措施，并将亏损严重的纺织行业定为国有企业改革和脱困的突破口，率先打响了国有企业脱困攻坚战，为国有企业的改革和脱困积累了初步经验。1999 年 9 月，党的十五届四中全会审议通过《中共中央关于国有企业改革和发展若干重大问题的决定》，确定了国有企业改革和发展的指导方针和主要目标，提出从战略上调整国有经济布局和改组国有企业，着力转换企业经营机制，建立权责明确的国有资产管理、监督和营运体系，通过形成比较合理的国有经济布局和结构、建立比较完善的现代企业制度，使经济效益明显提高，科技开发能

★ 党的十五届四中全会会场

力、市场竞争能力和抗御风险能力明显增强，使国有经济在国民经济中更好地发挥主导作用。

　　浴火重生、凤凰涅槃。体味了改革的艰辛、初尝了改革的成果，在现代企业制度建设中的国有企业获得了新生。到2000年底，国有企业改革与脱困目标基本实现：国有及国有控股工业企业实现利润2392亿元，是1997年的2.9倍；大多数行业实现了整体扭亏或继续增盈，14个重点行业中有12个行业利润继续增长或扭亏为盈，煤炭、军工行业亏损额也大幅减少；大多数国有大中型亏损企业实现脱困，1997年亏损的6599家国有大中型企业中，有4391家实现了扭亏为盈，或通过关闭破产退出了市场，或被兼并改制；大多数国有大中型、国有骨干企业初步建立了现代企业制度，国务院和各地确定建立现代企业制度试点的2700家企业绝大部分实行了公司制改革，作为国家重点企业的 514 家国有及国有控股企业中有 430 家进行了公司制改革，基本实现了投资主体多元化。

国有资产是全国人民辛苦劳动积累起来的，管好用好，既是经济问题，又是政治问题。我国国有资产管理机制改革走过了从试点到全面铺开的路子。1993 年，作为全国第一家地方性国有资产监督管理委员会，上海市国有资产监督管理委员会成立，在全国率先推进行业主管局改制和授权经营。到 1996 年，试点企业进一步扩大到 250 家，覆盖全市国有资产的 80%。到 1996 年 10 月，全市已基本撤销工业、建设、商业、农业、交运等系统的 19 个企业主管局，组建国有资产授权经营公司。此后，上海又对授权经营公司进行梳理、清理、整顿，通过资产重组与合并，到 2000 年整合成为 40 余家授权经营公司。

在对国有资产管理机制的试点探索和经验总结基础上，十届全国人大一次会议批准设立国务院国有资产监督管理委员会，标志着我国国有资产监督管理实现了从试点到正式体制机制的形成。

推行金融体制改革

建立现代企业制度迫切需要建立现代金融制度，两者的融合共生、相互促进，是建立社会主义市场经济体制的必然要求。推动专业银行向商业银行转型、建立市场化的金融机构，是落实党的十四大关于建立社会主义市场经济体制的总体部署之一。

从 1994 年起，国务院决定进行金融体制改革，加强中央银行的职能，实行政策性银行和商业性银行分开及汇率并轨，逐步建立以国有商业银行为主体、多种金融机构并存的金融组织体系，推动形成统一开放、有序竞争、严格管理的金融市场。

为完善中央银行宏观调控体系，八届全国人大三次会议通过《中华人民共和国中国人民银行法》，规定中国人民银行依法独立履行职责，不受地方政府和各级政府部门、社会团体和个人的干涉，为中国人民银行履行金融监管职责提供了法律保障。中国人民银行在国务院领导下独立制定和实施货币政策、维护货币体系，不再对非金融部门发放贷款和财政融资。

为做好国家专业银行改革，实现商业性金融与政策性金融的剥离，1994 年 3 月至 11 月，国家相继组建国家开发银行、中国进出口银行、中国农业发展银行三家政策性银行，承担原来由国家专业银行办理的政策性信贷业务，使国家专业银行开始向国有商业银行转变。1995 年 5 月，八届全国人大常委会第十三次会议通过《中华人民共和国商业银行法》，工商银行、农业银行、中国银行、建设银行四家国有专业银行改革为国有独资商业银行，实行自主经营、自担风险、自负盈亏、自我约束的经营机制。同期，国家出台政策鼓励组建农村合作银行和城市合作银行，进一步完善商业银行体系。

在中国农业银行转变为商业银行后，信用社从农业银行中独立出来，组建农村合作银行。为化解城市信用合作社形成的风险，在清理整顿基础上，城市合作银行获准组建。

1995 年 6 月，深圳城市合作商业银行作为中国第一家地方性股份制银行正式开业。截至 2000 年末，共有 158 个大中城市纳入组建城市商业银行计划，其中已经开业的城市商业银行有 99 家，共消化、合并城市信用社和城市信用联社 2150 家，涉及农村信用社及金融服务社 100 多家，资产总额为 400 多亿元。

这一时期，股份制商业银行快速发展。继招商银行、中信银行成立之后，1992 年 8 月，中国光大银行在北京成立，成为第三家由国有企业兴办的银行。1997 年爆发的亚洲金融危机不仅没有影响全国性股份制商业银行的发展步伐，反而成为各股份制商业银行健全公司治理建设、加强内部管理的契机。至 2002 年，股份制商业银行实现资产规模、盈利水平、资产质量等方面的显著提升，在管理体制改革、公司治理建设、金融产品和技术创新、强化风险管理等方面取得较快进展，竞争力初步体现。

此外，国家还积极构建市场化处理银行不良资产的基本框架，中国人民银行先后批准设立信达、华融、长城、东方等资产管理公司。

建立职工社会保障体系

20 世纪 90 年代，"下岗"这个词，成为经济体制转型和国有企业改革、脱困与重组过程中"阵痛"的标志性词语之一。

20 世纪 90 年代中期，党中央把解决国有企业下岗职工的基本生活保障和再就业作为重要任务，多措并举，实施积极的就业政策。按照党中央部署，各级政府采取多种措施，启动以职工养老保险、医疗保险为重点的社会保障制度改革，解决下岗职工基本生活保障问题；同时加大再就业培训力度，创造新的就业岗位。这些措施保证了下岗职工的基本生活。

1998年5月，在国有企业改革进入攻坚战之时，党中央、国务院召开国有企业下岗职工基本生活保障和再就业工作会议，作出"两个确保""建立三条保障线"的重大决策。"两个确保"，即确保国有企业下岗职工基本生活费按时足额发放、确保企业离退休人员基本养老金按时足额发放；"建立三条保障线"，即建立下岗职工基本生活保障、失业保险、城市居民最低生活保障制度三条保障线。

1998年至2002年6月底，全国国有企业下岗职工累计人数为2600多万人，其中90%以上进入再就业服务中心，进入中心的下岗职工基本都能按时领到生活费并由中心代缴社会保险费。1999年，国务院发布《城市居民最低生活保障条例》，标志着城市居民最低生活保障制度建立。到2002年底，全国所有城市和县级人民政府所在地的镇全部建立了此项制度，享受最低生活保障的人数近2473万人。

养老保险制度改革实现从"企业保险"向"社会统筹"的过渡，建立了由国家、企业、个人三方共同负担养老保险费的新机制。个人账户制度的实行，不仅调动了职工个人缴费并关注企业缴费情况的积极性，同时为应对人口老龄化作了准备。1998年，国务院决定将铁道、电力、邮电、石油等11个行业养老保险统筹移交地方，实行属地化管理，理顺社会保险管理体制，进一步增强省级统筹功能。到 2002 年底，全国参加基本养老保险的人数达到 1.4 亿人。

建立医疗保险制度。1994 年，国务院决定在江苏镇江和江西九江两个城市进行职工医疗保障制度改革试点，之后又逐步将试点城市扩大到 40 多个。在总结各地经验的基础上，国务院于 1998 年颁布《关于建立城镇职工基本医疗保险制度的决定》，开始在全国范围内进行医疗保险制度改革，建立覆盖城镇所有单位及其职工的基本医疗保险制度。改革的总体思路是"基本保障、广泛覆盖、双方负担、统账结合、多层保障、三改并举"，中央确定原则，地方分散决策。经过努力，到 2002 年 10 月底，基本医疗保险覆盖人数达到 8691 万人。基本医疗保险制度的建立，不仅从制度上有效保障参保职工的基本医疗，而且有效解决了过去公费、劳保医疗制度下长期存在的拖欠职工医疗费的难题。

职工社会保障体系的建立和完善，在很大程度上化解了国有企业改革攻坚的困难和风险，也为广大城镇职工生产生活提供了重要保障。

三、为实现跨世纪发展提供重要保障

旗帜决定方向，道路决定命运。党的十五大高举邓小平理论旗帜，既明确了举什么旗、走什么路，又回答了改革开放和社会主义现代化建设的系列重大理论和实践问题，从政治、思想和组织上为我国实现跨世纪发展提供了重要保障，推动改革开放不断深入。

党在社会主义初级阶段的基本纲领

1997 年 2 月 19 日，改革开放和现代化建设的总设计师邓小平逝世。全世界都在关注，中国共产党能否沿着邓小平开辟的中国特色社会主义道路继续走下去。

1997 年 5 月，江泽民在中央党校省部级干部进修班毕业典礼上，阐述了党中央研究确定的党的十五大报告稿的几个主要问题，强调在跨越世纪的新征途上，要高举邓小平建设有中国特色社会主义理论的伟大旗帜，并用这个理论来指导党和国家的整个事业和各项工作，无论遇到什么困难、什么风险，都不动摇。这次讲话为党的十五大顺利召开作了充分思想准备。

旗帜问题至关重要。旗帜就是方向，旗帜就是形象。党的十五大首次使用"邓小平理论"这个概念，高度评价邓小平理论的历史地位和指导作用，将其确立为党的指导思想。大会强调，坚持党的十一届三中全会以来的路线不动摇，就是高举邓小平理论的旗帜不动摇。在改革开放和社会主义现代化建设的新时期，在跨越世纪的新征途上，一定要高举邓小平理论的伟大旗帜，用邓小平理论来指导党和国家的整个事业和各项工作。

大会强调，建设有中国特色社会主义的经济，就是在社会主义条件下发展市场经济，不断解放和发展生产力；建设有中国特色社会主义的政治，就是在中国共产党领导下，在人民当家作主的基础上，依法治国，发展社会主义民主政治；建设有中国特色社会主义的文化，就是以马克思主义为指导，以培育有理想、有道德、有文化、有纪律的公民为目标，发展面向现代化、面向世界、面向未来的，民族的科学的大众的社会主义文化。这三个方面的基本目标和基本政策有机统一，不可分割，构成党在社会主义初级阶段的基本纲领。这个纲领是邓小平理论的重要内容，是党的基本路线在经济、政治、文化等方面的展开，是改革开放以来最主要经验的总结。

大会强调，面对改革攻坚和开创新局面的艰巨任务，解决种种矛盾，澄清种种疑惑，认识为什么必须实行现在这样的路线和政策而不能实行别样的路线和政策，关键还在于对所处社会主义初级阶段的基本国情要有统一认识和准确把握。

结合新的形势，大会就我国社会主义初级阶段所有制结构和公有制实现形式等重大问题作出新论述。大会指出，公有制为主体、多种所有制经济共同发展，是我国社会主义初级阶段的一项基本经济制度。公有制经济不仅包括国有经济和集体经济，还包括混合所有制经济中的国有成分和集体成分。公有制的主体地位主要体现为公有资产在社会总资产中占优势，国有经济控制国民经济命脉，对经济发展起主导作用，主要体现在控制力上。公有制实现形式可以而且应当多样化，一切反映社会化生产规律的经营方式和组织形式都可以大胆利用，要努力寻找能够极大促进生产力发展的公有制实现形式。股份制是现代企业的一种资本组织形式，资本主义可以用，社会主义也可以用，不能笼统地说股份制是公有还是私有，关键看控股权掌握在谁手中。非公有制经济是我国社会主义市场经济的重要组成部分，对个体、私营等非公有制经济要鼓励、引导，使之健康发展。

党的十五大是在世纪之交的关键时刻召开的一次承前启后、继往开来的重要会议，明确回答了改革开放和社会主义现代化建设的一系列重大理论和实践问题，从思想上、政治上、组织上为我国实现跨世纪发展提供了重要保证。

规划新"三步走"发展战略

经过 20 世纪 80 年代以来的接续奋斗，特别是随着 90 年代市场经济体制改革步伐的加快和对外开放的持续推进，我国国民经济始终保持较高的增长速度。1995 年，我国国民生产总值达到 5.77 万亿元，提前 5 年实现原定 2000 年国民生产总值比 1980 年翻两番的目标。

党的十四届五中全会通过《中共中央关于制定国民经济和社会发展"九五"计划和 2010 年远景目标的建议》，对 20 世纪末实现小康的战略目标作了调整，将"九五"期间国民经济和社会发展的主要奋斗目标确定为："全面完成现代化建设的第二步战略部署，2000 年，在我国人口将比 1980 年增长 3 亿左右的情况下，实现人均国民生产总值比 1980 年翻两番；基本消除贫困现象，人民生活达到小康水平；加快现代企业制度建设，初步建立社会主义市场经济体制。"

党的十五大在我国经济发展"三步走"战略第二步目标即将实现之际，放眼 21 世纪中叶，对如何实现第三步目标作出进一步规划，提出新"三步走"发展战略，即 21 世纪第一个 10 年实现国民生产总值比 2000 年翻一番，使人民的小康生活更加宽裕，形成比较完善的社会主义市场经济体制；再经过 10 年的努力，到建党一百年时，使国民经济更加发展，各项制度更加完善；到 21 世纪中叶新中国成立一百年时，基本实现现代化，建成富强民主文明的社会主义国家。

新"三步走"发展战略是对我国跨世纪发展作出的重大部署，明确了我国经济发展、政治体制改革和文化建设的目标与任务。经济上，从党的十五大起到 21 世纪的头 10 年，建立比较完善的社会主义市场经济体制，保持国民经济持续快速健康发展，是必须解决好的两大课题。为此，要坚持社会主义市场经济的改革方向，使改革在一些重大方面取得新的突破，并在优化经济结构、发展科学技术和提高对外开放水平等方面取得重大进展，真正走出一条速度较快、效益较好、整体素质不断提高的经济协调发展的路子。政治上，要在坚持四项基本原则的前提下，继续推进政治体制改革，进一步扩大社会主义民主，健全社会主义法制，依法治国，建设社会主义法治国家。文化上，要从社会主义事业兴旺发达和民族振兴的高度，充分认识文化建设的重要性和紧迫性，着力提高全民族的思想道德素质和科学文化素质，为经济发展和社会全面进步提供强大的精神动力和智力支持，培育适应社会主义现代化要求的一代又一代有理想、有道德、有文化、有纪律的公民。

新"三步走"发展战略不仅为我国进入 21 世纪后如何实现快速健康发展勾画出一幅比较清晰的蓝图，而且也为后来全面建设小康社会的构想提供了依据，并在实践中丰富和发展了邓小平"三步走"发展战略中第三步的战略构想。

香港、澳门回归祖国和两岸交流扩大

　　1994 年 12 月 19 日，在中英两国政府正式签署关于香港问题的联合声明 10 周年之际，天安门广场竖立起香港回归倒计时牌。闪烁的数字，跳过了 925 个日日夜夜的等待，饱含了祖国母亲对游子回归的满腔慈爱；东方的明珠，迈出了奔向母亲怀抱的深情脚步。

　　1996 年 1 月 26 日，香港特别行政区筹备委员会正式成立，标志着中国政府对香港恢复行使主权的准备工作进入具体实施阶段。1997 年 6 月 30 日，江泽民发布中国人民解放军驻香港部队进驻香港的命令。当晚，驻港先头部队 509 名官兵进驻香港。此时，香港会展中心灯火通明，在此举行的中英香港交接仪式聚焦了全世界的目光。6 月 30 日 23 时 59 分，英国国旗和香港旗落下，象征着英国对香港一个半世纪的殖民统治宣告结束。7 月 1 日零时，中华人民共和国国歌奏响，中华人民共和国国旗和中华人民共和国香港特别行政区区旗冉冉升起。江泽民庄严宣告：中国政府对香港恢复行使主权。

　　澳门回归问题也提上日程。1998 年 4 月 29 日，九届全国人大常委会第二次会议审议并通过澳门特别行政区筹备委员会组成人员名单。1999 年 4 月 10 日，筹委会全体会议以无记名投票和差额选举的方式，选举产生澳门特别行政区第一届政府推选委员会。5 月 20 日，朱镕基签署第 264 号国务院令，任命何厚铧为澳门特别行政区第一任行政长官。12 月 19 日午夜至 20 日凌晨，中葡两国政府举行澳门政权交接仪式。澳门回归是祖国统一大业道路上的又一丰碑。

达成"九二共识"。在香港和澳门顺利回归的过程中，大陆和台湾的关系也逐渐朝着增进交流、和平统一的方向发展，两岸隔绝状态被打破。1990年9月，两岸红十字会就双方居民遣返事宜达成"金门协议"。11月，台湾成立财团法人海峡交流基金会（以下简称"海基会"），授权其与大陆方面联系、商谈，董事长为辜振甫。1991年12月，海峡两岸关系协会（以下简称"海协会"）在北京成立，汪道涵任会长。1992年3月，海协会与海基会开始事务性商谈，11月达成"海峡两岸同属一个中国，共同努力谋求国家统一"的"九二共识"①。在此基础上，1993年4月，汪道涵、辜振甫在新加坡成功举行会谈，"汪辜会谈"是海峡两岸高层人士在长期隔绝之后的首度正式接触，标志着两岸关系迈出了历史性的重要一步。

发表对台政策"八项主张"。1995年1月，江泽民发表《为促进祖国统一大业的完成而继续奋斗》，指出坚持一个中国的原则，坚决反对"台湾独立""分裂分治""阶段性两个中国""一中一台"等言论和主张；对于台湾同外国发展民间性经济文化关系不持异议，但反对台湾以搞"两个中国""一中一台"为目的的所谓"扩大国际生存空间"的活动；进行海峡两岸和平统一谈判；努力实现和平统一，中国人不打中国人；大力发展两岸经济交流与合作，以利于两岸经济共同繁荣，造福整个中华民族；两岸同胞要共同继承和发扬

---

① 1992年，海协会与海基会经过当年10月的香港会谈及其后一系列函电往来，达成了各自以口头方式表述"海峡两岸均坚持一个中国原则"的共识，后来被概括为"九二共识"。共识中，双方都表明了坚持一个中国原则、追求国家统一的态度，要义是"海峡两岸同属一个中国，共同努力谋求国家统一"。

中华文化的优秀传统；充分尊重台湾同胞的生活方式和当家作主的愿望，保护台湾同胞一切正当权益；中国人的事我们自己办，不需要借助任何国际场合。这"八项主张"既体现了中央政府完成祖国统一大业的坚定决心，又充分考虑到台湾同胞的愿望和台湾的实际，体现了对台工作大政方针的一贯性、连续性和新发展。

坚持依法治国基本方略

发展社会主义民主政治，坚持依法治国，是建设中国特色社会主义的重要目标。依法治国把坚持党的领导、发扬人民民主和严格依法办事统一起来，从制度和法律上保证党的基本路线和基本方针的贯彻实施，保证党始终发挥总揽全局、协调各方的领导核心作用。

党的十四大提出，要积极推进政治体制改革，使社会主义民主和法制建设有一个较大的发展。党的十五大明确，依法治国是党领导人民治理国家的基本方略，是发展社会主义市场经济的客观需要，是社会文明进步的重要标志，是国家长治久安的重要保障。要在党的领导下，在人民当家作主的基础上，依法治国，发展有中国特色社会主义民主政治，建设社会主义法治国家。

从 1994 年 12 月开始，党中央举办一系列有关法律知识的讲座。1996 年 2 月，江泽民在第三次法制讲座上，首次对实行依法治国的重大意义、基本要求进行了全面阐述，指出实行和坚持依法治国，对于推动经济持续快速健康发展和社会全面进步，保障国家的长治久安，具有十分重要的意义。他指出，世界经济的实践证明，一个比较成熟的市场经济，必然要求并具有比较完备的法制。依法治国是社会进步、社会文明的一个重要标志，是我们建设社会主义现代化国家的必然要求。

八届全国人大四次会议把"依法治国，建设社会主义法制国家"作为基本方针，写入《中华人民共和国国民经济和社会发展"九五"计划和2010年远景目标纲要》。党的十五大提出，进一步扩大社会主义民主，健全社会主义法制，依法治国，建设社会主义法治国家。九届全国人大二次会议将"依法治国，建设社会主义法治国家"写入宪法修正案。2001年1月，江泽民在全国宣传部长会议上指出，要把法制建设与道德建设紧密结合起来，把依法治国与以德治国紧密结合起来，进一步发展了党的治国方略。

在依法治国方略指导下，全国人大在规范市场主体方面，通过《中华人民共和国公司法》《中华人民共和国商业银行法》《中华人民共和国证券法》《中华人民共和国合同法》等；在确立市场规则和维护市场秩序方面，通过《中华人民共和国反不正当竞争法》《中华人民共和国消费者权益保护法》《中华人民共和国仲裁法》《中华人民共和国保险法》《中华人民共和国拍卖法》等；在完善宏观调控方面，通过《中华人民共和国预算法》《中华人民共和国审计法》《中华人民共和国价格法》等；在社会保障制度方面，通过《中华人民共和国残疾人保障法》《中华人民共和国未成年人保护法》《中华人民共和国妇女权益保障法》《中华人民共和国劳动法》等；在振兴基础产业和支柱产业方面，通过《中华人民共和国农业法》《中华人民共和国民用航空法》《中华人民共和国电力法》《中华人民共和国节约能源法》等；在规范国家机关及其工作人员行为方面，通过《中华人民共和国国家赔偿法》《中华人民共和国行政处罚法》《中华人民共和国行政监察法》等。国家立法进入快车道。

党的十五大明确提出，要推进司法改革，从制度上保证司法机关依法独立公正地行使审判权和检察权。根据党的十五大的部署，最高人民法院、最高人民检察院分别制定了《人民法院五年改革纲要》《检察改革三年实施意见》。到 2002 年，司法改革取得重要进展。法院全面落实公开审判制度，对依法应当公开审判的案件，一律公开审判；推行诉讼证据制度改革，制定民事、行政诉讼证据规定；完善刑事、民事、行政审判体系，全面落实立案与审判、审判与监督、审判与执行三个分立制度；完成法官等级评定，实行法官任职前的审核制度，推行审判长和独任审判员选任制。司法制度改革的系列成果，使司法公信力进一步提高，社会公平正义和人民中心理念得到进一步彰显。

九届全国人大三次会议通过《中华人民共和国立法法》，使我国立法工作进入科学规范的新阶段。2001 年，国务院发布《行政法规制定程序条例》《规章制定程序条例》，进一步推动了依法治国、依法行政的进程。

推行行政管理体制改革

党的十四大将机构改革、精兵简政作为政治体制改革的紧迫任务，并将其作为深化经济改革、建立市场经济体制和加快现代化建设的重要条件。

党的十四届二中全会讨论通过《关于党政机构改革的方案》，明确机构改革应适应社会主义市场经济发展要求的目标，按照政企职责分开和精简、统一、效能的原则，转变职能、精兵简政、提高效能。八届全国人大一次会议审议通过《关于国务院机构改革方案的决定》，分别对综合经济部门、专业经济部门、社会管理部门、直属机构、办事机构和非常设机构提出了改革要求。此后，以"宏观管好、微观放开"为原则、以政企分开为中心的行政体制改革启动。其目的是构建社会主义市场经济基本框架，重点是加强宏观调控和监督部门，强化社会管理部门。改革历时 3 年，形成了由 41 个国务院组成部门、13 个直属机构、5 个办事机构组成的行政体制，机构比改革前减少 27 个、人员编制减少 20%。1993 年开始实行中央纪委机关和监察部合署办公，理顺了纪律检查与行政监察的关系。

党的十五大之后，行政管理体制改革和政府职能转变进一步加快。九届全国人大一次会议审议通过《国务院机构改革方案》，启动了以建立办事高效、运转协调、行为规范的政府行政管理体系和完善国家公务员制度、建设高素质专业化行政管理队伍为目标的改革。这次按照"定职能、定机构、定编制"进行的历时 4 年半的"三定"改革，撤销了 10 个工业专业经济部门；由各部委转交给企业、社会中介组织和地方的职能共有 200 多项；各部门内设司局级机构比原来减少 200 多个；国务院组成部门减少到 29 个；全国各级党政群机关共精简行政编制 115 万人。

经过 1993 年和 1998 年两轮机构改革，与社会主义市场经济体制相配套的行政管理体制基本框架初步确立，中央政府与地方政府的关系得到理顺，政府职能有了明显转变。

建立与群众利益密切相关的重大事项社会听证制度，是政府决策机制改革的重要内容。八届全国人大四次会议审议通过的《中华人民共和国行政处罚法》规定，行政机关作出责令停产停业、吊销许可证或者执照、较大数额罚款等行政处罚决定之前，应当告知当事人有要求举行听证的权利；当事人要求听证的，行政机关应当组织听证。这标志着听证制度在我国的确立。八届全国人大常委会第二十九次会议审议通过的《中华人民共和国价格法》规定，制定关系群众切身利益的公用事业价格、公益性服务价格、自然垄断经营的商品价格等政府指导价、政府定价，应当建立听证制度，由政府价格主管部门主持，征求消费者、经营者和有关方面的意见，论证其必要性、可行性。《中华人民共和国价格法》把听证制度引入了我国行政决策领域。九届全国人大三次会议通过的《中华人民共和国立法法》，进一步把听证范围扩大到了立法领域。听证制度的确立，有利于提高政府决策的透明度和科学化水平，体现了对群众知情权、参与决策权的尊重。

建立国家公务员制度

建立和推行国家公务员制度，是我国政治生活中的一件大事，是政治体制改革的一项重要内容。1993年4月，国务院常务会议审议通过的《国家公务员暂行条例》规定，国家公务员制度是具有中国特色的、适应建立社会主义市场经济体制需要的、适用于各级国家行政机关中除工勤人员以外的工作人员的管理制度。《国家公务员暂行条例》自 1993 年 10 月 1 日起开始施行。这是我国人事制度改革和发展的里程碑，标志着具有中国特色的国家行政机关新的人事管理制度的基本确立。与此同时，在党群系统以及人大、政协机关等分别实行或参照实行《党的机关工作人员条例》或《国家公务员暂行条例》。

2000 年，党中央根据形势发展，颁布了《深化干部人事制度改革纲要》，提出要建立起一套与建设有中国特色社会主义经济、政治、文化相适应的干部人事制度。根据这一要求，在试点基础上，党中央于 2002 年颁布了《党政领导干部选拔任用工作条例》，于 2004 年颁布了《公开选拔党政领导干部工作暂行规定》等 5 个法规文件。

十届全国人大常委会第十五次会议审议通过的《中华人民共和国公务员法》，是我国第一部干部人事工作的法律，是干部人事管理的总章程，填补了历史空白，在干部人事工作法制化进程中具有重要里程碑意义。

我国国家公务员制度的基本内容包括：职位分类制度、录用制度、考核制度、任免制度、职务升降制度、奖惩制度、培训制度、交流制度、回避制度、申诉控告制度等。我国国家公务员制度是根据我国的国情建立的，同时又改革了传统的人事制度弊端，既不同于西方文官制度，也不同于我国传统的人事管理制度。这项制度坚持和体现党的基本路线，党管干部的原则，德才兼备、以德为先的用人导向，全心全意为人民服务的宗旨，是有中国特色的管用的好制度。

加强社会主义精神文明建设

作为上层建筑的精神文明建设，决定了人民的精神状态和国家的形象面貌。社会主义精神文明建设包括思想道德建设、教育科学文化建设。思想道德建设是解决整个民族的精神支柱、精神动力问题；教育科学文化建设是解决整个民族的科学文化素质问题。

1994年1月，江泽民在全国宣传思想工作会议上强调，社会主义精神文明建设是一个系统工程，要制定总体规划、阶段性目标和具体措施。8月，党中央先后印发《爱国主义教育实施纲要》《中共中央关于进一步加强和改进学校德育工作的若干意见》。1996年1月，党中央明确，要把精神文明建设主要是思想道德文化建设作为党的十四届六中全会的主要议题。

党的十四届六中全会审议通过《中共中央关于加强社会主义精神文明建设若干重要问题的决议》，明确了社会主义精神文明建设的指导思想、总体要求和工作目标，并对发展社会主义市场经济条件下的精神文明建设作出部署。全会提出，今后15年，我国社会主义精神文明建设的主要目标是，在全民族牢固树立建设有中国特色社会主义的共同理想，牢固树立坚持党的基本路线不动摇的坚定信念。全会明确了思想道德建设的基本任务：坚持爱国主义、集体主义、社会主义教育，加强社会公德、职业道德、家庭美德建设，引导人们树立建设有中国特色社会主义的共同理想和正确的世界观、人生观、价值观。全会对文化体制改革作出了部署，明确改革要符合精神文明建设要求、遵循文化发展内在规律、发挥市场机制积极作用。全会决定并于 1997 年 4 月成立了中央精神文明建设指导委员会。

根据党中央部署，我国社会主义精神文明建设很快出现了新的气象，创建文明城市活动、创建文明村镇活动、创建文明行业活动等群众性文明创建活动在全国蓬勃展开。在城市，以创建优美环境、建立优良秩序、搞好优质服务为主要内容的"创三优活动"深入开展，涌现出一批文明城市、文明社区、文明街道示范点。在乡村，通过"十星级文明户"评选、文化科技卫生"三下乡"活动、"万村书库"活动，以及各种形式的移风易俗活动，促进农村健康、科学、文明新风的形成，涌现出一批文明村镇典型、文明村镇示范点。在各行业，通过"为人民服务，树行业新风"、社会服务承诺制、百城万店无假货等活动，推动各行业服务质量提高，涌现出一批行业先进典型。人们精神面貌发生新的积极改变，为继续深化改革、加快发展，创造了良好氛围。

四、实施三大国家发展战略

20 世纪 90 年代，我国的整体科技水平和经济实力与发达国家相比还有很大差距，以粗放经营为主的经济增长方式尚未根本改观，产品产业结构不合理等经济发展中的深层次问题还有待解决，人口、自然资源、生态环境等对经济可持续发展的压力增大。面对这一形势，党中央及时制定可持续发展、科教兴国、西部大开发等国家发展战略，有力地推动中国特色社会主义事业发展。

制定可持续发展战略

保护环境，促进经济发展同人口资源环境相协调，促进人与自然相和谐，实现可持续发展，是世界各国普遍关注的重大问题。1992年6月，联合国环境与发展大会在巴西里约热内卢召开，会议通过了"世界范围内可持续发展行动计划"的《21世纪议程》。会后，党中央、国务院批转的《关于出席联合国环境与发展大会的情况及有关对策的报告》明确提出我国将实施可持续发展战略。1994年，中国政府发布《中国21世纪议程——中国21世纪人口、环境与发展白皮书》，提出可持续发展的总体战略对策和行动方案。党的十五大提出，把实现可持续发展作为跨世纪发展的战略任务。1998年至2002年，国家在环境保护和生态建设方面的投入达5800亿元，占同期国内生产总值的1.29%，是1950年至1997年这方面投入总和的1.8倍。

与此同时，党和政府加强法律法规体系建设，制定系列适合中国国情的方针政策，将环境保护纳入经济社会发展整体加以统筹规划和安排。1993年3月，全国人大常委会专门成立了环境保护委员会，1994年3月更名为全国人民代表大会环境与资源保护委员会，在法律起草、监督实施等方面发挥了重要作用。从1997年起，环境保护被纳入中央工作会议议题。截至2002年底，全国人大共制定和完善相关法律24部，国务院及有关部门制定相关行政规章100余部。

2002年，中国政府向可持续发展世界首脑会议提交的《中华人民共和国可持续发展国家报告》，全面总结了中国实施可持续发展战略的总体情况和成就，阐述了履行联合国环境与发展大会有关文件的进展、中国实施可持续发展战略的构想，以及对可持续发展若干国际问题的基本原则、立场与看法，得到国际社会的普遍认可。

实施科教兴国战略

进入 20 世纪 90 年代，科学技术进步日新月异，以信息技术和生命科学等为先导的新技术革命浪潮席卷全球。在世界各国的发展进程中，科学技术被摆在了前所未有的突出位置。科技在经济发展中的作用越来越大，国际竞争越来越激烈。

1991 年 5 月，江泽民在中国科学技术协会第四次全国代表大会上指出，要把经济建设真正转移到依靠科技进步和提高劳动者素质的轨道上来，并强调这一转移与党的十一届三中全会党的工作重点转移到社会主义现代化建设上来同样具有战略意义。

1992 年 3 月，国务院颁布《国家中长期科学技术发展纲领》等，规划了 2020 年之前的我国科学技术发展目标与要求。八届全国人大常委会第二次会议通过《中华人民共和国科学技术进步法》，这是新中国成立以来第一部关于科学技术的法律。1995 年 5 月，党中央、国务院颁布《关于加速科学技术进步的决定》，动员全党和全社会实施科教兴国战略，加速全社会科技进步，全面落实科学技术是第一生产力的要求。这是党中央和国务院总结历史经验，并根据世界发展形势和中国现实情况作出的重大部署。

实施科教兴国战略，重点是加大科教体制改革力度。1995 年 5 月，党中央召开全国科学技术大会，要求建立企业为主体、产学研协同创新的机制，明确提出到 2000 年初步建立适应社会主义市场经济体制和科技自身发展规律的科技体制等改革目标。

这一时期，实施科教兴国战略突出三个特点：一是作出科学技术是先进生产力的集中体现和主要标志的重要论断；二是把科技和教育摆到国家发展的战略位置来统筹考虑；三是开始谋划和推进国家创新体系建设。八届全国人大常委会第十九次会议审议通过《中华人民共和国促进科技成果转化法》，为科研成果转化提供了法律保障。1997 年 6 月，国家科技领导小组颁布《国家重点基础研究发展规划》，组织实施国家重点基础研究发展计划。此后，"知识创新工程"、"技术创新工程"、推进素质教育等重要战略举措相继实施。

★ 1995 年 5 月，全国科学技术大会会场

科教兴国战略的实施，推动了工业化与信息化相结合、以信息化带动工业化，具有深刻变革意义的科技创新推动了我国经济社会发展。首艘载人航天飞船"神舟五号"成功发射、"神威"计算机问世、克隆羊诞生等，我国科技事业发展取得巨大成就。

科教兴国战略的实施，也推动了我国教育事业改革和整体水平提高。1993 年 2 月颁布的《中国教育改革和发展纲要》提出，要集中中央和地方等各方面的力量办好 100 所左右重点大学和一批重点学科、专业。八届全国人大三次会议通过《中华人民共和国教育法》，为从法律层面上保障教育事业发展提供了依据。1998 年 5 月，江泽民在庆祝北京大学建校 100 周年大会上提出："为了实现现代化，我国要有若干所具有世界先进水平的一流大学。"1999 年 6 月，党中央、国务院发布《关于深化教育改革全面推进素质教育的决定》，推动世纪之交的中国教育改革更加注重提高全民族素质。同年，国务院批转的教育部《面向 21 世纪教育振兴行动计划》，是跨世纪教育改革和发展的施工蓝图，规定了到 2000 年、2010 年的目标。即到 2000 年，全国基本普及九年义务教育，基本扫除青壮年文盲，大力推进素质教育等。到 2010 年，在全面实现"两基"目标的基础上，城市和经济发达地区有步骤地普及高中阶段教育，全国人口受教育年限达到发展中国家的先进水平；高等教育规模有较大扩展，入学率接近 15%，若干所高校和一批重点学科进入或接近世界一流水平；基本建立起终身学习体系等。

提出西部大开发战略

西部，一片古老而神奇的土地，一片幅员辽阔、资源丰富、市场潜力巨大的热土。在改革开放进程中，西部地区人民群众加快发展的愿望越来越强烈，国家进一步加大支持西部开发的条件也已经具备。党中央认为，加强西部开发，有利于发挥蕴藏在中西部地区的巨大市场潜力和发展潜力，扩大国内市场需求；有利于缩小地区差距，最终实现全体人民的共同富裕；有利于增强民族团结、保持社会稳定和边疆安全。

党的十四届五中全会突出强调，要坚持区域经济协调发展，逐步缩小地区发展差距。党的十五届四中全会明确提出国家要实施西部大开发战略。2000年1月，国务院成立西部地区开发领导小组，并提出了实施西部大开发战略的初步设想。千年交替之际，一度发展缓慢的中国西部开启了跨越式发展新阶段。

西部大开发范围主要包括12个省级地域和3个地市级行政区 ①，涉及国土面积685万平方公里。西部大开发战略实施以来，国家加大规划指导、政策扶持、项目安排等支持保障力度，西部地区迎来了经济发展最快的时期。

西部大开发战略将西部基础设施建设确定为重点，先行建设，适当超前，每年开工一批重大项目。自2000年起，国家不断加大对西部地区交通、水利、能源、通信、市政等

---

① 包括重庆、四川、贵州、云南、西藏、陕西、甘肃、青海、宁夏、新疆、内蒙古、广西，吉林延边、湖北恩施、湖南湘西。

基础设施建设的支持力度，青藏铁路、西气东输、西电东送、国道主干线西部路段和大型水利枢纽等一批重点工程相继建成，完成了"送电到乡""油路到县"等建设任务，彻底改变西部地区闭塞状况，使物流更为通畅，人员出行更为便捷。

实施天然林保护、退耕还林、退牧还草等一系列生态工程，西部的绿色不断延伸，生物多样性、群落均匀性、饱和持水量、土壤有机质含量均有提高，草原涵养水源、防止水土流失、防风固沙功能增强，西部生态屏障得以加强。

五、形成对外开放新态势

党的十三届四中全会后，面对十分复杂、严峻的国际环境，面对境外敌对势力的干扰破坏，党中央高举改革开放大旗，团结带领广大人民坚定不移实施对外开放基本国策，充分利用国内国外两个市场、两种资源，进一步推动经济建设和社会稳定发展，形成对外开放新态势。

加快发展开放型经济

党的十四大在深刻总结改革开放以来成功经验基础上指出，和平与发展是当今世界两大主题，必须坚持独立自主的和平外交政策，为我国现代化建设争取有利的国际环境；应当吸收和利用世界各国包括资本主义发达国家所创造的一切先进文明成果来发展社会主义，封闭只能导致落后。在党的十四届五中全会闭幕式上，江泽民指出，中国搞社会主义现代化建设，必须处理好扩大对外开放和坚持自力更生的关系，把立足点放在依靠自己力量的基础上；要引进先进技术，但必须把引进和开发、创新结合起来，形成自己的优势；要利用国外资金，但同时更要重视自己积累。独立自主不是闭关自守，自力更生不是盲目排外。讲独立自主、自力更生，绝不是要闭关锁国、关起门来搞建设，而是要把对外开放提高到一个新的更高水平。党的十五大报告指出，进一步办好经济特区、上海浦东新区，鼓励这些地区在体制创新、产业升级、扩大开放等方面继续走在前面，发挥对全国的示范、辐射、带动作用。

为进一步加快发展开放型经济，增强国际竞争力，党中央、国务院采取了一系列重大措施。一是以上海市浦东新区为龙头，开放芜湖、九江、岳阳、武汉、重庆5个沿江城市；二是开放哈尔滨、长春、呼和浩特、石家庄4个边境、沿海省会（首府）城市；三是开放珲春、绥芬河、黑河、满洲里、二连浩特、伊宁、塔城、博乐、瑞丽、畹町、河口、凭祥、东兴13个沿边城市；四是开放太原、合肥、南昌、郑州、长沙、成都、贵阳、西安、兰州、西宁、银川11个内陆省会（首府）城市。2000年以后，随着西部大开发国家战略实施，对外开放在全国范围内铺开。由此，中国的对外开放由南到北、由东到西层层推进，基本形成了"经济特区—沿海开放城市—沿海开放经济带—沿江和内陆开放城市—沿边开放城市"这样一个全方位、多层次、宽领域、有重点、点线面结合的对外开放格局。中国的对外开放城市遍布全国所有省份，标志着全面对外开放新格局的确立。

经济开发区的快速推进，成为中国新一轮对外经济开放的重要标志。从 1992 年到 2002 年，国家级经济技术开发区增加到 54 个（含享受国家级经济技术开发区政策的上海浦东新区、苏州工业园区、宁波大榭开发区、海南洋浦开发区和厦门海沧台商投资区），规划面积达到 725 平方公里。2002 年，全国经济技术开发区生产总值接近 3500 亿元，是 1992 年的 20 多倍，占全国 GDP 的比重提高到 3.4%；工业总产值是 1992 年的 30 倍，工业增加值占全国的比重达到 5%。电子信息、汽车、装备制造、化工等一系列资本密集型和技术密集型的制造业集聚发展，已经成为我国乃至全球重要的高新技术产业基地。同时，物流、金融、服务外包等生产性服务业也初具规模。全国各省会、首府城市及中心城市都有国家级开发区，布局更加合理，能更好地发挥窗口、辐射、示范、带动作用。

这个时期，国务院还批准建立了 53 个国家级高新技术产业开发区、15 个国家级出口加工区、14 个国家级保税区和 14 个国家级边境经济合作区。同时，中国主动改善与周边国家和地区的关系，边境小额贸易、边民互市贸易和边境旅游得到迅速发展。这些措施在扩大开放、发展外向型经济、调整产业结构等方面，发挥了重要作用。

成功应对亚洲金融危机

党的十五大以后，党团结带领全国各族人民，成功应对亚洲金融危机这一重大风险挑战。

1997 年下半年，东南亚国家爆发金融危机，并很快波及整个亚洲和世界其他地区，造成国际金融市场持续动荡，世界经济受到冲击。9月，江泽民在党的十五届一中全会上提醒全党，金融风险突发性强、波及面广、危害极大，必须保持高度警觉，防范和化解金融风险是我国经济工作的一项重要而紧迫的任务。11月，党中央、国务院再次召开全国金融工作会议，对防范和化解金融风险作出进一步部署。

1998年2月，面对金融危机蔓延加剧的态势，党中央提出"坚定信心，心中有数，未雨绸缪，沉着应付，埋头苦干，趋利避害"的指导方针，作出扩大内需、发挥国内市场巨大潜力、积极扩大出口、适当增加进口、保持人民币汇率稳定等重大决策。7月，党中央果断决定实施积极的财政政策和稳健的货币政策，由中央财政向商业银行增发长期建设

★ 1997年11月，全国金融工作会议会场

国债，加强基础设施建设，从多方面拉动经济增长。以上重大决策部署很快取得成效。大规模基础设施建设，带动一大批相关产业的发展和就业岗位的增加，有效拉动国内需求，稳定了中国经济。在许多国家出现经济衰退、货币大幅度贬值的情况下，中国兑现人民币不贬值的承诺，为缓解危机和促进亚洲国家经济恢复发展作出了贡献，赢得了国际社会的广泛赞誉。

加入世界贸易组织

加入世界贸易组织是中国全方位对外开放与全面参与全球经济的重要举措，是我国改革开放和现代化建设进程中的一个重要里程碑。中国在加入世贸组织的同时，也加快完善社会主义市场经济体制，赢得了宝贵的发展机遇期。

为加入世贸组织，我国开展了长达 15 年的艰苦谈判。1986 年 7 月，我国政府就提出申请恢复我国关贸总协定（世贸组织前身）缔约国地位，并成立专门机构开展与各缔约方的谈判。在谈判工作中，最大的障碍来源于以美国为首的发达国家。1993 年 11 月，江泽民在同克林顿会晤时，阐明中国"复关"的三项原则：关贸总协定是一个国际性组织，如果没有中国这个最大的发展中国家参加是不完整的；中国要参加，毫无疑问是作为发展中国家参加；中国加入这个组织，其权利和义务一定要平衡。

1995 年 1 月，世贸组织成立，一年后取代关贸总协定。中国与世贸组织成员逐一展开了艰难的拉锯式的双边谈判。1999 年 11 月，中美双方就相关问题达成一致，扫清了中国

★ 中国加入世界贸易组织签字仪式新闻发布会会场

加入世贸组织的最大障碍。2001 年 11 月 10 日，在卡塔尔首都多哈举行的世贸组织第四届部长级会议，通过了《关于中国加入世界贸易组织的决定》。12 月 11 日，中国正式成为世贸组织第 143 名成员。

中国加入世贸组织后，所享受的主要权利有 10 项：全面参与世界贸易体制，享受非歧视待遇，享受发展中国家权利，获得市场开放和法规修改的过渡期，保留国营贸易体制，对国内产业提供必要的支持，维持国家定价，保留征收出口税的权利，保留对进出口商品进行法定检验的权利，有条件、有步骤地开放服务贸易领域并进行管理和审批。所承担的具体义务有 11 项：遵守非歧视原则，统一实施贸易政策，确保贸易政策的透明度，为当事人提供司法审议的机会，逐步开放贸易经营权，逐步取消非关税措施，不再实行出口补贴，实施《与贸易有关的投资措施协议》，以折中方式处理反倾销、反补贴条款可比价格，接受特殊保障条款，接受过渡性审议。

我国积极开展对外谈判的同时，也不断健全社会主义法律体系。坚持依法治国，全面遵守和执行世贸组织规则，完善基于规则的市场经济法律法规，构建符合多边贸易规则的法律体系。加入世贸组织后，我国大规模开展法律法规清理修订工作，中央政府清理法律法规和部门规章2300多件，地方政府清理地方性政策法规19万多件，覆盖贸易、投资和知识产权保护等各个方面。

加入世贸组织，不仅使中国能分享经济全球化成果、在建立国际经济新秩序中把握主动权、利用世贸组织争端解决机制在国际贸易战中占据有利位势，还能作为世界上最大的发展中国家发出自己的声音，对中国扩大开放、促进国内改革发展和维护包括中国在内的广大发展中国家利益具有十分重大的意义。

"入世"后，中国政府全面履行了加入世贸组织的各项承诺。在2002年"入世"后的第一年即大幅调低了5300多种商品的进口关税，关税总水平由2001年的15.3%降低至12%。截至2010年，中国货物降税承诺全部履行完毕，关税总水平由2001年的15.3%降至9.8%，远远低于发展中国家的平均水平。中国建立健全知识产权法律法规，与多个国家建立知识产权工作机制，构建起符合世贸组织规则和中国国情的知识产权法律体系。中国遵守世贸组织规则、履行加入世贸组织承诺的努力，获得了国际社会的广泛认可。中国"入世"，有力地推动了中国对外开放和社会主义市场经济的发展，为世界经济的繁荣作出了积极贡献。

"引进来"和"走出去"相结合

20世纪90年代后期，党中央根据经济全球化的发展趋势与国内改革开放的发展实际，在"引进来"基础上，适时提出实施"走出去"战略，形成"引进来"与"走出去"相结合的全方位、多层次、宽领域的对外开放新格局。把"引进来"和"走出去"结合起来，中国对外开放水平迈上了新台阶。

1996年7月，江泽民在河北考察工作时指出，要加紧研究国有企业如何有重点、有组织地"走出去"，做好利用国际市场和国外资源这篇大文章。1997年12月，江泽民在接见全国外资工作会议代表讲话时，首次把"走出去"作为国家发展战略提出来。他说，不仅要积极吸引外国企业到中国投资办厂，也要积极引导和组织国内有实力的企业走出去，到国外去投资办厂，利用当地的市场和资源。在党的十五届二中全会上，江泽民指出，为应对亚洲金融危机对中国经济和出口的冲击，要有领导、有步骤地组织和支持一批有实力、有优势的国有企业走出去；既要"引进来"，又要"走出去"，这是我们对外开放基本国策两个紧密联系、相互促进的方面，缺一不可。党的十五届五中全会通过的《中共中央关于制定国民经济和社会发展第十个五年计划的建议》提出，要以更加积极的姿态，抓住机遇，迎接挑战，趋利避害，不断提高企业竞争能力，进一步推动全方位、多层次、宽领域的对外开放。要实施"走出去"战略，努力在利用国内国外两个市场、两种资源方面有新的突破。

在"走出去"战略推动下，我国对外开放发展程度进一步扩大，对外投资力度进一步增大。到2001年底，我国累计参与境外资源合作项目 195 个，总投资 46 亿美元；累计设立各种境外企业 6610 家，其中中方投资 84 亿美元。对外投资逐步发展到跨国并购、股权置换、境外上市、创办境外工业园区等多种形式，一批境外研发中心、工业园区逐步建立，一批企业在国际市场上崭露头角。

"引进来"和"走出去"相结合战略的实施，促进了开放型经济的发展，提高了利用国内国外两个市场、两种资源的能力和水平。中国经济进一步融入经济全球化进程，获得了更为广阔的发展空间。2001 年，中国进出口贸易总额达 5098 亿美元，在世界贸易中的排名上升到第六位；外汇储备增至 2121.65 亿美元，居世界第二位。

构建对外关系新局面

20 世纪 90 年代初，党中央准确把握世界多极化、经济全球化趋势，积极应对国际关系新变化，从维护中国长远利益、维护世界和平与发展大局出发，推动建立公正合理的国际政治经济新秩序，逐步构建起面向 21 世纪的全方位对外关系新局面。

20 世纪 90 年代中期，党中央提出，要积极致力于发展以不结盟、不对抗、不针对第三方为主要特征的新型大国关系。根据这一原则，中国分别同俄罗斯、美国、法国、英国、日本及欧盟等建立了发展面向 21 世纪双边关系的基本框架。

中俄关系稳步发展。1991 年底苏联解体后，中俄随即建交，实现了从中苏关系到中俄关系的平稳过渡。1992 年

★ 1993 年 11 月 19 日，江泽民同克林顿在美国西雅图举行会晤

12 月，叶利钦访华，两国宣布互为友好国家。1994 年 9 月，江泽民访俄，提出建立中俄新型关系等原则主张。1996 年 4 月，中俄宣布发展平等信任的、面向 21 世纪的战略协作伙伴关系。中俄关系稳步发展，促进了两国间历史遗留问题的解决。经过谈判，继 1991 年签署《中苏国界东段协定》后，中俄双方于 1994 年签署了《中俄国界西段协定》，解决了两国间绝大部分地段的边界问题。双方在经济、科技、文化、军事等领域的交流与合作也不断加强。

中美关系在曲折中发展。1993 年 11 月，江泽民同克林顿在西雅图会晤时指出，中美关系不仅是双边关系，还应放在世界范围内，着眼于未来、着眼于 21 世纪来考虑；中美作为两个有世界影响的大国，应该维护持久的和平与稳定，为各国共同发展创造必要的国际环境。1997 年 10 月，江泽民应邀对美国进行国事访问期间，中美双方发表的联合声明指出，为促进世界和平与发展的崇高事业，中美应该加强合作，努力建立面向21世纪的建设性的战略伙伴关系。这为中美关系未来发展奠定了基础，指明了方向。1998年6月，克林顿访华，同中国领导人就如何进一步推动两国关系发展和双方共同关心的世界和地区问题深入交换了意见，并发表对台"三不"政策，即不支持"台湾独立"、不支持"两个中国""一中一台"、不支持台湾加入任何必须由主权国家才能参加的国际组织。但是，这一时期的中美关系也屡屡受美挑衅影响。1999年5月8日，以美国为首的北约轰炸中国驻南联盟大使馆；2001年4月1日，美国军用侦察机在中国南海上空擦撞中国军机。这些事件严重侵犯了中国主权，经有理有利有节斗争，我国维护了国家主权和民族尊严，维护了中美两国关系发展大局。

中欧合作显示出良好前景。1991年，中国同西欧的关系恢复正常。1994年9月，江泽民访问法国，提出中国发展与西欧关系的四项原则：面向21世纪，努力发展长期稳定的友好合作关系；相互尊重，求同存异；互补互利，促进共同发展；加强在国际事务中的磋商与合作。1997年5月，法国总统希拉克访华，双方宣布中法应承前启后建立长期的全面伙伴关系。1998年，中英宣布发展全面的伙伴关系。同年，中国同欧盟领导人在伦敦举行首次会晤并发表联合声明，强调建立面向21世纪的长期稳定的建设性伙伴关系。随后，欧盟决定加强中欧政治对话和经贸等领域的合作与交流。

中日两国保持高层接触，双边关系继续发展。1995年5月，日本首相村山富市访华，承认日本曾经对中国的侵略，表示愿意深刻反省那段历史。此后一段时间，日本在对待其侵略历史等问题上仍不时有反复，但两国在经贸、文化等领域的关系保持继续发展，高层互访也很频繁。1998 年 11 月，江泽民对日本进行国事访问，这是中国国家元首首次访日。中日就发展新世纪两国关系达成共识，并发表联合宣言，确认正确认识和对待历史，是发展中日关系的重要基础，宣布建立"致力于和平与发展的友好合作伙伴关系"。

积极发展同周边国家的睦邻友好关系。1996 年，中国成为东盟"全面对话伙伴国"。1997 年，中国与东盟发表《中华人民共和国与东盟国家首脑会晤联合声明》，确定了建立面向 21 世纪睦邻互信伙伴关系的方向和指导原则。2001 年，为促进同东盟国家的经济交流与发展，中国首倡并大力推动建立"中国—东盟自由贸易区"，得到东盟国家的积极响应。2002 年 11 月，双方签署《中国与东盟全面经济合作框架协议》，启动了"中国—东盟自由贸易区"谈判进程。

这一时期，中国同加拿大、澳大利亚、新西兰的关系取得新的进展，同越南、老挝、柬埔寨等国家的双边关系也得到很大发展，与印度、巴基斯坦、尼泊尔和阿富汗等国家的关系有了新的突破。

上海合作组织正式成立。该组织源于 1996 年 4 月成立的中国、俄罗斯、哈萨克斯坦、吉尔吉斯斯坦、塔吉克斯坦"上海五国"机制。2001 年 6 月 14 日，"上海五国"成员国元首和乌兹别克斯坦总统在上海举行会晤，签署联合声明，吸收乌兹别克斯坦加入"上海五国"机制。15 日，六国元首共同发表《上海合作组织成立宣言》，宣布成立上海合作组织，明确以"互信、互利、平等、协商、尊重多样文明、谋求共同发展"为主要内容的"上海精神"，是成员国之间相互关系的准则。

这一时期，中国外交的突出特点是：以更加开放的姿态积极参加一系列地区多边组织；坚定支持在平等参与、协商一致、求同存异、循序渐进原则下开展多形式、多层次、多渠道的区域性对话与合作。2001年10月，在上海成功举办亚太经合组织第九次领导人非正式会议。在江泽民主持下，与会各经济体领导人围绕"新世纪、新挑战：参与、合作，促进共同繁荣"的主题，深入交换意见，达成广泛共识。这次会议，对打开新局面、促进亚太地区经济恢复和发展，产生了积极影响。

六、积极推进中国特色军事变革

1991年初，海湾战争爆发。这场局部战争向世界展示了一幅全新的作战图景：陆、海、空、天、电多位一体，指挥控制系统和侦察监视系统、精确制导武器、隐身飞机等高技术武器装备，成为制约战争胜负的重要因素。如何打赢高技术条件下的局部战争，成为中国国防和军队建设面临的重大而紧迫的问题。党中央从改革开放和现代化建设大局出发，提出"政治合格、军事过硬、作风优良、纪律严明、保障有力"的新时期军队建设总要求，积极推进以"打得赢""不变质"为核心的中国特色军事变革，国防军队建设迈出新步伐。

"打得赢"的提出与实践

海湾战争是机械化战争向信息化战争的转折点，引发了世界性的军事变革浪潮。江泽民担任中央军委主席后，顺应世界新军事变革发展趋势，主持制定了新时期军事战略方针。围绕"打得赢"的重大历史性课题，党中央、中央军委相继对国防军队建设作出一系列战略部署，推进中国特色军事变革。

1993 年 1 月，中央军委扩大会议在军事战略上作出重大调整，把未来军事斗争准备的基点放在可能发生的打赢现代技术特别是高技术条件下的局部战争上。新时期军事战略方针的确定，抓住了人民军队建设的主要矛盾，明确了新形势下我军军事斗争准备的目标和任务，正确解决了我军建设和改革的方向问题。

根据新时期军事战略方针，1995 年 12 月，中央军委提出军队建设发展模式要实行"两个根本性转变"：在军事斗争准备上，由准备应付一般条件下局部战争向准备打赢现代技术特别是高科技条件下局部战争转变；在军队建设上，由数量规模型向质量效能型、由人力密集型向科技密集型转变。"两个根本性转变"的提出，要求重点加强国防科研，改善武器装备，提高官兵的科技素质，建立科学的体制编制，提高科技创新能力和科学管理水平。这是对人民军队建设新模式的确定，标志着党中央对国防和军队建设的指导思想有了新突破。2000 年 12 月，中央军委扩大会议又提出，军队建设要完成机械化和信息化建设双重任务，以及实现跨越式发展的新思路。

按照党中央、中央军委的部署，人民军队在"打得赢"方面取得了重要进展。2000年10月，总参谋部在4个地区进行了代号为"砺剑-2000"的科技练兵成果交流活动，计算机网络技术、侦察传感技术、电子对抗技术、仿真模拟技术等新技术手段首次集中亮相。人民军队积极开发国防科技关键技术，在航空航天、船舶兵器、军用电子、工程物理等方面取得了具有世界先进水平的成果，在微电子、信息、传感、通信技术等方面取得了突破性进展，为军队武器装备的现代化建设奠定了技术基础。

为培养高素质军事人才，中央军委对全军院校体系进行重大调整，军事人才培养逐步走上军队培养和依托国民教育并行的道路，使全军各级指挥员的专业文化素质得到较大提高。军队后勤保障体系也进行了大规模调整，1998年，中央军委作出先实行军区联勤体制，再逐步向大联勤体制过渡，最终建立三军后勤保障一体化的战略决策。2000年1月1日，全军开始实行三军联勤体制。

对军队体制编制进行调整。1992年4月，中央军委下发《"八五"期间军队体制编制调整精简总体方案》，决定从1992年下半年开始，对军队体制编制进行调整精简。到1994年底，全军各大单位较好地完成了体制编制调整精简任务。1996年1月，中央军委下发《"九五"期间军队组织编制建设计划》，提出继续压缩规模、精简机构。1997年9月，党的十五大宣布，中国在20世纪80年代裁减军队员额100万的基础上，将在3年内再裁减军队员额50万。通过精简和调整，陆军部队的比重下降，海军、空军、二炮部队的比重上升，陆军部队通过调整整编，向合成和小型、轻型、多样化方向迈进了一步。1998 年 4 月，以国防科工委为基础，将总参谋部装备部、总后勤部的有关单位合并为总装备部，负责全军的武器装备和管理建设工作。调整后，军队实行中央军委领导下的总参谋部、总政治部、总后勤部、总装备部四总部体制。

"不变质"的提出与实践

坚持党对军队的绝对领导，始终是人民军队建设和发展的首要问题。按照党中央、中央军委"不变质"的要求，人民解放军始终把思想政治建设摆在各项建设的首位。

1990 年 7 月，江泽民在庆祝建军 63 周年讲话中强调，在新的历史时期，必须更好地发扬人民军队忠于党的优良传统，使人民军队永远置于党的绝对领导之下，无论在任何情况下，对我军建设的这个根本原则，都不能动摇。1993 年 9 月，江泽民指出，一个军队要有军魂，我们军队的军魂，就是党的绝对领导。

为把党对军队的绝对领导的根本原则和制度落到实处，1995 年 5 月，党中央、中央军委修订《中国人民解放军政治工作条例》，为开展军队思想政治工作提供了基本法规。1999 年 7 月，全军政治工作会议通过《关于改革开放和发展社会主义市场经济条件下军队思想政治建设若干问题的决定》，成为军队思想政治建设的指导性文件。

人民解放军始终坚持党对军队绝对领导的根本原则和制度，制定颁布军队党委工作条例、军队党支部工作条例等，严格执行政治纪律和组织纪律，不断强化官兵的军魂意识，确保人民军队同党中央和中央军委保持高度一致。全军广泛开展爱国奉献教育、革命人生观教育、尊干爱兵教育、艰苦奋斗教育"四个教育"活动和中国特色军事变革主题教育活动，使全军官兵保持政治上的坚定性和思想道德上的纯洁性，保持坚强的革命意志和旺盛的战斗精神。

20世纪90年代，随着我国经济发展和财力增强，党中央及时作出了军队不再扩大生产经营并逐步清理企业的决定。1991年，中央军委规定师（含）以下作战部队不准经营企业。1993年8月，江泽民主持军委常务会议，决定军以下作战部队一律不得从事经营性生产。9月，中央军委正式下发《关于整顿改革军队生产经营的决定》，要求对生产经营实行集中统一管理，军以下作战部队不再从事经营性生产，现有企业由各军区、军兵种集中归口，统一管理。1997年底，中央军委决定非作战部队也不再搞生产经营。到1998年底，军队、武警部队与所办经营性企业基本完成"脱钩"，不再从事经商活动。

推进兵役制度和士官制度改革。九届全国人大常委会第六次会议通过关于修改《中华人民共和国兵役法》的决定，对兵役制度作了重大调整，实行"两个结合"兵役制度，把志愿兵制度提升到与义务兵制度同等重要的地位，缩短义务兵服役期限，志愿兵实行分期服役制度，完善了预备役制度。1999年6月，新修订的《中国人民解放军现役士兵服役条例》颁布，对现役士兵服役制度特别是士官制度进行重大改革。12月1日起，新的士官制度开始实施，士官成为军队建设的一支重要力量。

人民军队在保家卫国的同时，积极投身国家经济建设，参与大量扶贫和抢险救灾工作。在保护国家、集体和人民群众生命财产，筑路修桥和抗洪救灾第一线，都有官兵奋不顾身、冲锋在前的身影。

七、推进党的建设新的伟大工程

办好中国的事情，关键在党。站在新的历史起点上，围绕建设一个什么样的党、怎样建设党的问题，党中央提出了在社会主义市场经济条件下加强党的建设的总目标和总任务，着力推进党的建设新的伟大工程。

提出党的建设总目标和总任务

党的十四届四中全会在全面总结改革开放以来，特别是党的十三届四中全会以来党的建设丰富实践和宝贵经验基础上，审议通过《中共中央关于加强党的建设几个重大问题的决定》，把党的建设提升到"新的伟大工程"的高度。《决定》明确提出了新时期党的建设总目标和总任务，提出要把党建设成为用建设有中国特色社会主义理论武装起来、全心全意为人民服务、思想上政治上组织上完全巩固、能够经受住各种风险、始终走在时代前列的马克思主义政党。这个总目标和总任务，是在总结国内外历史经验，包括苏东剧变教训，以及总结改革开放以来加强党的建设新鲜经验基础上提出来的，包含了党的指导思想、性质、宗旨和党的建设的总体要求，集中反映了党对自身建设规律的新认识。

全会要求在继续贯彻落实中央关于思想建设、作风建设部署的同时，要针对不少地方党组织涣散问题，着重解决好党的组织建设的三个问题：坚持和健全民主集中制，特别要注重制度建设；加强和改进党的基层组织建设；培养和选拔德才兼备的领导干部特别是年轻干部。江泽民在全会讲话中强调指出，这三个方面的工作做好了，党的组织就会更加坚强、更加巩固，就能够从组织上保证第二步战略目标的实现，使中国更好地迈入 21 世纪。

党的十五大对党的建设的总目标和总任务作出了新的概括，强调要把党建设成为用邓小平理论武装起来、全心全意为人民服务、思想上政治上组织上完全巩固、能够经受住各种风险、始终走在时代前列、领导全国人民建设有中国特色社会主义的马克思主义政党。大会要求，要按照新的伟大工程的总目标，从思想上、组织上、作风上全面加强党的建设，不断提高领导水平和执政水平，不断增强拒腐防变的能力，以新的面貌和更强大的战斗力，带领人民完成新的历史任务。

按照总目标和总任务，紧密结合推进改革开放和发展社会主义市场经济的实践，紧紧围绕"提高领导水平和执政水平""增强拒腐防变和抵御风险的能力"两大历史性课题，党中央扎实推进党的建设，在党的思想政治建设、思想政治工作、完善党的民主集中制、推进党的基层组织建设、农村和城市街道社区党组织建设，以及探索新经济组织、新社会组织党的工作等方面取得新的重大进展。

推动党的思想理论建设

在推进中国特色社会主义伟大事业和党的建设新的伟大工程进程中，以江泽民同志为主要代表的中国共产党人，科学分析国际国内形势、党所处的历史方位和肩负的历史使命，深入思考面临的新情况新问题，加深了对什么是社会主义、怎样建设社会主义和建设什么样的党、怎样建设党的认识，提出并逐步形成"三个代表"重要思想。

2000 年 2 月，江泽民在出席广东省高州市领导干部"三讲"教育动员大会时，就中国共产党代表中国先进生产力和先进文化问题，首次进行了阐述。同期，他在广东考察期间，完整地提出了"三个代表"重要思想，"总结我们党七十多年的历史，可以得出一个重要结论，这就是：我们党所以赢得人民的拥护，是因为我们党在革命、建设、改革的各个历史时期，总是代表着中国先进生产力的发展要求，代表着中国先进文化的前进方向，代表着中国最广大人民的根本利益"。2000 年 5 月至 2001 年 6 月，江泽民分别到多地考察并主持召开近 30 次党建工作座谈会，广泛听取意见。其间，在中央经济工作会议、统战工作会议和中央纪委全会上，他从不同角度对新形势下加强和改进党的领导问题进行阐述，不断丰富完善"三个代表"重要思想。

2001 年 7 月，在庆祝中国共产党成立 80 周年大会上，江泽民系统阐述了"三个代表"重要思想的科学内涵。党的十六大指出，"三个代表"重要思想是对马克思列宁主义、毛泽东思想和邓小平理论的继承与发展，反映了当代世界和中国的发展变化对党和国家工作的新要求，是加强和改进党的建设、推进我国社会主义自我完善和发展的强大理论武器，是全党集体智慧的结晶，是党必须长期坚持的指导思想。大会强调，贯彻"三个代表"重要思想，关键在坚持与时俱进，核心在坚持党的先进性，本质在坚持执政为民。大会把"三个代表"重要思想作为党必须长期坚持的指导思想写入党章。

开展"三讲"教育活动

改革开放和社会主义市场经济体制的确立，对党员领导干部提出了新的政治标准和政治要求。1995 年 11 月，江泽民在北京视察工作时指出，在对干部进行教育当中，要强调讲学习，讲政治，讲正气。党的十四届六中全会决定，对县处级以上领导干部进行一次以"讲学习、讲政治、讲正气"为主要内容的党性党风教育。1998 年 11 月，党中央发出《关于在县级以上党政领导班子、领导干部中深入开展以"讲学习、讲政治、讲正气"为主要内容的党性党风教育的意见》。随后，全党范围内的"三讲"教育活动全面展开。

做讲学习的表率，就是要在掌握邓小平建设有中国特色社会主义理论的科学体系和精神实质上，在运用理论解决实际问题上下功夫；做讲政治的表率，就是要在全面、正确、积极地贯彻执行党的基本路线和各项方针政策，切实提高工作质量和效果上下功夫；做讲正气的表率，就是要在讲党性、讲原则，公正无私，刚直不阿，言行一致，扶正祛邪方面下功夫。"三讲"教育采取自上而下的办法，分级分批进行。从 1998 年 11 月到 2000 年底，全国共有 70 万名县处级以上领导干部参加"三讲"教育活动，其中省部级领导干部达2100多人。党内外干部群众对"三讲"教育十分关注，积极热情参与，直接听动员报告、参加民主测评和帮助整改。

通过"三讲"教育，广大干部普遍受到一次深刻的马克思主义教育，经受了一次党内政治生活的锻炼，贯彻党的基本路线和民主集中制原则的自觉性得到提高，加强党性锻炼和自身政治素质的动力得到提升，涌现出了一批具有时代特色的优秀共产党员。

形成反腐败领导体制和工作机制

随着改革开放的不断深入，我国经济体制、社会结构、利益格局和人的思想观念正在发生深刻变化，各种社会矛盾出现，各方面体制还不够完善，一些领域的腐败现象易发多发，甚至出现屡遏不止的态势。针对这种情况，党中央下决心抓出成效，取信于民，作出了加大反腐败斗争力度的重大决策，形成了党委统一领导、党政齐抓共管、纪委组织协调、部门各负其责、依靠群众支持和参与的反腐败领导体制和工作机制。

在十四届中纪委第二次全会上，江泽民提出了反腐败三项工作格局：各级领导干部要带头廉洁自律；集中力量查办一批大案要案；紧紧抓住本地区本部门本单位的突出问题，刹住群众最不满意的几股不正之风。1993年10月，党中央、国务院颁布《关于反腐败斗争近期抓好几项工作的决定》，正式确立了反腐败斗争三项工作格局，并就党政机关领导干部要带头廉洁自律、查办一批大案要案、狠刹几股群众反映强烈的不正之风等问题，进行了相关部署。

按照党中央部署，中央纪委每年都对反腐败三项工作进行检查和总结，并不断赋予三项工作新的内容和要求。为保证领导干部廉洁自律的各项规定落到实处，十四届中纪委第五次全会提出，建立党政机关县处级以上领导干部收入申报制度、党和国家机关工作人员在国内公务活动中收受礼品登记制度、国有企业业务招待费使用情况向职代会报告制度等。十四届中纪委第六次全会提出，选派部级干部到地方和部门巡视。十五届中纪委第五次全会提出，要加大从源头上预防和治理腐败现象的力度。

建立健全相关机构。1993年1月，中纪委、监察部合署办公，实行一套机构、两个机关名称模式，履行党的纪律检查和行政监督两项职能的体制。1995年11月，最高人民检察院反贪污贿赂总局（国家反贪总局）正式成立。

制定一批法规制度，初步建立起与社会主义市场经济相适应的领导干部廉洁从政行为规范。先后印发《关于对党和国家机关工作人员在国内交往中收受的礼品实行登记制度的规定》《关于党政机关县（处）级以上领导干部收入申报的规定》《关于领导干部报告个人重大事项的规定》《关于党政机关厉行节约制止奢侈浪费行为的若干规定》《中国共产党纪律处分条例（试行）》《中国共产党党员领导干部廉洁从政若干准则(试行)》《关于实行党风廉政建设责任制的规定》等，制定并实施《中华人民共和国行政监察法》。截至2002年，全国省部级以上机关共制定党风廉政方面的党内法规及其他规范性文件2000余项。这些法律法规制度对规范党政机关和党员领导干部的行为，增强领导干部的纪律观念，起到了积极作用。

党的十四大以来，党中央加深了对什么是社会主义、怎样建设社会主义和建设什么样的党、怎样建设党的认识，积累了十分宝贵的经验。世纪之交，我国人民生活总体上实现了由温饱到小康的历史性跨越。这个时期，是我国综合国力大幅度跃升的时期，是我国社会长期保持安定团结、政通人和的时期，是我国国际影响显著扩大的时期，打开了我国经济、政治和文化发展的崭新局面，成功把中国特色社会主义事业全面推向 21 世纪。

第四章 ‖ 改革开放在科学发展中深化

党的十六大后，党中央团结带领全党全国各族人民，根据新的发展要求，深刻认识和回答了新形势下实现什么样的发展、怎样发展等重大问题；抓住重要战略机遇期，坚持以人为本、全面协调可持续发展，形成中国特色社会主义事业总体布局；推进党的执政能力建设和先进性建设，巩固和发展改革开放和社会主义现代化建设大局，成功在新形势下继续推进改革开放，成功在新的历史起点上坚持和发展了中国特色社会主义，彰显了中国特色社会主义的巨大优越性和强大生命力，增强了中国人民和中华民族的自豪感和凝聚力，提高了我国国际地位，中国道路越走越宽广。

一、推进全面建设小康社会

在改革开放的伟大进程中，小康社会建设取得丰硕成果，人们的生活越过越红火。从一衣多季到一季多衣，时尚衣着已不再是百姓难以企及的；从出入不便到来去自如，乘坐飞机出行已成家常便饭；粮油副食供应充足，肉禽蛋奶不再是逢年过节才能享受到的美食；人们梦寐以求的自行车、缝纫机、手表、收音机传统"四大件"，已逐步过渡到彩电、洗衣机、电冰箱、音响新的"四大件"，电话、空调、家用电脑、汽车等消费品也逐步进入部分居民家庭；我国消费品市场从卖方市场转向买方市场，从限量供应的抑制型消费，转为敞开供应的自主型消费，居民消费方式发生了根本转变。党的十六大以后，党中央在人民生活总体上达到小康水平的基础上，审时度势、运筹帷幄，确立了全面建设小康社会的奋斗目标。

规划全面建设小康社会

21 世纪头 20 年，是一个必须紧紧抓住并且可以大有作为的重要战略机遇期。党的十六大从经济、政治、文化等方面，勾画了全面建设小康社会的宏伟蓝图：根据党的十五大提出的到 2010 年、建党一百年和新中国成立一百年的发展目标，要在 21 世纪头 20 年，集中力量，全面建设惠及十几亿人口的更高水平的小康社会，使经济更加发展、民主更加健全、科教更加进步、文化更加繁荣、社会更加和谐、人民生活更加殷实。这是实现现代化建设第三步战略目标必经的承上启下的发展阶段，也是完善社会主义市场经济体制和扩大对外开放的关键阶段。经过这个阶段的建设，再继续奋斗几十年，到本世纪中叶基本实现现代化，把我国建成富强民主文明的社会主义国家。

全面建设小康社会的具体目标。大会明确，一是在优化结构和提高效益的基础上，国内生产总值到 2020 年力争比 2000 年翻两番，综合国力和国际竞争力明显增强。基本实现工业化，建成完善的社会主义市场经济体制和更具活力、更加开放的经济体系。城镇人口的比重较大幅度提高，工农差别、城乡差别和地区差别扩大的趋势逐步扭转。社会保障体系比较健全，社会就业比较充分，家庭财产普遍增加，人民过上更加富足的生活。二是社会主义民主更加完善，社会主义法制更加完备，依法治国基本方略得到全面落实，人民的政治、经济和文化权益得到切实尊重和保障。基层民主更加健全，社会秩序良好，人民安居乐业。三是全民族的思想道德素质、科学文化素质和健康素质明显提高，形成比较完善的现代国民教育体系、科技和文化创新体系、全民健身和医疗卫生体系。人民享有接受良好教育的机会，基本普及高中阶段教育，消除文盲。形成全民学习、终身学习的学习型社会，促进人的全面发展。四是可持续发展能力不断增强，生态环境得到改善，资源利用效率显著提高，促进人与自然的和谐，推动整个社会走上生产发展、生活富裕、生态良好的文明发展道路。

围绕全面建设小康社会的奋斗目标，大会回答了关系党和国家长远发展的一系列重大理论和实践问题，对改革开放和社会主义现代化建设各方面工作作出了全面规划和部署。

围绕经济建设和经济体制改革，大会提出，21 世纪头 20 年的主要任务是，完善社会主义市场经济体制，推动经济结构战略性调整，基本实现工业化，大力推进信息化，加快建设现代化，保持国民经济持续快速健康发展，不断提高人民生活水平。前 10 年要全面完成"十五"计划和 2010 年的奋斗目标，使经济总量、综合国力和人民生活水平再上一个大台阶，为后 10 年的更大发展打好基础。

围绕政治建设和政治体制改革，强调必须在坚持四项基本原则的前提下，继续积极稳妥地推进政治体制改革，扩大社会主义民主，健全社会主义法制，建设社会主义法治国家，巩固和发展民主团结、生动活泼、安定和谐的政治局面。

围绕文化建设和文化体制改革，强调当今世界文化与经济和政治相互交融，在综合国力竞争中的地位和作用越来越突出。要深刻认识文化建设的战略意义、牢牢把握先进文化的前进方向，继续深化文化体制改革。

全面建设小康社会宏伟目标，是中国特色社会主义经济、政治、文化全面发展的目标，是与加快推进现代化相统一的目标，符合我国国情和现代化建设的实际。

党的十七大对改革开放的宝贵经验作了"十个结合"的精辟概括，阐述了中国特色社会主义道路的基本内涵，首次提出中国特色社会主义理论体系的概念并作了概括，强调高举中国特色社会主义伟大旗帜，最根本的就是要坚持中国特色社会主义道路和中国特色社会主义理论体系。

大会深刻分析国际国内形势发展变化和新世纪新阶段我国发展的新特征，对实现全面建设小康社会的宏伟目标作出全面部署，在经济、政治、文化、社会、生态文明五个方面提出新要求。与党的十六大确定的到 2020 年奋斗目标相比较，这些新要求既与之相衔接，保持了目标的连续性，又根据新的情况和条件进行了充实，使全面建设小康社会的目标更全面、内涵更丰富、要求更具体。大会根据我国经济持续快速发展的实际，调整了党的十六大提出的到 2020 年力争实现国内生产总值比 2000 年翻两番的经济增长目标，提出实现人均国内生产总值到 2020 年比 2000 年翻两番的更高要求。这些新要求深刻反映了党的治国理政理念的新发展，集中体现了科学发展观的本质要求和基本精神。

推进经济社会走科学发展道路

党的十六大后，国民经济保持了增长较快、结构趋优、效益提高的良好态势。党中央在思考应该实现什么样的发展、怎样发展的问题的基础上，深化了对走科学发展道路的认识。

从国际看，和平、发展、合作成为时代主流，但综合国力竞争日趋激烈，影响和平发展的不稳定不确定因素增加。从国内看，社会主义现代化建设经过新中国成立以来特别是改革开放以来的奋斗，已经取得历史性成就，但人民日益增长的物质文化需要同落后的社会生产之间的矛盾仍然是我国社会主要矛盾，达到的小康还是低水平、不全面、发展不平衡的小康。特别是发展仍面临着一些突出矛盾和问题：经济结构不合理和粗放型经济增长方式还没有根本改变；城乡、区域、经济社会等发展还不够协调；人口资源环境压力加大；民生问题比较突出。

2003 年 2 月，一场突如其来的非典疫情暴发。面对考验，党中央坚持把人民群众身体健康和生命安全放在第一位，带领全党全军全国各族人民齐心协力、共克时艰，有效控制住了疫情。非典虽是一场突发性的灾害，但由此引起了党和政府对影响经济社会发展突出矛盾和问题的高度重视。

★ 2003 年 5 月 12 日，正在四川考察农村防治非典工作的胡锦涛来到自贡市富顺县人民医院，看望医护人员

　　2003 年 4 月，胡锦涛在广东指导抗击非典工作时提出，要积极探索加快发展的新路子，通过完善发展思路不断增创新优势，坚持全面的发展观，促进社会主义物质文明、政治文明和精神文明协调发展。8 月底 9 月初，胡锦涛在江西考察工作时，首次提出了"科学发展观"的概念，强调要牢固树立协调发展、全面发展、可持续发展的科学发展观，积极探索符合实际的发展新路子。

　　党的十六届三中全会通过《中共中央关于完善社会主义市场经济体制若干问题的决定》，首次在党的正式文件中完整提出科学发展观，强调坚持以人为本，树立全面、协调、可持续的发展观，是深化经济体制改革的指导思想。

　　2004 年 3 月，胡锦涛在中央人口资源环境工作座谈会上，对科学发展观作了进一步阐述。他指出，坚持以人为本，全面、协调、可持续的发展观，是以邓小平理论和"三个代表"重要思想为指导，从新世纪新阶段党和国家事业发展全局提出的重大战略思想。

科学发展观是立足社会主义初级阶段基本国情，总结我国发展实践，借鉴国外发展经验，适应新的发展要求提出来的，是马克思主义关于发展的世界观和方法论的集中体现，是同马克思列宁主义、毛泽东思想、邓小平理论和"三个代表"重要思想既一脉相承又与时俱进的科学理论，是我国经济社会发展的重要指导方针，是发展中国特色社会主义必须坚持和贯彻的重大战略思想。科学发展观的第一要义是发展，核心是以人为本，基本要求是全面协调可持续，根本方法是统筹兼顾。党的十七大决定，把科学发展观写入党章，确定了其在全党的指导地位。

全面建设小康社会取得重要进展

党的十六大以来，党中央不失时机地推进改革开放、加强和改善宏观调控，保持了我国经济平稳较快发展，社会生产力、综合国力都迈上一个新台阶。2010年，我国国内生产总值达40.15万亿元，首超日本，跃升至世界第二位；2012年，我国人均国内生产总值达39771元，较2002年增加30265元，世界排名大幅提高；经济结构调整取得重要进展，粮食连续增产，战略性新兴产业发展壮大，传统产业不断改造升级，现代服务业快速发展，基础设施得到很大完善；城乡区域发展协调性明显增强，城镇化进程加快，城镇人口超过农村人口；自主创新能力大幅提高，载人航天、探月工程、载人深潜、超级计算机、高速铁路等实现重大突破，创新型国家建设成效显著；人民合法权益得到保障，文化建设迈上新台阶；保障和改善民生成效显著，农业税全面取消；城乡就业持续扩大；教育事业迅速发展，城乡免费义务教育全面实现；城乡基本养老保险制度全面建立，新型社会救助体系基本形成；全民医保基本建立，城乡基本医疗卫生制度初步建立；基本公共服务水平和均等化程度明显提高，居民家庭财产普遍增加，消费结构快速升级，生活条件显著改善，城乡低收入群体基本生活得到保障；社会管理得到加强和创新，社会保持总体和谐稳定；生态文明建设取得重要进展。

在全面建设小康社会的亮丽成绩单中，"真金白银"最能体现百姓的获得感，也是衡量生活质量变化最直观的指标。2011 年，城镇居民人均可支配收入 21810 元，比 2002年增长 1.8 倍，扣除价格因素，年均实际增长 9.2%；农村居民人均纯收入 6977 元，也比 2002 年增长 1.8 倍，扣除价格因素，年均实际增长 8.1%。

二、实现经济又好又快发展

处理好效率与效益的关系，是事关经济发展方式的重大战略选择，更是对发展规律认识深化和发展理念创新的重要标志。从"又快又好"到"又好又快"，表述方式变化的背后，反映的是中国经济社会发展方式转变的坚定意志，体现的是经济结构战略性调整的铿锵步伐。

完善社会主义市场经济体制

完善社会主义市场经济体制，是全面建设小康社会、不断把中国特色社会主义事业推向前进的一项十分重大而艰巨的任务。党的十六届三中全会通过《中共中央关于完善社会主义市场经济体制若干问题的决定》，就完善社会主义市场经济体制作出一系列重大部署。

关于完善社会主义市场经济体制的主要目标。全会明确，要按照统筹城乡发展、统筹区域发展、统筹经济社会发展、统筹人与自然和谐发展、统筹国内发展和对外开放的要求，更大程度地发挥市场在资源配置中的基础性作用，增强企业活力和竞争力，健全国家宏观调控，完善政府社会管理和公共服务职能，为全面建设小康社会提供强有力的体制保障。

关于完善社会主义市场经济体制的主要任务。全会明确，要完善公有制为主体、多种所有制经济共同发展的基本经济制度；建立有利于逐步改变城乡二元经济结构的体制；形成促进区域经济协调发展的机制；建设统一开放、竞争有序的现代市场体系；完善宏观调控体系、行政管理体制和经济法律制度；健全就业、收入分配和社会保障制度；建立促进经济社会可持续发展的机制。

同时，围绕坚持和完善基本经济制度、深化国有企业改革、完善农村经济体制、健全市场体系和改善宏观调控、推进财税和金融体制改革、深化涉外经济体制改革、深化就业和分配体制改革及完善社会保障体系、深化科技教育文化卫生体制改革、深化行政管理体制改革和完善经济法律制度、加强和改善党的领导等，全会也作出了具体部署。

经济体制改革的不断深化

党的十六大特别是党的十六届三中全会后，围绕贯彻落实科学发展观，我国经济体制改革向重点领域和关键环节稳步推进、不断深入，社会主义市场经济体制机制日趋完善。

健全现代市场体系。主要是整顿和规范市场秩序、推进要素市场发展，促进我国市场体系朝着统一开放、竞争有序的方向发展。2004 年 7 月，《中华人民共和国行政许可法》正式施行，不仅严格控制政府行政许可的设定权，而且明确规定行政许可事项的范围；2005 年提出要实施稳健的财政政策和稳健的货币政策，多次调整金融机构存款准备金率、存贷款基准利率，取消或降低高能耗、高排放和资源性产品的出口退税，发挥财税和金融在淘汰落后生产能力、加强重点领域和改善薄弱环节、加快产业结构升级中的作用。

巩固和发展国有经济制度建设。《中华人民共和国企业国有资产法》和《企业国有资产监督管理暂行条例》《企业国有资产评估管理暂行办法》《企业国有产权转让管理暂行办法》等法律法规的颁布，为国有企业改革提供了法律制度保障。国有企业股份制改革取得重大进展，一批具有国际竞争力的大企业、大公司发展壮大，2006 年，全国国有企业资产总额比 2002 年增长 60.9%，实现利润增长 2.23 倍，税收增长 1.05 倍。2011 年，国务院国资委监管的中央企业从 2007 年的 159 家，减少到 117 家。国有企业数量虽有减少，但企业活力、控制力和影响力明显增强。

鼓励、支持、引导非公有制经济发展。2005 年 2 月，国务院印发《关于鼓励支持和引导个体私营等非公有制经济发展的若干意见》，从放宽非公有制经济市场准入、加大对非公有制经济的财税金融支持、完善对非公有制经济的社会服务等 7 个方面，提出了促进非公有制经济发展的 36 条具体政策措施，又被称为"非公经济 36 条"。之后，有关部门又相继出台 40 多份配套文件，形成一整套鼓励非公有制经济发展的政策法规。在一系列政策措施推动下，非公有制经济在促进经济增长、扩大就业、增加税收和活跃市场等方面，发挥了越来越大的作用。在此基础上，为进一步引导民间投资健康发展，2010 年 5 月，国务院印发《关于鼓励和引导民间投资健康发展的若干意见》，明确民间资本可以进入能源、军工、电信、交通运输等行业，非公有制经济发展的体制环境得到改善。

进一步深化财政体制改革。围绕推进基本公共服务均等化，着力改进转移支付制度，推动省以下财政管理创新，加大对中西部地区和经济社会发展薄弱环节的支持力度。2003 年至 2007 年，中央财政对地方的转移支付累计达 4.25 万亿元，其中 87% 用于支持中西部地区。针对"市管县"体制存在的问题，在多个省份推进"省直管县"和"乡财县管"改革试点，逐步规范省以下财政分配关系，提高了财政资金运用效率。进一步深化预算管理制度改革，提高了财政管理透明度和依法理财水平。

深化税收制度改革。2003 年，党中央、国务院首次明确将生产型增值税改为消费型增值税，并于 2004 年在东北三省的装备制造业、石油化工业等八大行业进行增值税转型试点。2007 年 1 月，又将增值税转型试点范围扩大到中部 6 省 26 个老工业基地。十届全国人大五次会议通过《中华人民共和国企业所得税法》，统一内外资企业所得税制度，为各类企业创造了一个成熟规范、公平竞争的税收法制环境。2009年1月1日起，在全国范围内逐步实施由生产型增值税向消费型增值税转型的改革，以消除生产型增值税存在的重复征税因素，减轻纳税人负担；推进个人所得税改革，以减轻中低收入者的税收负担；进行成品油税费改革和资源税改革，以发挥税收对节能减排的调节作用。

深化金融体制改革。针对国有商业银行经营管理不善、金融风险加剧的状况，重点对工商银行、中国银行、建设银行和交通银行进行股份制改造并成功上市，国有商业银行资产质量和盈利能力明显提高，银行业发生了重大变化。利率市场化改革迈出实质性步伐。2005年7月，我国宣布启动人民币汇率形成机制改革，人民币汇率不再盯住单一美元，而实行以市场供求为基础、参考一篮子货币进行调节、有管理的浮动汇率制度，人民币汇率弹性明显增加。

推进资本市场的改革和发展。2004年，国务院印发《关于推进资本市场改革开放和稳定发展的若干意见》，提出积极稳妥解决股权分置问题、切实保护投资者特别是公众投资者合法权益的总体要求。2005年8月，中国证监会等5部门联合发布《关于上市公司股权分置改革的指导意见》，随后发布了《上市公司股权分置改革管理办法》，股权分置改革全面铺开。到2006年底，股权分置改革基本完成。2009年10月，创业板市场正式推出，推动了资本资源与技术创新的有机融合。到2012年，我国资本市场实现跨越式发展，沪深两市上市公司的数量大幅增加，商品期货市场成交量居世界第一位，铜、铝、大豆等基础产品期货价格已具备一定国际影响力。到 2012 年 8 月 23 日，沪深两市总市值已达 21.76 万亿元，是 2002 年同期的 4.68 倍。我国资本市场不仅实现了规模扩张，也实现了质量和结构的提升。

不断扩大对外开放。中国履行加入世界贸易组织承诺，开展相关法律法规清理修订工作，在近十年的时间内国务院部门共取消和调整行政审批项目 2183 项，占原有总数的 60.6%；各省、自治区、直辖市取消或调整 36986 项，占原有总数的 68.2%。中国对外开放政策的稳定性、透明度、可预见性不断提高。在不断扩大对外开放过程中，对外贸易、利用外资、对外投资等领域取得重要进展，开放型经济水平不断提高。2002 年至 2011 年，中国出口和进口分别以年均 21.7% 和 21.8% 的速度增长，远高于世界同期的 11.5% 和 11.1%。2011 年，中国货物贸易额的全球排名由 2002 年的第六位上升至第二位。2002 年至 2011 年，中国每年平均进口 8955 亿美元的商品，为贸易伙伴创造了大量就业岗位和投资机会。

加快转变经济发展方式

党的十七大强调，实现未来经济发展目标，关键要在加快转变经济发展方式、完善社会主义市场经济体制方面取得重大进展。这是在党的正式文件中，首次以"转变经济发展方式"代替以往的"转变经济增长方式"表述。相比之下，转变经济发展方式的内涵更加丰富，既要求从粗放型增长转变为集约型增长，又要求从通常的经济增长转变为全面协调可持续的经济发展。中国坚持在发展中促转变，在转变中谋发展，在加快推进经济发展方式转变上取得了重要进展。

坚持实施扩大内需方针，内外需拉动经济增长的协调性逐渐增强。2009 年以来，党和政府在增加城乡居民收入、加快社会保障制度建设方面做了大量工作，居民消费能力和消费预期进一步改善；通过实施家电、汽车下乡等鼓励政策，扎实推进"万村千乡"市场工程，农村消费潜力得到释放，消费结构不断升级。2009 年、2010 年，我国消费品零售总额分别增长 15.5%、18.3%。

积极推动产业结构优化升级，第一、第二、第三产业趋向协同发展。围绕巩固农业基础地位，中央财政持续加大对"三农"的投入，2011 年首次超过 1 万亿元，促进了农业生产持续稳定发展、农产品优质化率进一步提高；围绕发展第二产业，以调整改造传统产业和培育发展战略性新兴产业为突破口，加快工业转型升级，2009 年制定了十大重点产业调整和振兴规划，启动了一批重大产业创新发展工程；在发展第三产业方面，国家先后发布一系列支持政策，2010 年初，服务业综合改革工作在试点区域全面推开，服务业增加值占国内生产总值的比重稳步提高，当年达到 43.1%，比2008 年提高了 1.3 个百分点。

着力提高自主创新能力，建设创新型国家，科技对经济发展的支撑作用进一步显现。根据党中央部署，我国大力加强自主创新能力建设，科技研发投入持续增加。2008 年，国家在深圳启动了全国首个国家创新型城市试点。2011 年，全国研究与试验发展经费支出 8610 亿元，占国内生产总值的比重达到 1.83%。在各项政策引导下，以企业为主体、市场为导向、产学研相结合的技术创新体系进一步完善；重要学科前沿和战略领域取得一批重大自主创新成果，载人航天、探月工程、超级计算机试验取得重大突破，三峡水利枢纽、南水北调等重大工程捷报频传。

加大环境保护力度。2002年，党的十六大提出要推动整个社会走上生产发展、生活富裕、生态良好的文明发展道路。2007年，党的十七大第一次把建设生态文明作为一项战略任务，并确定为全面建设小康社会的一项战略目标，强调要建设生态文明，基本形成节约资源能源和保护生态环境的产业结构、增长方式、消费模式。2008年，胡锦涛在全党深入学习实践科学发展观活动动员大会暨省部级主要领导干部专题研讨班开班式上强调，要全面推进社会主义经济建设、政治建设、文化建设、社会建设以及生态文明建设，努力加快实现以人为本、全面协调可持续的科学发展。2012年，胡锦涛在省部级主要领导干部专题研讨班开班式上明确提出，把生态文明建设纳入中国特色社会主义事业总体布局，推进生态文明建设是涉及生产方式和生活方式根本性变革的战略任务。此外，在完善区域发展政策、优化国土开发格局、统筹城乡发展、加速推进城镇化进程等方面，加快转变经济发展方式也取得了扎实进展。

建设社会主义新农村

党的十六大以来，党中央统筹城乡发展，出台系列强农惠农富农政策，以工业反哺农业和城乡一体化为内核的新"三农"政策体系逐步确立，社会主义新农村建设取得举世瞩目的成就。

党的十六届五中全会提出建设社会主义新农村的战略任务，明确提出建设"生产发展、生活宽裕、乡风文明、村容整洁、管理民主"的社会主义新农村，推进现代农业建设，大力发展农村公共事业。2007年10月起实施的《中华人民共和国物权法》将土地承包经营权界定为用益物权，从法律上明确了土地承包经营权的财产权性质，赋予农民更加充分而有保障的土地承包经营权。2008年6月，党中央、国务院发布《关于全面推进集体林权制度改革的意见》，集体林权制度改革开始全面展开，在这一过程中25亿多亩集体林地承包到户，数万亿林木资产落实到户。

2004年至2011年，党中央连续发布8个"一号文件"，通过调整国家和农民的关系、发展现代农业、加强对农业的支持保护、加快发展农村社会事业、积极改善农村生产生活条件、切实保护农民合法权益等一系列政策措施，推进城乡统筹发展。党的十六大之后的10年间，"三农"投入逐年增长，在宏观调控中始终坚持加强和保护农业，出台了取消农业税、农业特产税等支农惠农政策，实施重点粮食品种最低收购价政策，制定对粮食主产区和财政困难县实行奖励补助的激励政策，强化对农业基础设施建设的支持政策，逐步形成保护和支持农业的政策体系框架。党在这个时期的农村政策，既重视加强农业的基础地位，又着力增加农民收入；既重视提高农业生产能力，又着力改善农民的生产生活条件；既促进农村经济发展，又协调推进包括农村社会、生态环境、农民生活、文化教育等各项事业在内的农村经济社会发展。

停止征收农业税，减轻农民负担，是中国政府解决"三农"问题的重要举措。从2000年起，国家开始推行农村税

★ 十届全国人大常委会第十九次会议通过废止《中华人民共和国农业税条例》的决定

费改革并逐步扩大范围，到 2003 年在全国铺开。2004 年开始取消牧业税和除烟叶外的农业特产税；实行取消农业税试点并逐步扩大试点范围，对种粮农户实行直接补贴、对粮食主产区的农户实行良种补贴和对购买大型农机具的农户给予补贴。2005 年上半年，中国 22 个省份免征农业税；年底，28 个省、自治区、直辖市及河北、山东、云南 3 个省的 210 个县（市）全部免征了农业税。十届全国人大常委会第十九次会议通过了从 2006 年 1 月 1 日起废止农业税条例的决定。自此，在中国有 2600 多年历史的农业税正式退出历史舞台。

统筹区域协调发展

统筹区域协调发展，是推动科学发展的重要内容。党的十六大以来，为进一步解决我国经济社会发展中存在的区域发展不协调不平衡问题，党中央在继续推进西部大开发战略的同时，先后作出振兴东北地区等老工业基地、促进中部地区崛起、鼓励东部地区率先发展等重大决策部署，布局和推动我国区域更加协调发展。

振兴东北地区等老工业基地。党的十六大报告提出，支持东北地区等老工业基地加快调整和改造。十届全国人大一次会议提出，采取有力措施，支持东北地区等老工业基地加快调整和改造，支持以资源开采为主的城市和地区发展接续产业。2003年10月，党中央、国务院印发《关于实施东北地区等老工业基地振兴战略的若干意见》，全面阐述了加快东北地区等老工业基地振兴的重大战略意义、指导思想和基本原则，明确了使之逐步成为我国经济新的重要增长区域的发展目标。12月，国务院成立了振兴东北地区等老工业基地领导小组。"十一五"期间，振兴东北战略取得重要阶段性成果。

促进中部地区崛起。我国中部地区包括河南、湖北、湖南、江西、安徽、山西6个地处内陆腹地的省份，资源优势和区域优势突出。随着西部大开发、振兴东北战略的陆续实施，党中央提出了进一步加快中部地区发展的要求。十届全国人大二次会议、党的十六届四中全会，都明确提出促进中部地区崛起。十届全国人大三次会议提出，要抓紧研究制定促进中部地区崛起的规划和措施。2006年4月，党中央、国务院印发《关于促进中部地区崛起的若干意见》。2007年1月，国务院明确中部地区26个地级以上城市比照执行振兴东北地区等老工业基地有关政策，243个县（市、区）比照执行西部大开发有关政策。4月，国家促进中部地区崛起工作办公室挂牌。2009 年 10 月，国务院发布《促进中部地区崛起规划》，对 2009 年至 2015 年实施促进中部地区崛起战略作出全面部署，为中部地区加快发展指明了方向。中部地区全力实现崛起，一批具有竞争力的优势产业和产品不断涌现，城市群、城市带和城市圈加快形成，展现出发展的强大后劲。

鼓励东部地区率先发展，在改革开放中先行先试。党的十六届三中全会提出，要鼓励东部有条件地区率先基本实现现代化。党的十六届五中全会进一步明确，鼓励东部地区率先发展，继续发挥经济特区、上海浦东新区的作用，推进天津滨海新区等条件较好地区的开发开放，带动区域经济发展。按照中央统一部署，以长江三角洲、珠江三角洲、环渤海京津冀地区等为代表的我国东部地区，立足自身优势，不断优化区域发展布局，掀起了新一轮发展浪潮。2009 年，国务院还发布关于支持福建省加快建设海峡西岸经济区、推进海南国际旅游岛建设发展的意见。

应对国际金融危机挑战

2008 年，由美国次贷危机①引发的金融海啸迅速从局部扩散到全球，从发达国家蔓延至新兴市场国家和发展中国家，从金融领域扩散至实体经济领域，酿成了一场历史罕见、冲击力极强、波及全球的国际金融危机。

---

① 又称为次级房贷危机，是指 2007 年以来在美国发生的因次级抵押贷款机构破产、投资基金关闭、股市剧烈震荡引发的危机。次级抵押贷款，是指贷款机构向信用程度较差和收入不高的借款人提供的贷款。

面对国际金融危机的冲击和影响，党中央科学判断、果断决策，采取一系列促进经济平稳较快发展的政策措施。2008 年 10 月 7 日，中央政治局常委会会议决定成立应对国际金融危机小组。党的十七届三中全会提出，要多管齐下，采取灵活审慎的宏观经济政策，着力扩大国内需求特别是消费需求，保持经济、金融和资本市场稳定。根据中央部署，国务院常务会议提出实行积极的财政政策和适度宽松的货币政策，确定了进一步扩大内需、促进经济增长的系列措施。12 月，中央经济工作会议进一步明确，2009 年的经济工作必须把保持经济平稳较快发展作为首要任务，着力在保增长上下功夫。会议还就世界经济发展的近期和中长期趋势作出了"四个变与不变"[①]的总体判断，为形成应对国际金融危机冲击的思路和谋划我国经济社会长远发展奠定了战略基础。从 2009 年初开始，党中央、国务院按照"保增长、扩内需、调结构"的总体思路，出台了一系列新的重大举措，形成了应对国际金融危机、促进经济平稳较快发展的一揽子计划。

在党中央的坚强领导下，我国应对国际金融危机冲击取得阶段性重大成果，在全球率先实现经济企稳回升，并积累了有效应对外部经济风险冲击、保持经济平稳较快发展的重要经验。

[①]　"四个变与不变"，即世界经济增长格局会有所变化，但经济全球化深入发展的大趋势不会改变；政府维护市场正常运行的职责会有所强化，但市场在资源配置中的基础性作用不会改变；国际货币多元化会有所推进，但美元作为主要国际货币的地位没有发生根本性改变；发展中国家整体实力会有所上升，但发达国家综合国力和核心竞争力领先的格局没有改变。

三、推进民主法治建设与政治体制改革

进入新世纪，党中央顺应时代要求和人民期待，坚持把党的领导、人民当家作主和依法治国有机统一起来，稳步推进深化政治体制改革，发展社会主义民主，健全社会主义法治，建设社会主义法治国家。

坚持完善根本政治制度和基本政治制度

完善人民代表大会制度这一根本政治制度。十届全国人大常委会第十二次会议修改《中华人民共和国全国人民代表大会和地方各级人民代表大会选举法》，在基层人大代表选举中引入预选制度等，确保人大代表选举公正。2005年5月，党中央转发《中共全国人大常委会党组关于进一步发挥全国人大代表作用，加强全国人大常委会制度建设的若干意见》。十届全国人大常委会第二十三次会议通过《中华人民共和国各级人民代表大会常务委员会监督法》，以专门法形式保障全国人大及其常委会、地方各级人大及其常委会行使对同级政府、法院、检察院的监督权，为人大对"一府两院"的监督提供法律依据。十一届全国人大三次会议通过修改的《中华人民共和国全国人民代表大会和地方各级人民代表大会选举法》规定，城乡按相同人口比例选举人大代表。2012年3月，《关于第十二届全国人民代表大会代表名额和选举问题的决定》公布，规定第十二届全国人大代表中，基层代表特别是一线工人、农民和专业技术人员代表的比例要比上届有所上升，农民工代表人数要比上届有较大幅度增加。这些措施进一步完善了中国特色社会主义选举制度，更好地体现了人人平等、地区平等、民族平等原则。

巩固发展中国共产党领导的多党合作和政治协商制度。2005年2月，党中央颁布《关于进一步加强中国共产党领导的多党合作和政治协商制度建设的意见》，推动多党合作和政治协商的制度化、规范化和程序化，为各民主党派和无党派人士参政议政和发挥监督作用创造了更为广阔的空间。2006年2月，《关于加强人民政协工作的意见》印发，进一步推进人民政协政治协商、民主监督、参政议政的制度化、规范化和程序化建设，更好发挥人民政协协调关系、汇聚力量、建言献策、服务大局的作用。党的十七大以后，专题协商、界别协商、对口协商、提案办理协商等协商平台得以创立和广泛运用，协商民主在实践中有了进一步发展，人民政协作为中国共产党领导的多党合作和政治协商重要机构的作用日益彰显。

在民族区域自治制度方面，各民族共同团结奋斗、共同繁荣发展，平等团结互助和谐的社会主义民族关系得到不断巩固和发展。2005年，党中央、国务院发布《关于进一步加强民族工作加快少数民族和民族地区经济社会发展的决定》，就加快少数民族和民族地区经济社会发展进程中面临的一系列新问题有针对性地作出具体部署。5月，国务院第89次常务会议通过《国务院实施〈中华人民共和国民族区域自治法〉若干规定》，以制定自治条例和单行条例为主要内容的地方民族立法取得新的进展。

基层群众自治制度不断完善。党的十七大首次将基层群众自治制度纳入中国特色社会主义民主政治制度的基本范畴，明确指出人民依法直接行使民主权利，管理基层公共事务和公益事业，实行自我管理、自我服务、自我教育、自我监督；对干部实行民主监督，是人民当家作主最有效、最广泛的途径。随着城乡基层群众自治制度的日益完善，中国已建立起以农村村民委员会、城市居民委员会和企事业单位职工代表大会为主要内容的基层民主自治体系。2009 年 4 月，中共中央办公厅、国务院办公厅印发《关于加强和改进村民委员会选举工作的通知》；2010 年 10 月，全国人大颁布新修订的《中华人民共和国村民委员会组织法》，分别对村民委员会选举程序、监督管理明确了规范要求，提供了法律保障。截至 2012 年 7 月，全国共有村民委员会 59 万个，居民

★ 2011 年 3 月 15 日，浙江省衢州市柯城区航埠镇北二村村民在核对村委会换届候选人的得票数

委员会 8.9 万个；直接参与群众自治的农村人口达到 6 亿人，城镇人口超过 3 亿人；98% 以上的村委会依法实行直接选举，95% 以上的村民参与选举投票。

全面落实依法治国基本方略

全国人大及其常委会坚持"开门立法"，逐步完善立法程序，立法工作日趋科学化。《中华人民共和国物权法》《中华人民共和国劳动合同法》《中华人民共和国就业促进法》《中华人民共和国村民委员会组织法》《中华人民共和国老年人权益保障法》等同人民群众关系密切的法律草案或修订草案一次次向全民公布，并通过座谈会、论证会、听证会等形式广泛征求意见，立法工作越来越集中民智、反映民情、体现民意。2011 年 4 月至 5 月，《个人所得税法修正案（草案）》征集意见时，一个月内征集到 23 万条意见，创人大单项立法征求意见数之最。

2004 年 3 月，《全面推进依法行政实施纲要》颁布，各地政府部门依法行政取得了明显成效。为增强决策的科学性，各地政府不断规范决策程序，逐步建立公众参与、专家论证和政府决策相结合的机制。据统计，当时全国约 80% 的市县建立了政府决策合法性审查制度，超过 70% 的市县建立了政府决策公开听取群众意见制度和政府决策责任追究制度。2008 年实施的《政府信息公开条例》，让人民的知情权、监督权得到更为充分的落实。在推进依法行政的过程中，各地政府通过网络等媒介实现行政权力网上公开透明运行，让群众一目了然。

司法事业在改革中不断实现新发展。党的十七大要求，确保权力正确行使，必须让权力在阳光下运行。2004 年 11 月，北京市朝阳区人民法院在全国首次网上直播一起噪声污染案的庭审。随后，法院直播庭审不再是新闻，越来越多的法院选择网络作为载体，采取视频直播、微博直播等方式处理法律案件。网络给司法公开带来新的挑战，也支撑和推进司法公开。2009 年 4 月，最高人民法院下发的《关于进一步加强民意沟通工作的意见》规定，要改进和完善网络民意沟通机制，各级人民法院主要领导每年至少应参加一次与网民直接交流、沟通、互动活动。

中国特色社会主义法律体系的形成。到 2011 年 8 月底，我国已制定现行有效法律 240 部、行政法规 706 部、地方性法规 8600 多部，并全面完成对现行法律和行政法规、地方性法规的集中清理工作。一个立足中国国情和实际、适应改革开放和社会主义现代化建设需要、集中体现党和人民意志的，以宪法为统帅，以宪法相关法、民法商法等多个法律部门的法律为主干，由法律、行政法规、地方性法规等多个层次的法律规范构成的中国特色社会主义法律体系已经形成。这是我国社会主义民主法制建设史上的重要里程碑，具有重大的现实意义和深远的历史意义。

深化行政管理体制改革

十届全国人大一次会议审议和批准国务院机构改革方案，规定国务院机构改革的目标是，进一步转变政府职能，改进管理方式，推进电子政务，提高行政效率，降低行政成本。改革的重点和任务包括：完善宏观调控体系，将国家发展计划委员会改组为国家发展和改革委员会；健全金融监管体制，设立中国银行业监督管理委员会；继续推进流通管理体制改革，组建商务部；加强食品安全和安全生产监管体制建设，在国家药品监督管理局基础上组建国家食品药品监督管理局，将国家经济贸易委员会管理的国家安全生产监督管理局改为国务院直属机构；将国家计划生育委员会更名为国家人口和计划生育委员会；撤销国家经济贸易委员会、对外贸易经济合作部等。

十一届全国人大一次会议审议通过《国务院机构改革方案》。国务院按照合理配置宏观调控部门职能、形成科学权威高效的宏观调控体系、加强能源管理机构、保障国家能源安全的要求，开始组建工业和信息化部、交通运输部、人力资源和社会保障部、环境保护部、住房和城乡建设部，决定将国家食品药品监督管理局改由卫生部管理，理顺食品药品监管体制。这次改革突出了三个重点：一是加强和改善宏观调控，促进科学发展；二是着眼于保障和改善民生，加强社会管理和公共服务；三是按照探索职能有机统一的大部门体制要求，对一些职能相近的部门进行整合，实行综合设置，理顺部门职责关系。随着改革不断深化，中国行政管理体制更趋完善。

全面推进行政审批制度改革。随着社会主义市场经济的不断发展，建立结构合理、配置科学、程序严密、制约有效的权力运行机制势在必行。从1998年开始，全国许多地方相继开展行政审批制度改革，取得初步成效。2001年9月，国务院对全面推进这项改革作出部署，成立行政审批制度改革工作领导小组。2008 年，中央成立由监察部牵头，中央编办、国家发展改革委、国务院法制办等 12 个部门组成的行政审批制度改革工作部际联席会议，进一步推进行政审批制度改革。经过各方面的共同努力，行政审批制度改革扎实有效地向前推进，取得明显成效。

从 2001 年到 2012 年，国务院先后分 6 批共取消和调整 2497 项行政审批项目，占原有总数的 69.3%，逐步改变政府直接干预微观经济活动的做法和主要用行政手段管理经济的方式。地方政府及相关部门也加大行政审批制度改革力度，各省区市本级同期取消和调整 3.7 万余项审批项目，占原有总数的 68.2%，普遍建立了"一站式""一条龙"审批服务大厅和行政服务中心、行政投诉中心等，为群众办事的效率得到提升。

保持港澳繁荣稳定和促进和平统一大业

香港、澳门回归后，中央政府坚持"一国两制"、"港人治港"、"澳人治澳"、高度自治的方针，严格按照宪法和基本法办事；全力支持行政长官和特别行政区政府依法施政，集中精力发展经济、切实有效改善民生、循序渐进推进民主、包容共济促进和谐。同时，加强内地与香港、澳门的合作，实现优势互补、共同发展。香港、澳门繁荣发展，显示了"一国两制"方针强大的生命力。

为加强内地和香港、澳门的交流合作，促进港澳地区经济发展，中央政府出台了一系列支持措施。2001 年，国家"十五"计划明确把香港、澳门纳入总体发展中，体现了中央政府对香港、澳门发展的关心和支持。2003 年，中央政府有关部门分别与香港、澳门特别行政区政府签署关于建立更紧密经贸关系的安排（CEPA）。随后，补充协议陆续出台，内地与港澳地区建立了更加紧密的经贸关系。2008 年、2009 年，国务院先后颁布实施《珠江三角洲地区改革发展规划纲要（2008—2020 年）》《横琴总体发展规划》，为保持港澳地区长期繁荣稳定提供了有力支撑。2011 年，国家"十二五"规划首次将港澳部分独立成章，从国家整体战略的高度，为香港、澳门发展提供新的机遇和空间。

香港回归祖国后，人均地区生产总值从 1997 年的 2.7 万美元，提升到 2011 年的 3.4 万美元；2004 年至 2011 年，地区生产总值平均增速达 5%，是同期其他发达经济体平均值的近 2 倍，连续 18 年被评为全球最自由经济体，继续保持着国际金融、贸易、航运中心的地位。截至 2009 年底，回归祖国 10 年的澳门，地区生产总值以年均近 15% 的增幅快速增长，人均地区生产总值达到 3.9 万美元，是全球最活跃的微型经济体之一；公共财政年年保持盈余，居民存款稳步增加，免费教育从 12 年延长到 15 年。

进入 21 世纪，台湾岛内局势日趋复杂。2000 年 3 月，民进党陈水扁当选台湾地区领导人后，逐步抛出"台独"分裂主张，公然宣称"台湾是主权独立国家"。2004 年 3 月，连任后的陈水扁推动"台独"的冒险性进一步上升，发生"台独"重大事变的可能性明显增大。针对海峡两岸关系出现的新情况，党中央将反对和遏制"台独"作为对台工作的首要任务，重点是全力阻止"台独"分裂势力通过推动"宪改""公投"谋求"法理独立"。

反 分 裂 国 家 法

2005年3月14日第十届全国人民代表大会第三次会议通过

中华人民共和国主席令

第三十四号

《反分裂国家法》已由中华人民共和国第十届全国人民代表大会第三次会议于2005年3月14日通过,现予公布,自公布之日起施行。

中华人民共和国主席 胡锦涛

2005年3月14日

第一条 为了反对和遏制"台独"分裂势力分裂国家,促进祖国和平统一,维护台湾海峡地区和平稳定,维护国家主权和领土完整,维护中华民族的根本利益,根据宪法,制定本法。

第二条 世界上只有一个中国,大陆和台湾同属一个中国,中国的主权和领土完整不容分割。维护国家主权和领土完整是包括台湾同胞在内的全中国人民的共同义务。

台湾是中国的一部分。国家绝不允许"台独"分裂势力以任何名义、任何方式把台湾从中国分裂出去。

第三条 台湾问题是中国内战的遗留问题。

解决台湾问题,实现祖国统一,是中国的内部事务,不受任何外国势力的干涉。

第四条 完成统一祖国的大业是包括台湾同胞在内的全中国人民的神圣职责。

第五条 坚持一个中国原则,是实现祖国和平统一的基础。

以和平方式实现祖国统一,最符合台湾海峡两岸同胞的根本利益。国家以最大的诚意,尽最大的努力,实现和平统一。

国家和平统一后,台湾可以实行不同于大陆的制度,高度自治。

第六条 国家采取下列措施,维护台湾海峡地区和平稳定,发展两岸关系:

(一)鼓励和推动两岸人员往来,增进了解,增强互信;

(二)鼓励和推动两岸经济交流与合作,直接通邮通航通商,密切两岸经济关系,互利互惠;

(三)鼓励和推动两岸教育、科技、文化、卫生、体育交流,共同弘扬中华文化的优秀传统;

(四)鼓励和推动两岸共同打击犯罪;

(五)鼓励和推动有利于维护台湾海峡地区和平稳定、发展两岸关系的其他活动。

国家依法保护台湾同胞的权利和利益。

第七条 国家主张通过台湾海峡两岸平等的协商和谈判,实现和平统一。协商和谈判可以有步骤、分阶段进行,方式可以灵活多样。

台湾海峡两岸可以就下列事项进行协商和谈判:

(一)正式结束两岸敌对状态;

(二)发展两岸关系的规划;

(三)和平统一的步骤和安排;

(四)台湾当局的政治地位;

(五)台湾地区在国际上与其地位相适应的活动空间;

(六)与实现和平统一有关的其他任何问题。

第八条 "台独"分裂势力以任何名义、任何方式造成台湾从中国分裂出去的事实,或者发生将会导致台湾从中国分裂出去的重大事变,或者和平统一的可能性完全丧失,国家得采取非和平方式及其他必要措施,捍卫国家主权和领土完整。

依照前款规定采取非和平方式及其他必要措施,由国务院、中央军事委员会决定和组织实施,并及时向全国人民代表大会常务委员会报告。

第九条 依照本法规定采取非和平方式及其他必要措施并组织实施时,国家尽最大可能保护台湾平民和在台湾的外国人的生命财产安全和其他正当权益,减少损失;同时,国家依法保护台湾同胞在中国其他地区的权利和利益。

第十条 本法自公布之日起施行。

(新华社北京3月14日电)

★ 十届全国人大三次会议通过的《反分裂国家法》

2004年5月,中台办、国台办受权就两岸关系发表声明:如果台湾当权者铤而走险,胆敢制造"台独"重大事变,中国人民将不惜一切代价,坚决彻底地粉碎"台独"分裂图谋。2005年3月,胡锦涛就台湾问题和对台工作提出四点意见,强调坚持一个中国原则决不动摇,争取和平统一的努力决不放弃,贯彻寄希望于台湾人民的方针决不改变,反对"台独"分裂活动决不妥协。十届全国人大三次会议高票通过《反分裂国家法》,将党和国家关于解决台湾问题的大政方针以法律的形式固定下来。

2005年4月26日,中国国民党主席连战率团抵达南京。29日,胡锦涛与连战一行在北京举行正式会谈,会后共同发布《两岸和平发展共同愿景》。此次会谈是两岸在坚持"九二共识"、反对"台独"的基础上,求同存异,努力通过协商、对话推动两岸关系发展的积极探索。会谈对台海局势、两岸关系的发展产生了重大影响，受到两岸同胞的广泛认同，得到国际社会的高度评价。

2008年3月，中国国民党籍候选人马英九当选台湾地区领导人，针对台湾政局发生的重大变化，党中央作出开创两岸关系和平发展新局面的决策部署。6月，海协会和海基会在"九二共识"基础上恢复了中断近9年的商谈。7月，两岸正式开通周末包机。12月，两岸海运直航、空运直航、直接通邮全面启动。

2008年12月，胡锦涛在纪念《告台湾同胞书》发表30周年座谈会上，全面系统阐述了两岸关系和平发展重要思想，提出推动两岸关系和平发展的系列政策主张，对发展两岸关系、推进祖国和平统一产生了重大影响。2009年6月，台湾当局开放大陆资本赴台投资。8月，两岸定期航班正式开通。至此，两岸全面、直接、双向"三通"得以实现。时隔不久，大熊猫"团团""圆圆"运抵台湾，与广大台湾同胞见面，拉近了两岸民众的距离。2010年6月，海协会和海基会签署《海峡两岸经济合作框架协议》(ECFA)，推动了两岸经济关系正常化进程。2011年初，两岸经济合作委员会正式成立并全面运作，开启了制度化、便利化合作进程。

此外，中国政府还妥善处理台湾地区参加世界卫生大会、亚太经合组织领导人非正式会议等涉台问题，进一步增进和关照台湾同胞福祉。这一系列善意举措，赢得台湾同胞的普遍欢迎与赞誉，增进了两岸同胞的血肉感情，为维护两岸和平、促进两岸发展、推进祖国统一大业发挥了重要作用。

四、建设中国特色社会主义文化

党的十六大以后，党中央顺应形势变化和人民群众精神文化需求，正确认识和准确把握我国文化改革发展的特点和规律，作出建设社会主义文化强国的重大战略决策，提出一系列指导文化建设的方针政策，推动中国特色社会主义文化建设不断向前迈进。

建设社会主义核心价值体系

党中央高度重视社会主义核心价值体系建设。党的十六大提出了文化建设和文化体制改革的战略任务。党的十六届六中全会明确提出建设社会主义核心价值体系的战略任务。党的十七大指出，社会主义核心价值体系是社会主义意识形态的本质体现，马克思主义指导思想和中国特色社会主义共同理想，以爱国主义为核心的民族精神和以改革创新为核心的时代精神，以及社会主义荣辱观，构成了社会主义核心价值体系的基本内容。党的十七届六中全会把建设社会主义核心价值体系作为文化改革发展的根本任务，将社会主义核心价值体系深入推进、良好思想道德风尚进一步弘扬、公民素质明显提高等作为文化改革发展的奋斗目标之一。

为推进社会主义核心价值体系建设，党中央在全社会深入实施中国特色社会主义理论体系普及计划，广泛开展理想信念教育、国情教育、形势政策教育，引导干部群众增强对党的领导、社会主义制度、改革开放事业的信念和信心。在全社会的共同努力下，公民思想道德建设工程持续推进，逐步形成知荣辱、讲正气、树新风、促和谐的文明风尚。

在推进社会主义核心价值体系建设中，党中央高度重视哲学社会科学的重要作用。2004 年 1 月，党中央印发《关于进一步繁荣发展哲学社会科学的意见》，提出实施马克思主义理论研究和建设工程；中共中央办公厅转发了《中央宣传思想工作领导小组关于实施马克思主义理论研究和建设工程的意见》。随后在全国范围内实施这一工程，持续推出马克思主义经典著作、党的创新理论成果和重点教材等国家重大出版项目和理论读物，对新形势下推进社会主义核心价值体系建设和繁荣发展哲学社会科学，都具有重大而深远的意义。党的十七大进一步强调，在推进社会主义核心价值体系建设中，要大力推进理论创新，不断赋予当代中国马克思主义鲜明的实践特色、民族特色、时代特色；要开展中国特色社会主义理论体系宣传普及活动，推动当代中国马克思主义大众化；要繁荣发展哲学社会科学，推进学科体系、学术观点、科研方法创新，鼓励哲学社会科学界为党和人民事业发挥思想库作用，推动我国哲学社会科学更好地服务于社会主义核心价值体系建设。

这些举措，推进了党的思想理论建设，繁荣发展了哲学社会科学，对社会主义核心价值体系建设具有重大作用和深远影响。

开展文化体制改革试点

党的十六大作出了积极发展文化事业和文化产业、继续深化文化体制改革的战略部署。2003 年，中央出台了《文化体制改革试点工作方案》。6 月，全国文化体制改革试点工作会议召开，正式确定北京、上海、重庆、广东、浙江和深圳、沈阳、西安、丽江等为文化体制改革综合性试点地区。7 月，中共中央办公厅、国务院办公厅转发《中共中央宣传部、文化部、国家广电总局、新闻出版总署关于文化体制改革试点工作的意见》，进一步明确了开展文化体制改革试点工作的意义、设想和主要任务。12 月，国务院印发《文化体制改革试点中支持文化产业发展的规定（试行）》《文化体制改革试点中经营性文化事业单位转制为企业的规定（试行）》，对试点工作中的财政税收、投融资、资产处置、工商管理、价格、授权经营、收入分配、社会保障、人员分流安置、法人登记等问题，作出明确规定。

从 2004 年起，文化体制改革试点工作全面铺开。经营性文化单位转企改制，是衡量改革是否取得实质性进展的重要标志。各地积极推进政企、政事分开和管办分离，文化行政部门与文化企事业单位的关系逐步理顺。全国 29个省区市的副省级及以下城市基本完成文化市场综合执法机构组建和文化、广电、新闻出版等有关行政管理部门整合，实现出版、影视制作、发行、广电传输和一般国有文艺院团、首批非时政类报刊出版单位等国有经营性文化单位转企改制。2004 年 1 月 16 日，作为北京文化体制改革的首个突破口，北京儿童艺术剧院股份有限公司正式挂牌成立，改制后演出场次由原来的每年 100 余场增加到 400 余场，收入由 2003 年的 77 万元提高到 2005 年的 5000 余万元。从依靠"输血"到自主"造血"，北京儿艺旧貌换新颜，成为新型市场主体。

党的十七大从中国特色社会主义事业"四位一体"总体布局的高度，提出兴起社会主义文化建设新高潮、推动社会主义文化大发展大繁荣的战略任务。2009年7月，我国通过首部《文化产业振兴规划》，标志着文化产业上升为国家战略性产业。党的十七届六中全会审议通过《中共中央关于深化文化体制改革、推动社会主义文化大发展大繁荣若干重大问题的决定》，提出坚持中国特色社会主义文化发展道路、努力建设社会主义文化强国的战略任务，明确到2020年的发展奋斗目标。2012年2月，中共中央办公厅、国务院办公厅印发《国家"十二五"时期文化改革发展规划纲要》，成为推动"十二五"时期文化改革的主要抓手。

随着大批国有经营性文化单位完成企业工商注册登记，曾经靠吃"皇粮"生存的事业单位开始面向市场，"事业人"变成了"企业人"。至2012年底，全国共有41家文化企业在内地和香港上市，证券市场的文化板块初步形成。资本、产权、人才、信息、技术等文化要素市场建设步伐加快，社会资本参与文化产业的渠道更加畅通，非公有制文化企业的积极作用日益发挥。

构建公共文化服务体系

党的十六大后，党中央提出加快构建公共文化服务体系，按照公益性、基本性、均等性、便利性要求，坚持政府主导，加大投入力度，推进重点文化惠民工程，加强公共文化基础设施建设，促进基本公共文化服务均等化。

各地各有关部门按照党中央部署，以政府为主导、以公共财政为支撑、以基层特别是农村为重点，大力发展公益性文化事业。全国文化文物部门归口管理的博物馆、纪念馆和爱国主义教育基地全部实行免费开放，美术馆、公共图书馆、文化馆（站）免费开放工作全面实施，参观人数比免费开放前增长数十倍。广播电视村村通工程覆盖全部已通电行政村和 20 户以上自然村；全国文化信息资源共享工程基本覆盖所有行政村；乡镇综合文化站建设基本实现乡乡有综合文化站；农村电影放映工程实现了数字化，年放映达 800 万场，基本实现一村一月放映一场电影的公益服务目标；农家书屋工程覆盖所有具备条件的行政村，共建成达到统一规定标准的农家书屋 39 万余家。随着广播电视村村通、社区和乡镇综合文化站文化信息资源共享、农村电影放映和农家书屋等一系列重大文化工程的成功实施，文化服务源源不断走进了寻常百姓家，有效解决广大群众特别是农村群众看书难、看电影难、收听广播和收看电视难等问题。

经过这一时期的建设发展，覆盖城乡的公共文化服务体系框架基本建立，公共文化服务体系建设取得重大进展，不分年龄、性别、职业、地位，人民群众均得以共享改革发展成果。

五、建设社会主义和谐社会

民惟邦本，本固邦宁。人民是改革的参与者，也是发展成果的分享者。党中央把保障和改善民生放在更加突出的位置，加强和创新社会管理，正确处理改革发展稳定关系，团结一切可以团结的力量，最大限度增加和谐因素，增强社会创造活力，确保人民安居乐业、社会安定有序、国家长治久安。

构建社会主义和谐社会战略目标

天下和，民心安。党中央从中国特色社会主义事业总体布局和全面建设小康社会全局出发，提出构建社会主义和谐社会战略目标。

党的十六大在阐释全面建设小康社会目标时，提出了实现社会更加和谐的要求。党的十六大后，党中央对社会和谐的认识不断深化。党的十六届四中全会把"构建社会主义和谐社会的能力"列为党必须加强的六大执政能力之一，并阐述了构建社会主义和谐社会的主要内容，强调要"把和谐社会建设摆在重要位置"。2005 年 2 月，胡锦涛在省部级主要领导干部提高构建社会主义和谐社会能力专题研讨班上，深刻阐述构建社会主义和谐社会的重大意义、历史由来、科学内涵和必须做好的各项工作。社会主义和谐社会的内涵是：民主法治、公平正义、诚信友爱、充满活力、安定有序、人与自然和谐相处。10 月，党的十六届五中全会通过"十一五"规划建议，对和谐社会建设作了相应规划和安排。

党的十六届六中全会审议通过《中共中央关于构建社会主义和谐社会若干重大问题的决定》，指出社会和谐是中国特色社会主义的本质属性，是国家富强、民族振兴、人民幸福的重要保证，是从中国特色社会主义总体布局和全面建设小康社会全局出发提出的重大战略任务。构建社会主义和谐

中共中央关于
构建社会主义和谐社会
若干重大问题的决定

人民出版社

★ 党的十六届六中全会通过的《中共中央关于构建社会主义和谐社会若干重大问题的决定》

社会的目标和主要任务是：到 2020 年，社会主义民主法制更加完善，依法治国基本方略得到全面落实，人民的权益得到切实尊重和保障；城乡、区域发展差距扩大的趋势逐步扭转，合理有序的收入分配格局基本形成，家庭财产普遍增加，人民过上更加富足的生活；社会就业比较充分，覆盖城乡居民的社会保障体系基本建立；基本公共服务体系更加完备，政府管理和服务水平有较大提高；全民族的思想道德素质、科学文化素质和健康素质明显提高，良好道德风尚、和谐人际关系进一步形成；全社会创造活力显著增强，创新型国家基本建成；社会管理体系更加完善，社会秩序良好；资源利用效率显著提高，生态环境明显好转；实现全面建设惠及十几亿人口的更高水平的小康社会的目标，努力形成全体人民各尽其能、各得其所而又和谐相处的局面。

构建社会主义和谐社会战略目标的提出，使中国特色社会主义事业总体布局由经济建设、政治建设、文化建设"三位一体"发展为经济建设、政治建设、文化建设、社会建设"四位一体"，适应了新时期党和国家继续深化改革开放的新要求，丰富了改革开放和社会主义现代化建设内涵。

实行城乡免费义务教育

教育公平是社会公平的重要基础。改革开放以来，党和政府不断加大教育投入，努力解决教育机会和资源不够均衡的问题，积极推进教育公平，让每个孩子都有接受教育的机会。其中，标志性举措之一是全面实行城乡免费义务教育，实现了"让所有孩子都能上得起学"的目标。2006 年修订的《中华人民共和国义务教育法》明确规定，"实施义务教育，不收学费、杂费"，标志着国家从法律层面确立义务教育经费保障机制，保证义务教育制度实施。

从 2006 年到 2008 年，在全面实现城乡免费义务教育方面，中国用 3 年的时间迈出了具有里程碑意义的四大步：一是 2006 年春，国家免除西部地区农村义务教育阶段 4800 多万名学生学杂费。二是对 3530 万名家庭经济困难学生免费提供教科书，其中 680 万名寄宿学生获得生活费补助。三是西部贫困学生成为优先获得"两免一补"（免杂费、免书本费、补助家庭经济困难寄宿生生活费）的受益者；2007 年春，"两免一补"的惠民政策，从西部推广到中东部地区，这意味着这项政策实现了对全国 40 万所农村中小学的近 1.5 亿名学生的全面覆盖。四是 2008 年春，在北京、天津、上海等 16 个省区市和 5 个计划单列市进行免除城市义务教育学杂费试点；同年秋，免除城市义务教育阶段学杂费在全国范围内实施。

到 2008 年，全国学龄儿童的入学率达到 99.5%，改革成效惠及 1.5 亿名农村学生。农民的教育负担得到切实减轻，平均每年每个小学生家庭减负 140 元、初中生家庭减负 180

元。人民群众高兴地说，"种田不纳税，上学不缴费，农民得实惠，和谐好社会"。

2010年，党中央、国务院印发《国家中长期教育改革和发展规划纲要（2010—2020年)》，强调教育是民族振兴、社会进步的基石，是提高国民素质、促进人的全面发展的根本途径，寄托着亿万家庭对美好生活的期盼。强国必先强教。优先发展教育、提高教育现代化水平，对实现全面建设小康社会奋斗目标、建设富强民主文明和谐的社会主义现代化国家具有决定性意义。《纲要》进一步明确，义务教育是国家依法统一实施、所有适龄儿童少年必须接受的教育，具有强制性、免费性和普及性，是教育工作的重中之重。《纲要》提出，到2020年，全面提高普及水平，全面提高教育质量，基本实现区域内均衡发展，确保适龄儿童少年接受良好义务教育。

建设公共卫生和疾病防控体系

党的十六大将公共卫生体系建设和建立覆盖全国的疾病预防控制体系，作为人民幸福的重要保证。2003年非典疫情后，国家相继发布《突发公共卫生事件应急条例》《突发公共卫生事件医疗救治体系建设规划》。2006年3月，国家疾病预防控制局、卫生监督局成立后，推动覆盖全国的疾病预防控制体系进一步完善、能力进一步加强。以国家、省、地（市）、县四级疾病预防控制机构为主体，农村乡镇卫生院、村卫生室、各级各类医疗卫生机构和城市社区卫生服务组织共同构建的疾病预防控制体系基本建成。卫生监督能力不断提高，人民群众健康权益得到保障。基本建立适合我国国情的食品安全标准体系，构建起以 31 个省级和 312 个县级监测点为基础的全国食品安全风险监测网络。

针对人民群众反映强烈的"看病难""看病贵"等突出问题，积极推进医疗卫生体制改革。2009 年 3 月，党中央、国务院印发《关于深化医药卫生体制改革的意见》，确定了深化医药卫生体制改革的总体目标：到 2011 年，基本医疗保障制度全面覆盖城乡居民，基本药物制度初步确立，城乡基层医疗卫生服务体系进一步健全，基本公共卫生服务得到普及，公立医院改革试点取得突破，基本医疗卫生服务可及性明显提高，居民就医费用负担有效减轻，切实缓解"看病难""看病贵"问题。随后，国务院出台《医药卫生体制改革近期重点实施方案（2009—2011 年）》，进一步明确了 2009 年至 2011 年深化医药卫生体制改革要重点抓好的 5 项工作：加快推进基本医疗保障制度建设、初步建立国家基本药物制度、健全基层医疗卫生服务体系、促进基本公共卫生服务逐步均等化、推进公立医院改革试点。

2010 年 2 月，国务院批准印发《关于公立医院改革试点的指导意见》，确定全国 16 个城市作为国家联系指导的公立医院改革试点城市，重点加强公立医院的规划和调控，推动公立医院结构布局优化调整，优先发展县医院，建立城市医院与基层医疗卫生机构上下联动的分工协作机制，采取全科医生培养等政策，推动优质医疗资源下沉到基层，发展老年护理、康复等延续服务，鼓励支持和引导社会资本发展医疗卫生事业，鼓励公立医院加强内部管理，扩大服务能力。

公共卫生体系建设和突发公共卫生事件应急处置能力，在应对 2008 年汶川特大地震、2009 年甲型 H1N1 流感疫情、2010 年玉树地震等突发事件，以及艾滋病、结核病、病毒性肝炎、血吸虫病等重大传染病的防控工作中，经受住了考验。随着公共卫生服务体系建设不断加强，城乡居民享受到更加均等化的基本公共卫生服务，人民群众健康权益得到更好的维护，国民健康指标持续改善。"十一五"期间，中国人均预期寿命从 72 岁提升至 73 岁；孕产妇死亡率从 2005 年的 47.7/10 万降至 2011 年的 26.1/10 万；婴儿死亡率从 2005 年的 19‰降至 2011 年的 12.1‰，总体处于发展中国家前列。

建立健全社会保障体系

民生无小事，枝叶总关情。改革开放以来，从简陋之居到舒适之屋，从"小病靠扛，大病看天"，到社会保障全覆盖，中国正向着人人享有社会保障的目标迈进。

进入 21 世纪以来，中国城镇化不断发展，劳动力和居民在城乡之间流动规模扩大、速度加快，凸显出完善社会保障制度的紧迫性。党中央科学预判这一重大变化趋势，在社会保障制度建设方面作出一系列重大部署：2003 年，我国开始试点新型农村合作医疗制度；2005 年，农村医疗救助制度建立；2006 年，以农民工为重点，扩大社会保险覆盖面；2007 年，农村低保制度实行；2009 年，新农保试点进行；2011 年，开展城镇居民养老保险试点，并明确提出有条件的地区可以合并实施城乡居民两项养老保险制度。这些重大制度和政策的建立和出台，为保障社会长远发展和促进社会公平正义奠定了基础。

截至 2011 年，全国城镇职工基本养老保险、城镇基本医疗保险、失业保险、工伤保险、生育保险的参保人数分别达到 2.84 亿人、4.73 亿人、1.43 亿人、1.77 亿人、1.39 亿人，比 2001 年分别增长 100.2％、549.1％、38.3％、307.1％、301.7％。新型农村合作医疗、城镇居民基本医疗保险、城镇职工基本医疗保险 3 项基本医疗保险制度覆盖了全国 95％以上的城乡居民，人数增加到 12.95 亿人。新型农村合作医疗和城镇居民基本医疗保险政府补贴标准，从 2010 年的每人每年 120 元，提高到 2011 年的每人每年 200 元，政策范围内报销比例由 60％提高到 70％。

到 2012 年，全国形成以各级社会保险经办机构为主干、以银行及各类定点服务机构为依托、以社区劳动保障工作平

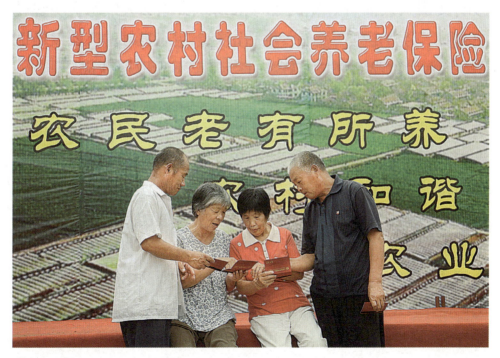

★ 山东省寿光市农民领到新农保养老金存折

台为基础的社会保障管理服务组织体系和服务网络。县及县以上经办机构 8000 多个，工作人员达 16 万人；街道、社区、乡镇、行政村建立的基层服务站所超过 19 万个，专兼职工作人员达 37 万人；医保定点医院 9.6 万个，定点零售药店 11.3 万个。建立中央、省、市三级网络，并全部实现省、部联网，实现数亿名参保人员的监测数据上传。到 2012 年 8 月底，社会保障卡已发行 2.52 亿张，全面实现企业离退休人员基本养老金的社会化发放，企业退休人员社会化管理率达到 77.8%。

建设资源节约型和环境友好型社会

生态环境是人类生存和发展的根基，生态环境变化直接影响文明兴衰演替。党的十六大后，中国加大生态文明建设的力度，努力走生产发展、生活富裕、生态良好的文明发展道路，资源节约型和环境友好型社会建设不断取得新成就。

党的十六届五中全会首次提出建设"资源节约型和环境友好型社会"的战略任务。2007 年 12 月，国务院批准武汉城市圈、长株潭城市群为全国资源节约型和环境友好型社会建设综合配套改革试验区，赋予其在土地规划、产业布局、污染治理、节能减排等方面先行先试的政策创新特权。

加强和完善环保立法，加强环保规划，建立健全机构。全国人大常委会相继通过《中华人民共和国清洁生产促进法》《中华人民共和国环境影响评价法》《中华人民共和国放射性污染防治法》《中华人民共和国循环经济促进法》，修订《中华人民共和国固体废物污染环境防治法》《中华人民共和国水污染防治法》等法律，国务院出台《规划环境影响评价条例》等行政法规，初步形成了适应经济社会发展需要的环境法律和标准体系。环保管理机构逐步建立健全，1998 年国家环境保护局升格为国家环境保护总局（正部级），2008 年成立环境保护部，省市县人民政府也成立相应负责环境保护的行政主管部门。各级财政对环保的投入逐年增加，"十一五"期间中央财政投资是"十五"期间的近 3 倍，并带动全社会环保投入达 2.16 万亿元。

加快发展绿色低碳能源。国家建立健全法规制度和相关政策，加大对清洁能源和可再生能源发展的支持力度，有序发展水电，积极发展核电，鼓励和支持农村、边远地区和条件适宜地区大力发展生物质能、太阳能、地热、风能、水能等新能源。到 2010 年，中国核电在建规模、水电装机容量、可再生能源装机容量、农村沼气用户量均居世界第一位，风电装机容量居世界第二位。

开展污染源普查。2006 年，中国首次启动全国范围内的污染源普查。2007 年 10 月，国务院发布《全国污染源普查条例》，规定从 2007 年起每十年开展一次以工业、农业、生活和集中式污染源为主要对象的全国污染源普查工作。首次普查涉及四大类 592.56 万个普查对象，获得基本数据 11 亿个，建立了全国污染源普查数据库。

下大力气治理土地荒漠化。2002 年，国家实施世界上首部防沙治沙法律——《中华人民共和国防沙治沙法》，形成了以该法为主体的防沙治沙法律法规体系。2005 年，国务院颁发《关于进一步加强防沙治沙工作的决定》，在财政投入、信贷支持、税费减免、权益保护等方面作出一系列规定，有效调动了社会各方面力量参与防沙治沙的积极性、主动性、创造性。党的十七大报告指出，要把治理土地沙化、减轻风沙危害作为促进经济社会又好又快发展的大事来谋划。从此，我国防沙治沙进入全面部署、整体推进的新阶段。

通过实施京津风沙源治理、"三北"防护林四期、退耕还林、退牧还草、草原保护、小流域综合治理等系列生态建设工程，对沙化重点地区进行集中治理，全国生态状况呈现持续好转态势。闻名世界的毛乌素沙漠，实现了从"生命禁区"到"塞上绿洲"的惊天逆转，600多万亩流沙变为绿洲，创造了我国造林绿化的防沙治沙典范，演绎了全球环境治理的绿色样本。

推动建设和谐世界

"和谐世界"，一个充满东方智慧、描绘国际关系理想状态的词语亮相国际舞台，这是中国共产党人的郑重宣示。党的十六大以后，党中央顺应世界求和平、谋发展、促合作的时代潮流，在对外战略上始终不渝走和平发展道路，推动建设和谐世界，坚持在和平共处五项原则基础上开展全方位外交，推动新世纪新阶段我国对外战略和外交工作取得重要进展和新的成就。

2005年4月，胡锦涛在出席亚非峰会时指出，推动不同文明友好相处、平等对话、发展繁荣，共同构建一个和谐世界，首次提出了构建和谐世界的主张。7月，中俄首脑将和谐世界的表述，写入了中俄关于21世纪国际秩序的联合声明。9月，胡锦涛在联合国成立60周年首脑会议上发表

★ 联合国总部亮灯纪念联合国成立 60 周年

了《努力建设持久和平、共同繁荣的和谐世界》讲话。2006年8月，中央外事工作会议把推动建设和谐世界作为新世纪新阶段中国外事工作的重要目标，并就此作出了具体规划部署。

为推动构建和谐世界，中央提出了大国是关键、周边是首要、发展中国家是基础、多边是重要舞台的外交总体布局，积极开展了一系列富有成效的外交活动。中国同各主要大国启动了战略对话磋商机制，定期对各自关注的现实和长远问题交换意见，探寻解决办法，初步建立了联系和稳定同各主要大国双边关系的机制。同时，中国与美、俄、欧、日等关系保持稳定并有所发展，与周边国家睦邻友好合作关系进一步扩大和深化，中国同广大发展中国家的团结合作取得新进展，更加全面深入地参与以联合国为中心的多边外交活动。

中美关系总体上保持稳定和发展，在经济、科技、反恐、防扩散、地区安全等领域的对话与合作有所加强。2009年4月，伦敦G20金融峰会就国际金融危机及国际金融新秩序等问题展开磋商。会议期间，胡锦涛与奥巴马举行首次会晤，双方同意建立中美战略与经济对话机制，并确定首轮中美战略与经济对话于2009年夏季在华盛顿举行。2011年1月，胡锦涛应邀对美国进行国事访问，两国元首发表中美联合声明，就建设相互尊重、互利共赢的合作伙伴关系达成重要共识。其中，以中美战略与经济对话的成功举办为标志，中美为应对国际金融危机、助力经济发展与友好交往、推动世界和平与发展作出了重要贡献。2012年5月，第四轮中美战略与经济对话在北京举行。

中俄两国战略协作伙伴关系继续深化，两国在政治、经济、军事、能源等领域的互利合作不断加强，在国际和地区问题上密切配合、协作，在涉及对方主权、安全、发展利益，特别是核心利益问题上相互坚定支持，共同推动多边主义和国际关系民主化。2004年10月，中俄签署关于中俄国界东段的补充协定。2005年6月，双方互换补充协定批准书。2008年10月，两国外交部通过换文确认关于中俄国界线东段补充叙述议定书及其附件正式生效。

中欧全面战略伙伴关系的内涵不断充实，建立了涵盖政治、经贸、科技、能源、环境等领域的50多个不同级别磋商与对话机制，形成了《中欧气候变化联合宣言》《中欧清洁能源中心联合声明》等多份合作文件。

中日关系在曲折中发展，两国在政治层面保持交往和接触，经贸合作继续推进。2008年5月，胡锦涛访问日本，两国领导人共同发表中日关于全面推进战略互惠关系的联合声明，这是中日之间自 1998 年中日联合宣言以来又一个重要政治文件。2012 年 9 月，日本政府宣布"购买"钓鱼岛及其附属岛屿，实施所谓"国有化"，中国政府与日方进行坚决斗争，发表了《中华人民共和国政府关于钓鱼岛及其附属岛屿领海基线的声明》和《钓鱼岛是中国的固有领土》白皮书，并通过常态化执法巡航等措施，对钓鱼岛及其附属岛屿实施管理，坚决捍卫国家主权。

中国坚持"与邻为善、以邻为伴"的周边外交方针，积极开展区域合作，共同营造和平稳定、平等互信、合作共赢的地区环境，稳步推动东南亚国家联盟与中国（"10+1"）领导人会议、东南亚国家联盟与中日韩（"10+3"）领导人会议、上海合作组织、亚太经合组织、东亚峰会、南亚区域合作联盟等区域合作进程。2010 年 1 月，"中国—东盟自由贸易区"正式启动，双方关系迈上新台阶，成为中国与东盟关系发展史上的新里程碑。

中国致力于构建长期稳定、内涵丰富、与时俱进的亚非新型战略伙伴关系，同广大发展中国家在政治上相互尊重、相互支持，在经济上优势互补、互利共赢，在文化上相互借鉴、取长补短，团结合作取得新进展。以 2004 年 9 月正式成立的中国—阿拉伯国家合作论坛、2006 年 1 月的《中国对非洲政策文件》、2008 年 11 月的《中国对拉丁美洲和加勒比政策文件》等为标志，中国加强了同广大发展中国家的密切联系，有效巩固并进一步拓展了国际合作空间。

中国更加全面深入地参与以联合国为中心的多边外交活动，在联合国、八国集团同发展中国家领导人对话会、G20

峰会等多边舞台上，坚定维护联合国和安理会权威，积极参与宏观经济政策协调，促进经济全球化和区域一体化，并在气候变化、粮食安全、核不扩散、安全反恐、公共卫生、国际减贫等全球性问题上，以及朝核、伊核、达尔富尔等地区热点问题上发挥独特的建设性作用。

此外，中国共产党积极充实和努力完善中国特色政党外交，到2011年已与世界上160多个国家和地区的600多个政党、政治组织建立不同形式的交往和联系，与世界上近100个重要政党建立了稳定的交流机制。

六、履行新世纪新阶段人民军队历史使命

党的十六大后，党中央准确把握新世纪新阶段对国防和军队建设提出的新要求，深刻揭示军队力量建设与运用遵循的基本指导规律，推进党的军事指导理论创新发展，人民军队在军事、政治、后勤、装备各领域的建设取得巨大进步，有效履行了党和人民赋予的历史使命。

推进信息化条件下的军队现代化建设

2012年9月25日，第一艘航空母舰辽宁舰交接入列，成为人民军队海军建设的重要里程碑，圆了中华民族、中国人民长久以来的梦想，也是推进信息化条件下军队现代化建设的标志。

2002年12月，中央军委召开扩大会议，首次提出从战

略高度推进"中国特色军事变革"的重大命题。2003 年 5月，十六届中央政治局针对以信息化为本质内容的世界新军事变革进一步发展、战争形态的信息化特征越来越明显，专门研究讨论世界新军事变革的发展态势。2004 年 6 月，中央军委充实完善了新时期军事战略方针，提出把捍卫国家统一和领土完整作为最现实、最紧迫的任务，把军事斗争准备的基点放在打赢信息化条件下的局部战争上。为强化军兵种在我军力量结构中的重要作用，在战略指挥层次上推进联合作战，党中央、中央军委作出了海军、空军、二炮部队司令员参与军委班子工作的重大决定。

2005 年 4 月，胡锦涛明确提出坚持在国防和军队建设中贯彻落实科学发展观，按照革命化、现代化、正规化相统一的原则加强全面建设，推动国防和军队建设全面协调可持续发展，实现富国和强军的统一。2010 年 12 月，胡锦涛提出以推动国防和军队建设科学发展为主题，以加快转变战斗力生成模式为主线，全面加强军队革命化、现代化、正规化建设的重大战略思想。

按照党中央要求，人民军队坚持质量建军、科技强军，切实转变战斗力生成模式，中国特色军事变革和军队现代化建设深入推进，信息化成为军队战斗力生成的倍增器。经过不懈努力，人民军队以作战需求为牵引，以信息化为方向，坚持走机械化信息化复合发展的道路，武器装备现代化、信息化、体系化程度不断提高，基本建成以第二代为主体、第三代为骨干的武器装备体系，大批高新技术装备快速进入序列。陆军形成以直升机、装甲突击车辆、防空和压制武器为骨干的陆上作战装备体系；海军形成以新型潜艇、水面舰艇、对海攻击飞机为骨干的海上作战装备体系；空军形成以新型作战飞机、地空导弹武器系统为骨干的制空作战装备体系；二炮部队形成以中远程地地导弹为骨干的导弹装备体系。

为适应新世纪新阶段人民军队历史使命要求，党中央继续推进军队体制编制调整。2003年9月，中共中央批准《2005年前军队体制编制调整改革总体方案》，决定2005年前再裁减军队员额20万，军队总员额控制在230万以内。这次体制编制调整改革的任务是：压缩规模、改革体制、优化结构、调整编组、完善制度，从编成结构上提升军队战斗力。到2005年底，军队体制编制调整改革方案确定的任务圆满完成，推动作战力量编成向精干、联合、多能、高效方向发展。

上海合作组织框架内联合反恐军事演习向机制化方向发展。从2005年开始，具有战略影响、战略层次的较大规模"和平使命"系列联合军事演习，震慑和打击了恐怖主义、分裂主义和极端主义势力，提高了上海合作组织成员国共同应对新挑战、新威胁的能力。人民军队积极参加香格里拉对话、东盟地区论坛等机制下的地区防务对话与合作，对维护地区共同安全产生了积极影响。

确保有效履行历史使命

从思想上、政治上、组织上确保人民解放军成为党绝对领导下的人民军队，确保国防和军队建设科学发展，确保有效履行新世纪新阶段人民军队历史使命，是新形势下军队思想政治建设面临的时代课题。

大力加强思想政治建设，确保党对军队的绝对领导。2003年科学发展观提出后，中央军委及时印发《深入学习贯彻科学发展观的意见》，推动全军学习贯彻科学发展观步步深入、扎实推进。2003年12月，党中央、中央军委修订《中国人民解放军政治工作条例》。2004年12月，胡锦涛主持中央军委扩大会议，对军队历史使命提出了新的要求。他强调，人民军队要为党巩固执政地位提供重要的力量保证，为维护国家发展的重要战略机遇期提供坚强的安全保障，为维护国家利益提供有力的战略支撑，为维护世界和平与促进共同发展发挥重要作用，进一步明确了军队在新世纪新阶段的基本任务和历史使命，规定了军队建设的方向和指导原则。2006年10月，胡锦涛在纪念红军长征胜利70周年大会上，提出建设一支"听党指挥、服务人民、英勇善战"革命军队的要求。2008年12月，胡锦涛在中央军委扩大会议上，提出"忠诚于党、热爱人民、报效国家、献身使命、崇尚荣誉"的当代革命军人核心价值观。2009年3月，中央军委总政治部印发《关于加强非战争军事行动政治工作意见》，进一步拓宽和提升了军队政治工作的服务保障领域与功能。

积极推进人才战略工程，人才培养工作持续健康发展。2003年8月，中央军委颁发《实施军队人才战略工程规划》。2011年4月，中央军委颁发《2020年前军队人才发展规划纲要》，对未来十年军队人才建设和发展作出中长期战略规划。2009年7月、2011年4月，中央军委两次召开全军人才工作会议，大力推动和实施军队人才战略工程。

思想、政治、组织上的工作成效，使人民军队的精神面貌得到提升、履行历史使命的能力得到提高。全军涌现出载人航天英雄集体、"科学发展好九连"和方永刚、向南林等一大批先进集体和个人。进入21世纪，人民解放军积极参加国际人道主义援助、海上护航、联合国维和行动等。数千里之外的亚丁湾、索马里海域，同样活跃着来自中国的海军舰艇编队。从2008年12月到2011年12月，中国海军向亚丁湾、索马里海域派出10批25艘舰船，为403批4383艘中外船舶实施护航，展示了中国负责任大国的良好形象和中国军队的威武之师、文明之师、和平之师形象。全军和武警部队还出色完成了一系列急难险重任务，例如积极参加抗击非典、南方低温雨雪冰冻灾害、汶川和玉树地震、舟曲特大山洪泥石流灾害等抢险救灾行动，参加利比亚撤侨行动，以实际行动彰显了军民的鱼水情谊。

七、加强党的执政能力和先进性建设

党的十六大后，面对世情国情党情的深刻变化，党中央坚持以执政能力建设和先进性建设为主线，全面推进党的建设新的伟大工程，党的领导核心作用进一步加强。

加强党的执政能力建设

执政能力建设是党执政后的一项根本建设。党的十六大把"加强党的执政能力建设，提高党的领导水平和执政水平"

作为一项重大战略任务，要求各级党委和领导干部，不断提高科学判断形势的能力、驾驭市场经济的能力、应对复杂局面的能力、依法执政的能力和总揽全局的能力。

党的十六届四中全会审议通过《中共中央关于加强党的执政能力建设的决定》。全会明确，要通过全党共同努力，使党始终成为立党为公、执政为民的执政党，成为科学执政、民主执政、依法执政的执政党，成为求真务实、开拓创新、勤政高效、清正廉洁的执政党。全会指出，加强党的执政能力建设的核心是保持党同人民群众的血肉联系；关键是建设高素质干部队伍；重点是改革和完善党的领导体制和工作机制；基础是加强党的基层组织和党员队伍建设；主要任务是不断提高驾驭社会主义市场经济的能力、发展社会主义民主政治的能力、建设社会主义先进文化的能力、构建社会主义和谐社会的能力、应对国际局势和处理国际事务的能力。全会要求通过全面加强和改进党的建设，使党的执政方略更加完善、执政体制更加健全、执政方式更加科学、执政基础更加巩固。

不断提高科学执政、民主执政、依法执政能力。党领导国家立法机关科学立法、民主立法，修订了宪法和人民代表大会组织法、选举法，颁布了各级人大及其常委会监督法，完善了根本政治制度，使党的执政体制更加健全；先后出台关于深化行政管理体制和机构改革、加强人大制度建设、加强人民政协工作以及加强人民法院、人民检察院工作的文件，把党的领导、人民当家作主和依法治国有机统一起来，扩大了人民民主，使党的执政能力建设有了更加有力的支持和保证。

加强党的先进性建设

党的先进性是党的生命所系、力量所在，事关党执政地位的巩固和执政使命的完成，是领航中国始终走在时代前列的源泉所在。党的十六大作出的开展保持共产党员先进性教育活动的决定，是着眼于改革开放和发展社会主义市场经济条件下，加强党的执政能力建设、保持马克思主义执政党的先进性而作出的重大战略部署。

2003 年，为开展先进性教育活动，中央选择 19 个单位进行试点，积累了经验。党的十六届四中全会对开展先进性教育活动进一步提出要求。2004 年 11 月，党中央印发《关于在全党开展以实践"三个代表"重要思想为主要内容的保持共产党员先进性教育活动的意见》，对开展先进性教育活动作出部署。教育活动从 2005 年 1 月开始，到 2006 年 6 月基本结束。

2005 年 1 月，胡锦涛在新时期保持共产党员先进性专题报告会上发表讲话，对开展先进性教育活动提出明确要求，并提出了"党的先进性建设"这个重大命题。中央强调，先进性教育活动以实践"三个代表"重要思想为主线，全面落实科学发展观，以学习贯彻党章为重点，着眼于取得实效和群众满意，在提高党员素质、加强基层组织、服务人民群众、促进各项工作上狠下功夫。

先进性教育活动分三批进行，每批大约半年时间，分为学习动员、分析评议、整改提高三个阶段。先进性教育活动中，新建基层党组织 13 万个，整顿软弱涣散、不起作用的基层党组织 15.6 万个，各级党组织和广大党员与困难群众结成帮扶对子 1347 万个，涌现出了以"人民的忠诚卫士"任长霞等为代表的一大批优秀共产党员。

党中央及时对先进性教育活动经验进行总结，提出建立保持共产党员先进性的长效机制。围绕加强党的执政能力建设和先进性建设主线，党中央从强化理论武装、发扬党内民主、改革组织人事制度、改进基层党组织建设、反腐倡廉等方面，就加强党的自身建设提出和实施了一系列重要举措，为持之以恒推进和加强党的先进性建设提供了支撑。

从 2008 年 9 月开始，围绕党员干部受教育、科学发展上水平、人民群众得实惠的目标，深入学习实践科学发展观活动在全党分批展开。学习实践活动自上而下分三批进行，每批历时半年左右，于 2010 年 2 月底基本结束。共 370 余万个党组织 7500 余万名党员参加。

建设马克思主义学习型政党

建设马克思主义学习型政党，是党中央作出的重大战略决策。2009 年 9 月，十七届四中全会通过《关于加强和改进新形势下党的建设若干重大问题的决定》提出，"把建设马克思主义学习型政党作为重大而紧迫的战略任务抓紧抓好"，作出建设马克思主义学习型政党的重大决策。12 月，中共中央办公厅印发《关于推进学习型党组织建设的意见》，明确了建设学习型党组织的重要意义、总体要求、主要原则、工作内容和途径方法。2010 年 2 月和 11 月召开了学习型党组织建设工作座谈会，对学习型党组织建设工作进行全面部署。2 月，经中央批准，成立了由中央宣传部牵头的建设学习型党组织工作协调小组，并在中央和省、自治区、直辖市两级成立建设学习型党组织工作协调小组办公室，加强对学习型党组织建设工作的指导、协调和服务。学习型党组织建设取得初步成效。

中央政治局集体学习制度建立和常态化。2002年11月，党的十六大提出"党员干部特别是高中级干部要带头学习"，成为勤奋学习、善于思考的模范，强调"在全党深入进行马克思主义发展史的教育"。十六届中央政治局认真落实党的十六大提出的要求，建立中央政治局集体学习制度，12月26日举行了第一次集体学习。十六届中央政治局共进行44次集体学习，十七届中央政治局共进行33次集体学习，学习内容涵盖经济、政治、法律、文化、科技、国际、社会、军事、党建等方面的重大问题。中央政治局集体学习制度的确立和集体学习的常态化，为马克思主义学习型政党建设起到了重要带头示范作用。

党员干部培训制度化和规范化。2003年，党中央决定增设中国浦东、井冈山、延安干部学院三所国家级培训基地。2006年，党中央印发《干部教育培训工作条例（试行）》，这是党的历史上第一部关于干部教育培训工作的规章。2009年，中共中央办公厅印发了《2009—2013年全国党员教育培训工作规划》，全面实施党员培训工程。党中央切实发挥中共中央党校、国家行政学院、中国浦东干部学院、中国井冈山干部学院、中国延安干部学院和地方各级党校在党员干部培训中的独特优势，加大党员干部培训轮训力度；充分利用高校雄厚的师资力量，组织党员干部选修各种专业课程，不断提高党员干部的党性修养和业务水平，造就高素质党员干部队伍。

广泛开展党史学习。2010 年 6 月，党中央印发《关于加强和改进新形势下党史工作的意见》，要求在全党广泛深入系统开展党史学习活动；7 月，全国党史工作会议召开；2011 年 2 月，中组部等多部门联合发文提出，按照建设马克思主义学习型政党的要求加强党史学习，各地采取丰富多彩的形式开展"学党史、知党情、跟党走"活动。

把人才工作放在突出位置

实施人才强国战略。2003 年底，党中央、国务院召开新中国历史上的首次全国人才工作会议，强调要坚持党管人才原则，把促进人才成长和充分发挥人才作用放在首要位置，努力营造鼓励人才干事业、支持人才干成事业、帮助人才干好事业的社会环境。同年，党中央、国务院印发《关于进一步加强人才工作的决定》，强调新世纪新阶段人才工作的根本任务是实施人才强国战略。2007 年，党的十七大将人才强国战略与科教兴国战略、可持续发展战略作为发展中国特色社会主义三大基本战略之一，写进《中国共产党章程》。2010 年 4 月，党中央、国务院印发《国家中长期人才发展规划纲要（2010—2020 年）》，提出"高端引领，整体开发"的基本思路。

深化干部人事制度改革。2009 年 12 月，中共中央办公厅印发《2010—2020 年深化干部人事制度改革规划纲要》。按照科学发展观的要求，健全有利于促进科学发展的选人用人机制，建立符合科学发展观的干部考核体系。改进地方党政领导干部选拔任用提名、公开选拔和竞争上岗、地方党政领导干部差额选拔等工作。加大从基层一线选拔干部工作力度。选派中央和国家机关中青年干部到省区市交流任职，选派西部地区和民族地区干部到中央和国家机关、经济相对发达地区挂职锻炼，做好干部援藏、援疆工作。坚持从严管理干部，健全党政领导干部选拔任用工作责任追究制度。

人才资源快速稳步增长。随着人才强国战略和相关政策措施的实施，我国的人才发展迈上一个新台阶。截至2010年底，全国人才资源总量达到12442.1万人，比2008年增加了780万人；人才资源总量占人力资源总量的比重达到11.1%，其中企业经营管理人才资源2979.8万人，专业技术人才资源5550.4万人，高技能人才资源2863.3万人，农村实用人才资源1048.6万人；享受国务院政府特殊津贴专家累计评选出16.2万人，其中高技能人才786人，累计选拔有突出贡献中青年专家5200多人，百千万人才工程国家级人选4100多人。2010年，留学回国人员18.62万人，比上年增长38.08%。人力资本对经济增长贡献率达到32.6%。

推进党风廉政建设和反腐败斗争

腐败问题关系人心向背和党的生死存亡。党的十六届三中全会强调，建立健全与社会主义市场经济体制相适应的教育、制度、监督并重的惩治和预防腐败体系。十六届中纪委第三次全会对建立健全惩治和预防腐败体系作出部署。2005年1月，党中央印发《建立健全教育、制度、监督并重的惩治和预防腐败体系实施纲要》，要求各级党委和政府切实把反腐倡廉的各项工作落到实处，明确了建立惩治和预防腐败体系的指导思想、主要目标和工作原则，确定到 2010 年建成惩治和预防腐败体系基本框架。

加强党内法规建设。2003 年 12 月，党中央印发《中国共产党纪律处分条例》。2004 年 9 月，党中央发布《中国共产党党员权利保障条例》等党内法规。2008 年 6 月，党中央印发《建立健全惩治和预防腐败体系 2008—2012 年工作规划》。此外，在制度建设方面，还印发《关于领导干部报告个人有关事项的规定》《中国共产党党员领导干部廉洁从政若干准则》《关于对配偶子女均已移居国（境）外的国家工作人员加强管理的暂行规定》《党政领导干部选拔任用工作责任追究办法（试行）》《党政主要领导干部和国有企业领导人员经济责任审计规定》等，着力健全领导干部个人重大事项报告制度、述职述廉制度、民主评议制度、谈话诫勉制度和经济责任审计制度，依法实行质询制、问责制、罢免制，建立和完善巡视制度。

在坚持查处重点案件的同时，着重查办领导干部利用权力搞官商勾结、权钱交易、索贿受贿的案件，为黑恶势力充当"保护伞"的案件，严重侵害群众利益的案件，群体性事件和重大责任事故背后的腐败案件；加强作风建设，纠正损害群众利益的不正之风，切实解决党风政风方面存在的突出问题，针对乱涨价、乱收费、乱摊派等行为，以及公款出国（境）旅游、"小金库"、侵害农民和进城务工人员利益问题等，进行专项检查和整治，加强部门和行业作风建设。从 2007 年 11 月至 2012 年 6 月，全国纪检监察机关共立案 64 万多件，涉嫌犯罪被移送司法机关处理 2.4 万多人。党风廉政建设和反腐败斗争的成效，为党领导改革开放和社会主义现代化建设提供了有力保证。但反腐败斗争道阻且长，仍需全党付出更加艰苦的努力。

党的十六大以来，党中央紧紧抓住和用好我国发展的重要战略机遇期，以加入世界贸易组织为契机，在十分复杂的国内外形势下，变压力为动力，化挑战为机遇，坚定不移推进全面建设小康社会进程，巩固和发展了改革开放和社会主义现代化建设大局，提高了我国国际地位，彰显了中国特色社会主义的巨大优越性和强大生命力，增强了中国人民和中华民族的自豪感和凝聚力，为全面建成小康社会打下了坚实基础。

第五章 ‖ 改革开放进入新时代

雄关漫道真如铁，而今迈步从头越。为了实现中华民族伟大复兴，党团结带领中国人民自信自强、守正创新，统揽伟大斗争、伟大工程、伟大事业、伟大梦想，创造了新时代中国特色社会主义的伟大成就，形成了习近平新时代中国特色社会主义思想。党的十八大以来，以习近平同志为核心的党中央立足中国特色社会主义新时代，坚持和加强党的全面领导，统筹推进"五位一体"总体布局、协调推进"四个全面"战略布局，坚持和完善中国特色社会主义制度、推进国家治理体系和治理能力现代化，坚持依规治党、形成比较完善的党内法规体系，战胜一系列重大风险挑战，实现第一个百年奋斗目标，明确实现第二个百年奋斗目标的战略安排，党和国家事业取得历史性成就、发生历史性变革，为实现中华民族伟大复兴提供了更为完善的制度保证、更为坚实的物质基础、更为主动的精神力量。中华民族迎来了从站起来、富起来到强起来的伟大飞跃，实现中华民族伟大复兴进入了不可逆转的历史进程。

一、擘画新时代"两个一百年"奋斗目标

实现中华民族伟大复兴，是党团结带领中国人民进行的一切奋斗、一切牺牲、一切创造的主题。党的十八大以来，以习近平同志为核心的党中央，站在历史新的更高起点上，围绕实现"两个一百年"奋斗目标和中华民族伟大复兴的总任务，大力推进党的理论创新和实践创新，推动全面深化改革落地生根，以更加开放的姿态拥抱世界。

确定全面建成小康社会的目标

2012 年 11 月 8 日至 14 日召开的中国共产党第十八次全国代表大会，是在我国进入全面建成小康社会决定性阶段召开的一次十分重要的大会。大会贯穿始终的主线是坚持和发展中国特色社会主义。大会强调，建设中国特色社会主义，总依据是社会主义初级阶段，总布局是社会主义经济建设、政治建设、文化建设、社会建设、生态文明建设"五位一体"，总任务是实现社会主义现代化和中华民族伟大复兴。

大会提出"两个一百年"的奋斗目标：在中国共产党成立 100 年时全面建成小康社会，在新中国成立 100 年时建成富强民主文明和谐的社会主义现代化国家。

大会根据我国经济社会发展实际，确定了全面建成小康社会的目标：经济持续健康发展；人民民主不断扩大；文化

软实力显著增强；人民生活水平全面提高；资源节约型、环境友好型社会建设取得重大进展。大会强调，全面建成小康社会，必须以更大的政治勇气和智慧，不失时机深化重要领域改革，坚决破除一切妨碍科学发展的思想观念和体制机制弊端，构建系统完备、科学规范、运行有效的制度体系，使各方面制度更加成熟更加定型。

大会根据"五位一体"总体布局和全面建成小康社会目标要求，对推进中国特色社会主义建设作出全面部署，强调要加快完善社会主义市场经济体制和加快转变经济发展方式，坚持走中国特色社会主义政治发展道路和推进政治体制改革，扎实推进社会主义文化强国建设，在改善民生和创新管理中加强社会建设，大力推进生态文明建设，继续促进人类和平与发展的崇高事业，倡导人类命运共同体意识，建立更加平等均衡的新型全球发展伙伴关系等，并提出了一系列改革创新举措。

2012 年 11 月 15 日，习近平在十八届中央政治局常委同中外记者见面时指出，历史的接力棒传到了我们手里，我们一定不负重托，忠于党、忠于祖国、忠于人民，以自己的最大智慧、力量、心血，作出无愧于历史、无愧于时代、无愧于人民的业绩。他庄严承诺："人民对美好生活的向往，就是我们的奋斗目标。""我们一定要始终与人民心心相印、与人民同甘共苦、与人民团结奋斗，夙夜在公，勤勉工作，努力向历史、向人民交出一份合格的答卷。"

党的十八大以来，以习近平同志为核心的党中央顺应我国经济社会新发展和广大人民群众新期待，赋予小康更高的标准、更丰富的内涵。全面小康是"五位一体"全面进步的小康、是惠及全体人民的小康、是城乡区域共同的小康，意味着经济高质量发展、人民生活水平和质量普遍提高、国民素质和社会文明程度显著提高、生态环境质量总体改善、各方面制度更加成熟更加定型。

提出实现中华民族伟大复兴中国梦

漫漫复兴路，百年中国梦。鸦片战争以后，中国逐步成为半殖民地半封建社会，国家蒙辱、人民蒙难、文明蒙尘，中华民族遭受了前所未有的劫难。从那时起，实现中华民族伟大复兴，就成为中国人民和中华民族最伟大的梦想。"少年中国"的憧憬、"振兴中华"的呐喊、"共劳共享平等社会"的理想，几代人魂牵梦萦，亿万人心结难解，各种救国方案轮番出台，但都以失败而告终。历史和人民在救亡图存的血与火中，最终选择了中国共产党。中国共产党一经诞生，就把为中国人民谋幸福、为中华民族谋复兴确立为自己的初心使命。

2012年11月29日，习近平在参观《复兴之路》展览时，首次提出并阐释实现中华民族伟大复兴的中国梦，指出："大家都在讨论中国梦，我以为，实现中华民族伟大复兴，就是中华民族近代以来最伟大的梦想。"习近平用"雄关漫道真如铁""人间正道是沧桑""长风破浪会有时"，概括了中华民族在苦难中徘徊、觉醒、奋发和再创辉煌的壮阔历史，贯通了中华民族的昨天、今天和明天，传递出新一届中央领导集体勇担民族复兴使命的坚定决心和信心。

此后，习近平在多个重要场合，进一步阐述和丰富了中国梦的基本内涵、实践途径和依靠力量。2013年3月，习近平在十二届全国人大一次会议上指出，实现中华民族伟大复兴的中国梦，就是要实现国家富强、民族振兴、人民幸福，必须走中国道路、弘扬中国精神、凝聚中国力量。国家富强，就是要全面建成小康社会，并在此基础上建设社会主义现代化国家；民族振兴，就是要使中华民族更加坚强有力地自立于世界民族之林，为人类作出新的更大的贡献；人民幸福，就是要坚持以人民为中心，增进人民福祉，促进人的全面发展，朝着共同富裕方向稳步前进。

中国梦把国家的追求、民族的向往、人民的期盼融为一体，体现了中华民族和中国人民的整体利益，表达了每一个中华儿女的共同愿景，成为激荡在全体中国人民心中的高昂旋律，成为中华民族团结奋斗的最大公约数和最大同心圆。

以习近平同志为核心的党中央将实现中华民族伟大复兴的伟大梦想，形象地表达为"中国梦"，鼓舞人心、催人奋进，是新时代开拓前进的目标引领和凝心聚力的精神支撑，体现了新时代中国共产党人对中国特色社会主义的坚定自信，对国家、民族、人民未来的责任担当。

明确新时代全面深化改革总体规划

新时代，改革进入攻坚期和深水区，迫切需要最大限度集中全党全社会智慧，最大限度调动一切积极因素，敢于啃硬骨头，敢于涉险滩，以更大决心冲破思想观念的束缚、突破利益固化的藩篱。

党的十八届三中全会审议通过的《中共中央关于全面深化改革若干重大问题的决定》，站在中国特色社会主义事业发展全局的战略高度，对全面深化改革作出了顶层设计和总体规划，明确全面深化改革的指导思想、目标任务、重大原则，科学规划全面深化改革的战略重点、优先顺序、主攻方向、工作机制、推进方式和时间表、路线图。

全会强调，实践永无止境，解放思想永无止境，改革开放永无止境。面对新形势新任务，全面建成小康社会，进而建成富强民主文明和谐的社会主义现代化国家、实现中华民族伟大复兴的中国梦，必须在新的历史起点上全面深化改革。

全会明确全面深化改革的总目标是完善和发展中国特色社会主义制度，推进国家治理体系和治理能力现代化。必须更加注重改革的系统性、整体性、协同性，加快发展社会主义市场经济、民主政治、先进文化、和谐社会、生态文明，让一切劳动、知识、技术、管理、资本的活力竞相迸发，让一切创造社会财富的源泉充分涌流，让发展成果更多更公平惠及全体人民。

全会在重大理论和政策问题上取得一系列新突破，提出"使市场在资源配置中起决定性作用和更好发挥政府作用""推进协商民主广泛多层制度化发展"等新观点新论断，出台包括经济、政治、文化、社会、生态文明和党的建设等领域336项较大的改革举措。全会决定，中央成立全面深化改革领导小组，负责改革总体设计、统筹协调、整体推进、督促落实。

2019 年 1 月，习近平在主持召开中央全面深化改革委员会第六次会议时强调，党的十一届三中全会是划时代的，开启了改革开放和社会主义现代化建设历史新时期。党的十八届三中全会也是划时代的，开启了全面深化改革、系统整体设计推进改革的新时代，开创了我国改革开放的全新局面。这一重大论断，标识了党的十八届三中全会在中国改革开放史上的划时代地位。由此，全面深化改革逐步上升为中国特色社会主义战略布局的重要组成部分，为坚持和发展中国特色社会主义、实现中华民族伟大复兴提供了更为强大的前进动力和更为完善的制度保障。

二、推进中国特色社会主义事业总体布局和战略布局

党的十八大强调，要全面落实经济建设、政治建设、文化建设、社会建设、生态文明建设"五位一体"总体布局，促进现代化建设各方面相协调，促进生产关系与生产力、上层建筑与经济基础相协调，不断开拓生产发展、生活富裕、生态良好的文明发展道路。党的十八大以来，党形成并协调推进全面建成小康社会、全面深化改革、全面依法治国、全面从严治党"四个全面"战略布局。"五位一体"总体布局和"四个全面"战略布局相互促进、统筹联动，从全局上确立了新时代坚持和发展中国特色社会主义的战略规划和部署，标志着党对中国特色社会主义建设规律的把握达到了一个前所未有的高度。

统筹推进"五位一体"总体布局

"五位一体"总体布局的形成，是党对社会主义建设规律在实践与认识上不断深化的重要成果。改革开放以来，随着经济社会发展和实践深入，从物质文明、精神文明"两个文明"，到经济建设、政治建设、文化建设"三位一体"，再发展到经济建设、政治建设、文化建设、社会建设"四位一体"。党的十八大把生态文明建设纳入中国特色社会主义事业总体布局，使生态文明建设的战略地位更加明确，有利于把生态文明建设融入经济建设、政治建设、文化建设、社会建设各方面和全过程，标志着中国特色社会主义总体布局更加完善、更加健全。

党的十八大后，党中央按照"五位一体"的整体性目标要求，坚持以经济建设为中心，促进经济建设、政治建设、文化建设、社会建设、生态文明建设各方面相协调，推动生产关系与生产力、上层建筑与经济基础相适应，不断推进中国特色社会主义事业全面发展、全面进步。

在经济建设上，全方位推进经济体制改革，明确经济体制改革的核心问题是处理好政府和市场的关系，作出我国经济发展进入新常态这一重大论断，提出坚持以人民为中心的发展思想，强调牢固树立创新、协调、绿色、开放、共享的新发展理念，以供给侧结构性改革适应并引领经济新常态，按照稳中求进的工作总基调扎实推进我国经济持续健康发展。

在政治建设上，始终坚持正确的政治发展道路，强调坚持党的领导、人民当家作主、依法治国有机统一，以保证人民当家作主为根本，以增强党和国家活力、调动人民积极性为目标，坚持发挥党总揽全局、协调各方的领导核心作用，坚持和完善中国共产党领导的多党合作和政治协商制度，坚持和完善民族区域自治制度，坚持和完善基层群众自治制度，扩大社会主义民主，发展社会主义政治文明。

在文化建设上，坚持中国特色社会主义文化发展道路，全面加强党对宣传思想工作和意识形态工作的领导，明确把文化自信纳入"四个自信"之中，在全社会大力培育和践行社会主义核心价值观，建立健全党和国家功勋荣誉表彰制度，推进中华优秀传统文化创造性转化、创新性发展，健全现代文化产业体系和市场体系，推进社会主义文化强国建设。

在社会建设上，把增进人民福祉作为发展的根本目的，着力在发展中补齐民生短板，以体制创新为关键，加强和创新社会治理，把党的领导和社会主义制度优势转化为社会治理优势，不断完善中国特色社会主义社会治理体系，推动建立党委领导、政府负责、社会协同、公众参与、法治保障的社会治理体制，推动形成共建共治共享的社会治理格局。

在生态文明建设上，以"绿水青山就是金山银山"理念为先导，完善生态文明建设的总体目标、基本理念、主要原则、重点任务、制度保障等，把良好生态环境作为最普惠的民生福祉，强调用最严格的制度、最严密的法治保护生态环境，不断推进绿色发展方式和绿色生活方式，积极参与全球环境与气候治理。

"五位一体"总体布局相互联系、相互促进、不可分割，是根据时代特征、发展要求和人民期望而作出的战略部署，更是遵循党、国家和人类文明发展规律作出的科学决策，彰显了中国共产党把握世界大势和国内形势、不断改革创新的勇气。

协调推进"四个全面"战略布局

改革开放经历了从起步之初的艰难探索，到击水中流的豪迈挺进，中国经济社会发展已过万重山岳。未来的发展之路应如何绘就？更深层次的改革该如何推进？习近平指出，我们既要注重总体谋划，又要注重牵住"牛鼻子"，坚持摸着石头过河和加强顶层设计相结合。

以习近平同志为核心的党中央站在新的历史起点上，把握我国发展新特征，明确将"四个全面"定位为战略布局，作为党在新时代治国理政的总抓手。"四个全面"战略布局的形成，是在新的时代条件下，推进改革开放和社会主义现代化建设、坚持和发展中国特色社会主义的战略抉择。

党的十八大提出全面建成小康社会的奋斗目标。党的十八届三中全会提出全面深化改革的战略部署，吹响了全面深化改革的进军号。党的十八届四中全会对法治中国进行了战略部署，明确了全面推进依法治国的战略任务。2014年10月，习近平在党的群众路线教育实践活动总结大会上，提出全面推进从严治党。11月，习近平在福建考察调研时提出，要协调推进全面建成小康社会、全面深化改革、全面推进依法治国进程。12月，习近平在江苏调研时首次提出，协调推进全面建成小康社会、全面深化改革、全面依法治国、全面从严治党。2015年2月，习近平在省部级主要领导干部学习贯彻十八届四中全会精神全面推进依法治国专题研讨班开班式上，对"四个全面"及其相互关系进行了系统阐释，强调每一个"全面"都具有重大战略意义，全面建成小康社会是战略目标，全面深化改革、全面依法治国、全面从严治党是三大战略举措。

党的十八届三中、四中、五中、六中全会，相继就全面深化改革、全面依法治国、全面建成小康社会、全面从严治党进行了专题研究，完成了"四个全面"战略布局的顶层设计。

全面建成小康社会是实现中华民族伟大复兴中国梦的关键一步，在"四个全面"战略布局中居于引领地位。实现全面建成小康社会的目标要求，必须紧扣我国社会主要矛盾变化，统筹推进"五位一体"总体布局，坚定实施科教兴国战略、人才强国战略、创新驱动发展战略、乡村振兴战略、区域协调发展战略、可持续发展战略、军民融合发展战略，突出抓重点、补短板、强弱项，特别要坚决打好防范化解重大风险、精准脱贫、污染防治的攻坚战，使全面建成小康社会得到人民认可、经得起历史检验。

全面深化改革是"四个全面"战略布局中具有突破性和先导性的关键环节。在中国这样一个拥有 14 亿多人口的国家深化改革，绝非易事。中国改革已经进入深水区，可以说，容易的、皆大欢喜的改革已经完成，剩下的都是难啃的硬骨头。必须以更大的政治勇气和智慧，不失时机、蹄疾步稳深化重要领域和关键环节改革，提高改革综合效能。全面深化改革是一个复杂的系统工程，需要建立更高层面的领导机制。2013 年 12 月，中央成立习近平任组长的中央全面深化改革领导小组。截至 2017 年 8 月 29 日，习近平主持了全部 38 次深改小组会议，聚焦改革任务，突出问题导向，突出精准发力，审议通过 365 个重要改革文件，确定 357 个重点改革任务，推出 1500 多项改革举措，主要领域改革主体框架基本确立。

全面依法治国是坚持和发展中国特色社会主义的本质要求，是国家治理的一场深刻变革，是全面建成小康社会和实现中华民族伟大复兴不可或缺的坚实保障。全面依法治国的总目标，是建设中国特色社会主义法治体系、建设社会主义法治国家。全面依法治国的重大任务，是完善以宪法为核心的中国特色社会主义法律体系，加强宪法实施；深入推进依法行政，加快建设法治政府；保证公正司法，提高司法公信力；增强全民法治观念，推进法治社会建设；加强和改进党对全面推进依法治国的领导。

全面从严治党是新时代应对执政考验、改革开放考验、市场经济考验、外部环境考验，克服精神懈怠的危险、能力不足的危险、脱离群众的危险、消极腐败的危险的必然选择，是协调推进"四个全面"战略布局的根本保证。新时代推进全面从严治党，就是要坚持和加强党的全面领导，坚持党要管党、全面从严治党，以党的政治建设为统领，全面推进党的政治建设、思想建设、组织建设、作风建设、纪律建设，把制度建设贯穿其中，深入推进反腐败斗争，不断提高党的建设质量，把党建设成为始终走在时代前列、人民衷心拥护、勇于自我革命、经得起各种风浪考验、朝气蓬勃的马克思主义执政党。

"四个全面"相辅相成、相互促进、相得益彰，具有紧密逻辑和内在联系，是战略目标与战略举措相统一的有机整体，抓住了党和国家事业发展中根本性、全局性、紧迫性的重大问题，擘画了推进改革开放和现代化建设的顶层设计，集中体现了党和国家事业长远发展的战略目标和举措。

党和国家事业取得历史性成就、发生历史性变革

党的十八大以后的 5 年，是党和国家发展进程中极不平凡的 5 年。面对世界经济复苏乏力、局部冲突和动荡频发、全球性问题加剧的外部环境，面对我国经济发展进入新常态等一系列深刻变化，党中央坚持稳中求进工作总基调，迎难而上，开拓进取，取得了改革开放和社会主义现代化建设的历史性成就，党和国家事业全面开创新局面。

经济建设取得重大成就。坚定不移贯彻新发展理念，转变发展方式，经济发展质量和效益不断提升。经济保持中高速增长，国内生产总值稳居世界第二，对世界经济增长贡献率年均超过 30%。深入推进供给侧结构性改革，经济结构不断优化，数字经济等新兴产业蓬勃发展。区域发展协调性增强，京津冀协同发展、长江经济带发展成效显著。大力实施创新驱动发展战略，创新型国家建设成果丰硕，重大科技成果相继问世。开放型经济新体制不断健全，更高水平的开放格局逐步形成。

民主法治建设迈出重大步伐。党的领导、人民当家作主、依法治国有机统一的制度建设全面加强，党的领导体制机制不断完善，社会主义民主不断发展，党内民主更加广泛，社会主义协商民主全面展开，中国特色社会主义法治体系日益完善，国家监察体制改革试点取得实效。

思想文化建设取得重大进展。加强党对意识形态工作的领导，党的理论创新全面推进，马克思主义在意识形态领域的指导地位更加鲜明，中国特色社会主义和中国梦深入人

★ 2013 年 11 月 3 日，习近平在湖南省湘西土家族苗族自治州花垣县排碧乡十八洞村同村民座谈

心，公共文化服务水平不断提高，国家文化软实力和中华文化影响力大幅提升。

人民生活不断改善。脱贫攻坚战取得决定性进展，从 2012 年末到 2017 年末 6000 多万贫困人口稳定脱贫，贫困发生率从 10.2% 下降到 4% 以下。教育事业全面发展，中西部和农村教育明显加强。就业状况持续改善，城镇新增就业年均 1300 万人以上。城乡居民收入增速超过经济增速，中等收入群体持续扩大。覆盖城乡居民的社会保障体系基本建立，人民健康和医疗卫生水平大幅提高，保障性住房建设稳步推进。社会治理体系更加完善，社会大局保持稳定，国家安全全面加强。

生态文明建设成效显著。生态文明制度体系加快形成，主体功能区制度逐步健全，国家公园体制试点积极推进，重大生态保护和修复工程进展顺利，森林覆盖率持续提高。生态环境治理明显加强，环境状况得到改善。引导应对气候变化国际合作，成为全球生态文明建设的重要参与者、贡献者、引领者。

强军兴军开创新局面。召开古田全军政治工作会议，恢复和发扬我党我军光荣传统和优良作风，人民军队政治生态得到有效治理。国防和军队改革取得历史性突破，形成军委管总、战区主战、军种主建新格局，人民军队组织架构和力量体系实现革命性重塑。加强练兵备战，有效遂行海上维权、反恐维稳、抢险救灾、国际维和、亚丁湾护航、人道主义救援等重大任务，武器装备加快发展，军事斗争准备取得重大进展。

港澳台工作取得新进展。全面准确贯彻"一国两制"方针，牢牢掌握宪法和基本法赋予的中央对香港、澳门全面管治权，深化内地和港澳地区交流合作，保持香港、澳门繁荣稳定。坚持一个中国原则和"九二共识"，推动两岸关系和平发展，加强两岸经济文化交流合作，实现两岸领导人历史性会晤。妥善应对台湾局势变化，坚决反对和遏制"台独"分裂势力，有力维护台海和平稳定。

全方位外交布局深入展开。全面推进中国特色大国外交，形成全方位、多层次、立体化的外交布局，为我国发展营造了良好外部条件。实施共建"一带一路"倡议，发起创办亚洲基础设施投资银行，设立丝路基金，举办首届"一带一路"国际合作高峰论坛、亚太经合组织领导人非正式会议、二十国集团领导人杭州峰会、金砖国家领导人厦门会晤、亚信峰会。倡导构建人类命运共同体，促进全球治理体系变革。我国国际影响力、感召力、塑造力进一步提高，为世界和平与发展作出新的重大贡献。

全面从严治党成效卓著。推动全党尊崇党章，增强"四个意识"，坚决维护党中央权威和集中统一领导。开展党的群众路线教育实践活动和"三严三实"专题教育，推进"两学一做"学习教育常态化制度化，全党理想信念更加坚定、党性更加坚强。贯彻新时期好干部标准，选人用人状况和风气明显好转。党的建设制度改革深入推进，党内法规制度体系不断完善。出台中央八项规定，严厉整治形式主义、官僚主义、享乐主义和奢靡之风，坚决反对特权。巡视利剑作用彰显，实现中央和省级党委巡视全覆盖。坚持反腐败无禁区、全覆盖、零容忍，坚定不移"打虎""拍蝇""猎狐"，不敢腐的目标初步实现，不能腐的笼子越扎越牢，不想腐的堤坝正在构筑，反腐败斗争压倒性态势已形成并巩固发展。

五年来的成就是全方位的、开创性的，五年来的变革是深层次的、根本性的。五年来，以习近平同志为核心的党中央，以巨大的政治勇气和强烈的责任担当，提出一系列新理念新思想新战略，出台一系列重大方针政策，推出一系列重大举措，推进一系列重大工作，解决了许多长期想解决而没有解决的难题，办成了许多过去想办而没有办成的大事，推动党和国家事业发生历史性变革。这些历史性变革，对党和国家事业发展具有重大而深远的影响。党的面貌、国家的面貌、人民的面貌、军队的面貌、中华民族的面貌发生了前所未有的变化，中华民族正以崭新姿态屹立于世界的东方。

三、乘势而上开启全面建设社会主义现代化国家新征程

漫漫征途谋新篇，雄心壮志启新程。党的十九大确立习近平新时代中国特色社会主义思想为党的指导思想，作出中国特色社会主义进入新时代的重大政治判断，结合"两个一百年"奋斗目标，对决胜全面建成小康社会、开启全面建设社会主义现代化国家新征程作出了战略部署和安排。党的十九大以来，以习近平同志为核心的党中央，立足新时代历史方位，准确把握我国社会主要矛盾发生的历史性变化，聚焦新目标，锚定新征程，协同推进人民富裕、国家强盛、中国美丽，在自己选择的道路上昂首阔步前行。

决胜全面建成小康社会、开启新征程的战略部署和安排

2017 年 10 月 18 日至 24 日，中国共产党第十九次全国代表大会在北京举行。大会明确指出，中国共产党人的初心和使命就是为中国人民谋幸福、为中华民族谋复兴，我们比历史上任何时期都更接近、更有信心和能力实现中华民族伟大复兴的目标。大会强调，中华民族伟大复兴绝不是轻轻松松、敲锣打鼓就能实现的，必须准备付出更为艰巨、更为艰苦的努力。实现伟大梦想，必须进行伟大斗争、建设伟大工程、推进伟大事业，"四个伟大"紧密联系、相互贯通、相

互作用，其中起决定性作用的是党的建设新的伟大工程。

大会作出中国特色社会主义进入新时代的重大政治判断，提出我国社会主要矛盾已经转化为人民日益增长的美好生活需要和不平衡不充分的发展之间的矛盾，这是关系全局的历史性变化，对党和国家工作提出了许多新要求。

大会结合"两个一百年"奋斗目标，鲜明指出从党的十九大到二十大，是"两个一百年"奋斗目标的历史交汇期，既要全面建成小康社会、实现第一个百年奋斗目标，又要乘势而上开启全面建设社会主义现代化国家新征程，向第二个百年奋斗目标进军。综合分析国际国内形势和我国发展条件，从2020年到本世纪中叶可以分两个阶段来安排。第一个阶段，从2020年到2035年，在全面建成小康社会的基础上，再奋斗15年，基本实现社会主义现代化。第二个阶段，从2035年到本世纪中叶，在基本实现现代化的基础上，再奋斗15年，把我国建成富强民主文明和谐美丽的社会主义现代化强国。

大会按照中国特色社会主义事业"五位一体"总体布局，对经济建设、政治建设、文化建设、社会建设、生态文明建设进行了全面部署。强调要贯彻新发展理念，建设现代化经济体系；健全人民当家作主制度体系，发展社会主义民主政治；坚定文化自信，推动社会主义文化繁荣兴盛；提高保障和改善民生水平，加强和创新社会治理；加快生态文明体制改革，建设美丽中国。大会还对国防和军队建设、港澳台工作和外交工作作出重要部署。

党的十九大着眼中国特色社会主义事业长远发展，郑重提出习近平新时代中国特色社会主义思想，并把这一思想确

★《习近平谈治国理政》

立为党必须长期坚持的指导思想，写进党章，实现了党的指导思想的又一次与时俱进。十三届全国人大一次会议通过宪法修正案，郑重地把习近平新时代中国特色社会主义思想载入宪法，以法律形式确认了其在国家政治生活和社会生活中的指导地位，体现了全国各族人民的共同意志和全社会的共同意愿。习近平新时代中国特色社会主义思想是对马列主义、毛泽东思想、邓小平理论、"三个代表"重要思想、科学发展观的继承和发展，是马克思主义中国化最新成果，是全党和全国人民实践经验和集体智慧的结晶，是全国人民为实现中华民族伟大复兴而奋斗的行动指南，必须长期坚持并不断发展。

习近平新时代中国特色社会主义思想，坚持马克思主义立场观点方法，坚持科学社会主义基本原则，科学总结世界社会主义运动经验教训，根据时代和实践发展变化，以崭新的思想内容丰富和发展了马克思主义，形成了系统科学的理论体系。其核心内涵是"八个明确"和"十四个坚持",两者有机融合、有机统一,凝结着党坚持和发展中国特色社会主义的宝贵经验,反映了党中央对中国特色社会主义规律性认识的深化、拓展、升华,体现了理论与实际相结合、认识论与方法论相统一的鲜明特色,体现了战略与战术、目标与路径、顶层设计与微观指导、继承性与创新性、历史现实未来、中国关怀与世界关切相统一的独特魅力和实践价值。

习近平新时代中国特色社会主义思想,体系严整、逻辑严密、内涵丰富、博大精深,闪耀着马克思主义真理光辉,是当代中国马克思主义、21世纪马克思主义。这一科学思想贯通马克思主义哲学、政治经济学、科学社会主义,贯通改革发展稳定、内政外交国防、治党治国治军等各领域,使党对共产党执政规律、社会主义建设规律、人类社会发展规律的认识达到了新高度,为发展马克思主义作出原创性贡献。

习近平在领导全党全国各族人民推进党和国家事业的实践中,以马克思主义政治家、思想家、战略家的非凡理论勇气、卓越政治智慧、强烈使命担当,以"我将无我,不负人民"的赤子情怀,应时代之变迁、立时代之潮头、发时代之先声,既坚持了老祖宗,又讲了很多新话,提出一系列具有开创性意义的新理念新思想新战略,为习近平新时代中国特色社会主义思想的创立发挥了决定性作用、作出了决定性贡献。

总结升华改革开放 40 年历史经验

2018年是改革开放40周年。12月,党中央隆重举行庆祝改革开放40周年大会。习近平在会上回顾改革开放40年的光辉历程，总结改革开放的伟大成就，深刻指出改革开放是党和人民大踏步赶上时代的重要法宝，是坚持和发展中国特色社会主义的必由之路，是决定当代中国命运的关键一招，也是决定实现"两个一百年"奋斗目标、实现中华民族伟大复兴的关键一招。

习近平指出，改革开放40年积累的宝贵经验是党和人民弥足珍贵的精神财富，对新时代坚持和发展中国特色社会主义具有极为重要的指导意义。必须坚持党对一切工作的领导，不断加强和改善党的领导；必须坚持以人民为中心，不断实现人民对美好生活的向往；必须坚持马克思主义指导地位，不断推进实践基础上的理论创新；必须坚持走中国特色社会主义道路，不断坚持和发展中国特色社会主义；必须坚持完善和发展中国特色社会主义制度，不断发挥和增强我国制度优势；必须坚持以发展为第一要务，不断增强我国综合国力；必须坚持扩大开放，不断推动共建人类命运共同体；必须坚持全面从严治党，不断提高党的创造力、凝聚力、战斗力；必须坚持辩证唯物主义和历史唯物主义世界观和方法论，正确处理改革发展稳定的关系。

习近平宣示了在新时代将改革开放进行到底的信心和决心，强调："我们现在所处的，是一个船到中流浪更急、人到半山路更陡的时候，是一个愈进愈难、愈进愈险而又不进则退、非进不可的时候。"改革开放已走过千山万水，但仍需跋山涉水，要动员全党全国各族人民在新时代继续把改革开放推向前进，为实现"两个一百年"奋斗目标、实现中华民族伟大复兴的中国梦不懈奋斗。

2020年10月14日，习近平在深圳经济特区建立40周

年庆祝大会上发表重要讲话，强调要从我国进入新发展阶段
大局出发，落实新发展理念，紧扣推动高质量发展、构建新
发展格局，以一往无前的奋斗姿态、风雨无阻的精神状态，
改革不停顿，开放不止步，在更高起点上推进改革开放。
习近平深刻总结深圳等经济特区 40 年改革开放实践积累的
10 条宝贵经验，强调关于兴办经济特区的战略决策是完全
正确的，经济特区不仅要继续办下去，而且要办得更好、办
得水平更高。11 月 12 日，习近平在浦东开发开放 30 周年
庆祝大会上再次发表重要讲话，强调要勇于挑最重的担子、
啃最硬的骨头，努力成为更高水平改革开放的开路先锋、全
面建设社会主义现代化国家的排头兵、彰显"四个自信"的
实践范例，更好向世界展示中国理念、中国精神、中国道
路。2021 年 7 月 9 日，习近平主持召开中央全面深化改革
委员会第二十次会议，审议通过《关于推进自由贸易试验区
贸易投资便利化改革创新的若干措施》。会议强调，要围绕
实行高水平对外开放，充分运用国际国内两个市场、两种资
源，对标高标准国际经贸规则，积极推动制度创新，以更大
力度谋划和推进自由贸易试验区高质量发展；要深入推进高
水平制度型开放，赋予自由贸易试验区更大改革自主权，加
强改革创新系统集成，统筹开放和安全，努力建成具有国际
影响力和竞争力的自由贸易园区，发挥好改革开放排头兵的
示范引领作用。

推进国家治理体系和治理能力现代化

党的十九大以来，随着全面深化改革向纵深发展，我国

内外环境不断发生深刻变化，要求在推进国家治理体系和治理能力现代化上下更大功夫。

为了从党和国家机构职能上确保坚持和加强党的领导、坚持和完善中国特色社会主义制度，党的十九届三中全会审议通过《中共中央关于深化党和国家机构改革的决定》和《深化党和国家机构改革方案》，对改革进行了整体部署。深化党和国家机构改革，是对党和国家组织结构和管理体制的一次系统性、整体性重构，为形成更加完善的中国特色社会主义制度创造有利条件。

党的十九届四中全会审议通过《中共中央关于坚持和完善中国特色社会主义制度、推进国家治理体系和治理能力现代化若干重大问题的决定》，系统总结我国国家制度和国家治理体系的巨大成就和显著优势，深入阐释了支撑中国特色社会主义制度的根本制度、基本制度、重要制度，对新时代坚持和完善中国特色社会主义制度、推进国家治理体系和治理能力现代化作出顶层设计和全面部署，描绘了坚持和完善中国特色社会主义制度的宏伟蓝图。全会明确提出坚持和完善中国特色社会主义制度，推进国家治理体系和治理能力现代化的总体目标：到我们党成立一百年时，在各方面制度更加成熟更加定型上取得明显成效；到2035年，各方面制度更加完善，基本实现国家治理体系和治理能力现代化；到新中国成立一百年时，全面实现国家治理体系和治理能力现代化，使中国特色社会主义制度更加巩固、优越性充分展现。全会强调，必须构建系统完备、科学规范、运行有效的制度体系，加强系统治理、依法治理、综合治理、源头治理，把我国制度优势更好转化为国家治理效能，不断彰显"中国之治"的制度优势和强大生命力。

党的十九届四中全会总结实践经验，对党已经明确的根本制度、基本制度、重要制度等作出了一些新的概括。比如，把社会主义基本经济制度确定为"公有制为主体、多种所有制经济共同发展，按劳分配为主体、多种分配方式并存，社会主义市场经济体制等社会主义基本经济制度"，明确提出"坚持马克思主义在意识形态领域指导地位的根本制度"，对中国特色社会主义法治体系、中国特色社会主义行政体制、繁荣发展社会主义先进文化的制度、统筹城乡的民生保障制度、共建共治共享的社会治理制度、生态文明制度体系、党对人民军队的绝对领导制度、"一国两制"制度体系、党和国家监督体系等也进一步作出阐述。这三类制度，从不同层次，围绕内政外交国防、治党治国治军，对党和国家各方面事业作出制度安排，是中国特色社会主义制度的总纲和总遵循。全会指出，在长期的奋斗中，党带领人民创造了经济快速发展奇迹、社会长期稳定奇迹。"两大奇迹"之所以能够产生，是党带领人民长期不懈奋斗的必然结果，也是我国国家制度和治理体系显著优势充分发挥的必然结果。

2020 年 12 月，中央全面深化改革委员会第十七次会议审议了党的十八届三中全会以来全面深化改革总结评估报告，回顾了几年来气势如虹、波澜壮阔的改革进程，指出这是一场思想理论、改革组织方式、国家制度和治理体系、人民广泛参与的深刻变革。党的十八届三中全会部署的 336 项重大改革措施，完成 304 项、部分完成 19 项；党的十八届四中全会部署的 190 项重大改革措施，完成 153 项、部分完成 31 项；党的十八届五中全会部署的 72 项重大改革措施，完成 59 项、部分完成 13 项；党的十八届六中全会部署的 18 项重大改革措施，完成 16 项、部分完成 1 项；党的十九大部署的 158 项重大改革措施，完成 109 项、部分完成 32 项；党的十九届四中全会部署的 215 项重大改革措施，完成 55 项、部分完成 41 项。十八届三中全会召开 7 年多来，各方面共推出 2485 个改革方案，十八届三中全会提出的改革目标任务总体如期完成。2020 年 12 月 30 日，习近平在中央全面深化改革委员会第十七次会议上指出，全面深化改革取得历史性伟大成就，要坚定改革信心，汇聚改革合力，推动新发展阶段改革取得更大突破。

"十四五"规划与 2035 年远景目标

"十三五"时期是全面建成小康社会决胜阶段，在党和国家发展进程中极不平凡。这 5 年令人振奋，大事喜事接连不断，胜利召开党的十九大、庆祝改革开放 40 周年、欢庆新中国成立 70 周年，极大鼓舞了党心民心。这 5 年让人揪心，急事难事接踵而至，面对中美经贸摩擦、来势汹汹的新冠肺炎疫情、多年罕见的洪涝灾害等前所未有的困难和挑战，党中央团结带领人民敢于斗争，善于斗争，逢山开道，遇水架桥，勇于战胜一切风险挑战。

"十三五"时期，全面深化改革取得重大突破，全面依法治国取得重大进展，全面从严治党取得重大成果，国家治理体系和治理能力现代化加快推进，中国共产党领导和我国社会主义制度优势进一步彰显。我国经济实力、科技实力、综合国力跃上新的大台阶，经济运行总体平稳，经济结构持续优化；脱贫攻坚成果举世瞩目，5575万农村贫困人口实现脱贫；粮食年产量连续5年稳定在13000亿斤以上；污染防治力度加大，生态环境明显改善；对外开放持续扩大，共建"一带一路"成果丰硕；人民生活水平显著提高，高等教育进入普及化阶段，城镇新增就业超过6000万人，建成世界上规模最大的社会保障体系，基本医疗保险覆盖超过13亿人，基本养老保险覆盖近10亿人，新冠肺炎疫情防控取得重大战略成果；文化事业和文化产业繁荣发展；国防和军队建设水平大幅提升，军队组织形态实现重大变革；国家安全全面加强，社会保持和谐稳定。

党的十九届五中全会审议通过的《中共中央关于制定国民经济和社会发展第十四个五年规划和二〇三五年远景目标的建议》，坚持立足国内和全球视野相统筹，坚持问题导向和目标导向相统一，坚持中长期目标和短期目标相贯通，坚持全面规划和突出重点相协调，做好"两个一百年"奋斗目标有机衔接。全会提出了"十四五"时期经济社会发展的主要目标，阐述了"十四五"时期经济社会发展和改革开放的重点任务和必须遵循的原则，按照新发展理念要求，明确了从科技创新、产业发展、国内市场、深化改革、乡村振兴、区域发展，到文化建设、绿色发展、对外开放、社会建设、安全发展、国防建设12个重点领域的发展思路和重点工作，并作出相应工作部署。

党的十九届五中全会站在"两个一百年"奋斗目标历史交汇点上，制定"十四五"规划，并将"十四五"规划与2035年远景目标统筹考虑，通过制定《建议》，明确"十四五"时期经济社会发展的基本思路、主要目标以及

2035 年远景目标，突出新发展理念的引领作用，提出一批具有标志性的重大战略，实施富有前瞻性、全局性、基础性、针对性的重大举措，统筹谋划好重要领域的接续改革，为实现第二个百年奋斗目标、实现中华民族伟大复兴的中国梦奠定坚实基础，对动员和引领全党全国各族人民继续抓好用好重要战略机遇期，把握新发展阶段、贯彻新发展理念、构建新发展格局，实现高质量发展，为全面建设社会主义现代化国家开好局、起好步，必将产生极其重大而深远的影响。十三届全国人大四次会议审议通过的《中华人民共和国国民经济和社会发展第十四个五年规划和 2035 年远景目标纲要》，阐明国家战略意图，明确政府工作重点，引导规范市场主体行为，是开启全面建设社会主义现代化国家新征程的宏伟蓝图，是全国各族人民共同的行动纲领。

把握新发展阶段、贯彻新发展理念、构建新发展格局

"辨方位而正则"。正确认识党和人民事业所处的历史方位和发展阶段，是我们党明确阶段性中心任务、制定路线方针政策的根本依据。随着"十三五"规划目标任务的完成、全面建成小康社会胜利在望，中华民族伟大复兴向前迈出了新的一大步，标志着我国进入了一个新的发展阶段。进入新发展阶段，是中华民族伟大复兴历史进程的大跨越，在我国发展进程中具有里程碑意义。

2020 年 8 月，习近平在经济社会领域专家座谈会上的讲话中指出，"十四五"时期是我国全面建成小康社会、实

现第一个百年奋斗目标之后，乘势而上开启全面建设社会主义现代化国家新征程、向第二个百年奋斗目标进军的第一个五年，我国将进入新发展阶段。他强调，要以畅通国民经济循环为主，推动形成以国内大循环为主体、国内国际双循环相互促进的新发展格局。党的十九届五中全会着眼 2035 年基本实现社会主义现代化的远景目标，要求加快构建以国内大循环为主体、国内国际双循环相互促进的新发展格局。2020 年 12 月，习近平在中央经济工作会议上提出，要立足新发展阶段、贯彻新发展理念、构建新发展格局。

2021 年 1 月 11 日，习近平在省部级主要领导干部学习贯彻党的十九届五中全会精神专题研讨班开班式上强调，进入新发展阶段、贯彻新发展理念、构建新发展格局，是由我国经济社会发展的理论逻辑、历史逻辑、现实逻辑决定的。这个重要讲话，深刻回答了我国处在什么发展阶段、实现什么样的发展、怎样发展的重大问题，对我国进入新发展阶段的主要依据和目标要求作了科学分析，对深入贯彻新发展理念提出了新要求，对加快构建新发展格局提出了主攻方向，对加强党对社会主义现代化建设的全面领导进行了深刻阐述。

进入新发展阶段的重大战略判断，彰显了党对时代发展大势的准确把握。习近平在专题研讨班上指出，新发展阶段是社会主义初级阶段中的一个阶段，是我国社会主义发展进程中的一个重要阶段，是经过几十年积累、站到了新的起点上的一个阶段，是党带领人民迎来从站起来、富起来到强起来历史性跨越的新阶段。2021 年 1 月 28 日，习近平在主持十九届中央政治局第二十七次集体学习时指出，进入新发展阶段，必须更加注重高质量发展、更加注重共同富裕、更加注重人的全面发展、更加注重人与自然和谐共生、更加注重制度完备、更加注重为全球治理贡献中国智慧和中国方案。要统筹发展和安全，善于预见和预判各种风险挑战，做好应对各种"黑天鹅""灰犀牛"事件的预案，不断增强发展的安全性。

全面贯彻新发展理念。习近平在专题研讨班上强调，全党必须完整、准确、全面贯彻新发展理念，要从根本宗旨上把握新发展理念、从问题导向上把握新发展理念、从忧患意识上把握新发展理念，要坚持政治安全、人民安全、国家利益至上的有机统一。习近平在主持十九届中央政治局第二十七次集体学习时再次强调，要坚持创新发展、协调发展、绿色发展、开放发展、共享发展，使之协同发力、形成合力。

加快构建新发展格局。这是立足当前、着眼长远，适应新发展阶段要求、建设现代化经济体系的主动选择，也是适应世界百年未有之大变局加速演进、应对世界格局深刻变化的理性决策，对确保我国经济行稳致远意义重大而深远。习近平在专题研讨班上指出，只有立足自身，把国内大循环畅通起来，才能任由国际风云变幻，始终充满朝气生存和发展下去；构建新发展格局的关键在于经济循环的畅通无阻，最本质的特征是实现高水平的自立自强。2021年7月9日，习近平在中央全面深化改革委员会第二十次会议上强调，加快构建新发展格局，是把握未来发展主动权的战略举措，是为了在各种可以预见和难以预见的惊涛骇浪中增强生存力、竞争力、发展力、持续力，是一场需要保持顽强斗志和战略定力的攻坚战、持久战。

进入新发展阶段明确了新时代我国发展的新的历史方

位，贯彻新发展理念明确了新时代我国社会主义现代化建设的指导原则，构建新发展格局明确了新时代我国经济现代化的路径选择。科学的历史方位判断、精准的指导原则确立、清晰的路径选择引领，为"十四五"时期各项目标任务的完成和 2035 年远景目标的实现，提供了有力的理论指导和实践指引。

四、实现中华民族伟大复兴进入了不可逆转的历史进程

百年交汇，千年梦圆。当时间的指针划过 100 个年头，中国共产党迎来百年华诞。经过全党全国各族人民持续奋斗，中国实现了第一个百年奋斗目标，在中华大地上全面建成了小康社会，历史性地解决了绝对贫困问题，正在意气风发向着全面建成社会主义现代化强国的第二个百年奋斗目标迈进。中国共产党和中国人民以英勇顽强的奋斗向世界庄严宣告，中华民族迎来了从站起来、富起来到强起来的伟大飞跃，实现中华民族伟大复兴进入了不可逆转的历史进程，书写了中华民族几千年历史上最恢宏的史诗。这是中华民族的伟大光荣，是中国人民的伟大光荣，是中国共产党的伟大光荣！

脱贫攻坚战取得全面胜利

消除贫困，是千百年来中华民族梦寐以求的夙愿。以

习近平同志为核心的党中央，团结带领人民在 960 多万平方公里的土地上，向绝对贫困宣战，打响了一场"当惊世界殊"的人民战争。

小康不小康，关键看老乡。全面建成小康社会、实现第一个百年奋斗目标，农村贫困人口全部脱贫是一个标志性指标，最艰巨最繁重的任务在农村，特别是在贫困地区。党的十八大以来，习近平高度重视消除贫困问题，足迹遍布全国 14 个集中连片特困地区，先后在陕西、贵州、宁夏、山西、四川等地主持召开 7 次脱贫攻坚座谈会。习近平指出："他们的生活存在困难，我感到揪心。他们生活每好一点，我都感到高兴。"

消除贫困、改善民生、逐步实现共同富裕，是中国特色社会主义的本质要求，是中国共产党的重要历史使命。习近平强调："历史充分证明，江山就是人民，人民就是江山，人心向背关系党的生死存亡。"党的十八大以来，党中央坚持以人民为中心的发展思想，把脱贫攻坚提升到全面建成小康社会、实现第一个百年奋斗目标的政治高度，把脱贫攻坚摆到治国理政的重要位置上，充分发挥党的领导和社会主义制度的政治优势，打响了人类历史上规模最大、力度最强、影响最广的脱贫攻坚战。

党的十九大向全党全国各族人民发出坚决打赢脱贫攻坚战的动员令，向世界各国人民展示了中国政府落实联合国 2030 年可持续发展议程的坚毅决心。2018 年 6 月，党中央、国务院制定《关于打赢脱贫攻坚战三年行动的指导意见》。2019 年 3 月，习近平在全国两会上发出"尽锐出战、迎难而上，真抓实干、精准施策"的号召，吹响拔除农村最后穷根的冲锋号。党的十九届四中全会着眼未来，提出"坚决打赢脱贫攻坚战，巩固脱贫攻坚成果，建立解决相对贫困的长效机制"。2020 年 3 月，在抗击新冠肺炎疫情的艰难时刻，习近平出席决战决胜脱贫攻坚座谈会并发表重要讲话，强调有力动员全党全国全社会力量，确保实现攻城拔寨的最后胜利。

2020 年，举全党全国之力的脱贫攻坚战取得决定性胜利。11 月 23 日，是一个载入史册的不平凡的日子，我国最后 9 个贫困县全部退出贫困县序列。12 月 3 日，习近平主持中央政治局常委会会议，听取脱贫攻坚总结评估汇报。他指出，党中央采取了许多具有原创性、独特性的重大举措，组织实施了人类历史上规模最大、力度最强的脱贫攻坚战，如期完成了新时代脱贫攻坚目标任务，现行标准下农村贫困人口全部脱贫，贫困县全部摘帽，消除了绝对贫困和区域性整体贫困，近 1 亿贫困人口实现脱贫，取得令全世界刮目相看的重大胜利。脱贫攻坚成果举世瞩目，千百年来困扰中华民族的绝对贫困问题画上了句号，创造了人类反贫困史上的中国奇迹。

2021 年 2 月，全国脱贫攻坚总结表彰大会在北京人民大会堂举行。习近平在大会上发表重要讲话，庄严宣告：经过全党全国各族人民共同努力，在迎来中国共产党成立 100 周年的重要时刻，我国脱贫攻坚战取得了全面胜利，现行标准下 9899 万农村贫困人口全部脱贫，832 个贫困县全部摘帽，12.8 万个贫困村全部出列，区域性整体贫困得到解决，完成了消除绝对贫困的艰巨任务。打赢脱贫攻坚战，为实现第一个百年奋斗目标打下了坚实基础，强化了我们党的执政

★ 2021 年 2 月 25 日，习近平为全国脱贫攻坚楷模荣誉称号获得者夏森颁奖

根基，巩固了中国特色社会主义制度，极大增强了人民群众的获得感、幸福感、安全感。

打赢脱贫攻坚战，创造了彪炳史册的人间奇迹，走出了一条中国特色减贫道路，形成了中国特色反贫困理论，也为人类减贫事业作出了历史性贡献，为全球减贫事业提供了中国智慧和中国方案。中国提前 10 年实现联合国确定的减贫目标，解决了西方国家几百年也没能完全消除的绝对贫困问题，向全世界展示了中国共产党的领导和中国特色社会主义制度的优越性。

全面建成小康社会目标如期实现

没有全面小康的实现，民族复兴就无从谈起。在党的十八大以来历史性成就基础上，党的十九大发出了决胜全面建成小康社会的动员令。我国经济实力、科技实力、综合国力和人民生活水平跃上了新的大台阶，全面建成小康社会取得伟大历史性成就，交出了一份得到人民认可、经得起历史检验的答卷。党的十九大以来，党中央以前所未有的决心和力度推进改革开放和社会主义现代化建设，全面建成小康社会进入决胜阶段。

在决胜阶段，党中央突出抓重点、补短板、强弱项，坚决打好防范化解重大风险、精准脱贫、污染防治的攻坚战，取得一系列新的重大成就。

第一，人民对美好生活的期望有了更加坚实的基础和保障。我国经济实力大幅跃升，经济结构持续优化。2020年，中国国内生产总值达101.6万亿元，占世界经济比重在17%左右，稳居世界第二位；人均国内生产总值为72447元，连续两年超过1万美元。经合组织数据显示，2020年中国取代美国成为全球最大的外资流入国。2021年1月至4月，中国实际使用外资金额达3970.7亿元人民币，同比增长38.6%。2016年至2020年，中国粮食产量连续5年稳定在13000亿斤以上。脱贫攻坚成果举世瞩目，5575万农村贫困人口实现脱贫。制造业增加值多年稳居世界首位，220多种工业产品产量居世界第一，近年来对世界经济增长年均贡献率达30%，成为世界经济增长的火车头。社会消费品零售总额达到40万亿元规模，即将成为全球最大的消费品零售市场，消费对经济增长的拉动力进一步提升。到 2020 年底，新型城镇化创历史新高，常住人口城镇化率达 63.9%。我国基础设施建设举世瞩目，高速铁路、高速公路、发电装机容量、互联网基础设施规模等居世界第一。同时，我国还是第一大货物贸易大国、第一大外汇储备大国。科技领域取得重大成就，知识产权产出居世界前列，2020 年通过《专利合作条约》途径提交的国际专利申请量居世界第一。2020 年，我国创新指数居世界第 14 位，保持上升势头。

第二，吃穿用有余，家电全面普及，汽车快速进入百姓之家。消费增长较快，人民生活水平显著提高，生活质量得到较快提升。2020 年，全国居民恩格尔系数为 30.2%，比 2000 年下降 12 个百分点。建成世界上规模最大的社会保障体系，截至 2020 年 12 月底，全国基本养老、失业、工伤保险参保人数分别达到 9.99 亿人、2.17 亿人、2.68 亿人，基本医疗保险覆盖超过 13 亿人，社会保障卡持卡人数达 13.35 亿人。2020 年，城镇居民和农村居民人均住房建筑面积分别达 39.9 平方米、49.6 平方米。

第三，中国越来越美丽。污染防治力度加大，生态环境明显改善，人与自然和谐发展的现代化建设新格局已经形成。2020 年，全国地级及以上城市空气质量平均优良天数比例为 87%，比 2015 年上升 5.8 个百分点；PM2.5 平均浓度为 33 微克 / 立方米，比 2015 年下降 28.3%。2020 年，全国地表水考核断面中，水质优良（Ⅰ—Ⅲ类）断面比例为 83.4%，比 2015 年上升 17.4 个百分点，大江大河干流水质稳步改善。单位国内生产总值能耗比 2015 年下降 13.2%，中国成为世界利用新能源和可再生能源第一大国。生态保护修复制度得以快速落实推进，推动天然林修复，实施了重要生态系统保护和修复重大工程，稳步扩大了退耕还牧、退耕还草范围，截至 2020 年底，新一轮退耕还林还草总规模达到 7400 多万亩。"十三五"期间，国土绿化行动在全国广泛开展，全国累计完成造林 5.29 亿亩，义务植树 116 亿株（含折算株数）。

第四，看书有去处，健身有地方，风尚更向上，素质更提升。文化事业和文化产业繁荣发展，公共文化设施加快普及。到 2020 年底，公共图书馆、已备案博物馆数量分别达 3212 个、5788 个，全国电视节目综合人口覆盖率达 99.6%。全民健身公共服务体系更加完善，到 2020 年底，平均每万人拥有 25.9 个体育场地，人均体育场地面积达 2.2 平方米。文化软实力日益凸显，社会主义核心价值观日益深入人心，中华文化影响力持续扩大。我国教育水平跃居世界中上行列，劳动年龄人口平均受教育年限，由 2000 年的 7.18 年提高至 2020 年的 10.75 年。基础教育巩固发展，高等教育进入普及化阶段。

2020 年，突如其来的新冠肺炎疫情对我国经济社会发展带来很大不利影响。在党中央坚强领导下，经过全国人民共同努力，新冠肺炎疫情防控取得重大战略成果，我国经济社会恢复走在全球前列，主要经济指标趋好，社会民生得到有效保障，人民生活水平显著提高；现行标准下农村贫困人口全部脱贫，全面建成小康社会目标可以如期实现。

2021 年 7 月 1 日，庆祝中国共产党成立 100 周年大会在北京天安门广场隆重举行。习近平发表重要讲话，向世界庄严宣告："经过全党全国各族人民持续奋斗，我们实现了第一个百年奋斗目标，在中华大地上全面建成了小康社会"。如期全面建成小康社会，标志着第一个百年奋斗目标圆满完成，实现了中华民族千百年来的夙愿，为实现中华民族伟大复兴提供了充满新的活力的体制保证和快速发展的物质条件。中华民族迈出了伟大复兴的关键性一步。如期全面建成小康社会，在中华民族历史上具有重大意义，实现了近代以来从大幅落后到大踏步赶上时代前列的新跨越。

根据国际货币基金组织 2020 年统计数字：2019 年共有 70 个国家和地区人均 GDP 超过 1 万美元，包括中国 14 亿多人口在内，总数约为 29 亿人。正是中国全面建成小康社会的不懈努力，使人均 GDP 超过 1 万美元的经济体人口数量翻了将近一番；在 1990 年处于低人类发展水平组别的 47 个国家中，中国是目前唯一跻身高人类发展水平组别的国家，14 亿多人口的大国从"低人类发展水平"跃升至"高人类发展水平"，是中国对人类社会发展的伟大贡献，充分彰显了中国特色社会主义制度的强大生命力和巨大优越性。

全面建成小康社会的理论和实践，深化了对社会主义本质的认识和理解，开拓了社会主义发展新境界，使科学社会主义在 21 世纪的中国焕发出强大生机活力。全面建成小康社会的成功探索，拓展了发展中国家走向现代化的途径，给世界上那些既希望加快发展又希望保持自身独立性的国家和民族提供了全新选择，为解决人类问题贡献了中国智慧和中国方案。

奋斗百年路，启航新征程

历史的画卷总是在前后相继中铺开，时代的华章总是在接续奋斗中书写。党的十九届五中全会指出："'十四五'时期是我国全面建成小康社会、实现第一个百年奋斗目标之后，乘势而上开启全面建设社会主义现代化国家新征程、向第二个百年奋斗目标进军的第一个五年。"2020 年 12 月 31 日，习近平通过中央广播电视总台和互联网，发表新年贺词，强调站在"两个一百年"的历史交汇点，全面建设社会主义现代化国家新征程即将开启，征途漫漫，唯有奋斗。

2021 年 1 月 11 日，习近平强调，必须立足中华民族伟大复兴战略全局和世界百年未有之大变局，对"国之大者"了然于胸。2 月 20 日，"牛年"新春伊始，习近平出席党史学习教育动员大会，发表重要讲话，强调要把苦难辉煌的过去、日新月异的现在、光明宏大的未来贯通起来，在乱云飞渡中把牢正确方向，在风险挑战面前砥砺胆识，不断提高政治判断力、政治领悟力、政治执行力，激发为实现中华民族伟大复兴而奋斗的信心和动力，风雨无阻，坚毅前行，开创属于我们这一代人的历史伟业。此后，习近平在中央政治局会议、中央党校中青班开班式、全国两会团组讨论，以及地方考察调研等多个重要场合，多次就总结历史经验、开启新征程作出重要论述。

在庆祝中国共产党成立 100 周年大会上，习近平发表重要讲话，系统回顾中国共产党成立 100 年来团结带领全国各族人民开辟的伟大道路、创造的伟大事业、取得的伟大成就。庄严宣告实现了第一个百年奋斗目标、全面建成了小康

★ 2021 年 7 月 1 日，庆祝中国共产党成立 100 周年大会在北京天安门广场隆重举行

社会，郑重宣示了坚持和发展新时代中国特色社会主义、向全面建成社会主义现代化强国的第二个百年奋斗目标迈进的坚定决心，深刻阐述了以史为鉴、开创未来的根本要求，向全体党员发出了为党和人民争取更大光荣的伟大号召。习近平在讲话中强调，过去 100 年，中国共产党向中国人民、向历史交出了一份优异的答卷。现在，中国共产党团结带领中国人民又踏上了实现第二个百年奋斗目标新的赶考之路。

习近平强调，新的征程上，必须坚持中国共产党坚强领导，充分发挥党总揽全局、协调各方的领导核心作用；必须团结带领中国人民不断为美好生活而奋斗，紧紧依靠人民创造历史，坚持全心全意为人民服务的根本宗旨，推动人的全面发展、全体人民共同富裕取得更为明显的实质性进展；必须继续推进马克思主义中国化，坚持把马克思主义基本原理同中国具体实际相结合、同中华优秀传统文化相结合，用马克思主义观察时代、把握时代、引领时代，继续发展当代中国马克思主义、21 世纪马克思主义；必须坚持和发展中国特色社会主义，全面深化改革开放，立足新发展阶段，完整、准确、全面贯彻新发展理念，构建新发展格局，推动高质量发展；必须加快国防和军队现代化，全面贯彻新时代党的强军思想，把人民军队建设成为世界一流军队，以更强大的能力、更可靠的手段捍卫国家主权、安全、发展利益；必须不断推动构建人类命运共同体，高举和平、发展、合作、共赢旗帜，奉行独立自主的和平外交政策，坚持走和平发展道路，推动建设新型国际关系，推动构建人类命运共同体，推动共建"一带一路"高质量发展，以中国的新发展为世界提供新机遇；必须进行具有许多新的历史特点的伟大斗争，增强忧患意识、始终居安思危，贯彻总体国家安全观，统筹发展和安全，统筹中华民族伟大复兴战略全局和世界百年未有之大变局，勇于战胜一切风险挑战；必须加强中华儿女大团结，坚持大团结大联合，形成海内外全体中华儿女心往一处想、劲往一处使的生动局面，汇聚起实现民族复兴的磅礴力量；必须不断推进党的建设新的伟大工程，确保党在世界形势深刻变化的历史进程中始终走在时代前列、在应对国内外各种风险挑战的历史进程中始终成为全国人民的主心骨、在新时代坚持和发展中国特色社会主义的历史进程中始终成为坚强领导核心。

新时代改革开放的实践有力证明，改革开放只有进行时没有完成时。全面深化改革新的举措一茬接着一茬，新的声势一浪高过一浪，一幅风生水起、蹄疾步稳的改革画卷跃然已见，必将不断书写全面建成社会主义现代化强国新征程浓墨重彩的崭新篇章。

第六章 ‖ 坚定不移推进 全面深化改革

新时代，以习近平同志为主要代表的中国共产党人以巨大的政治勇气和智慧，坚持摸着石头过河和顶层设计的辩证统一，更加注重改革的系统性、整体性、协同性，同时继续鼓励大胆试验、大胆突破，掀开了全面深化改革浓墨重彩的新篇章。在党中央的坚强领导下，自信自强的中国人民焕发出前所未有的积极性、主动性和创造性，在改革开放和社会主义现代化建设中展现出气吞山河的强大力量。

一、以供给侧结构性改革为主线 推进经济高质量发展

曾几何时，中国赴日游客一窝蜂地抢购电饭煲和智能马桶盖，赴欧游客一掷千金豪买箱包和饰品，境外代购奶粉和尿布生意火爆。中国老百姓通过各种途径在国外购买的货品，大都是国内能生产、市场供应也很充足，但质量却不尽如人意的。提高关系老百姓日常生活的产品质量，是大市场、大文章，也是中国经济高质量发展的应有之义、必答之

题。在这个背景下，党中央着眼我国经济已经由高速增长阶段转向高质量发展阶段，强调要贯彻新发展理念、建设现代化经济体系，作出以供给侧结构性改革适应并引领经济发展新常态的战略部署。

适应、把握、引领经济发展新常态

针对我国经济处于增长速度换挡期、结构调整阵痛期、前期刺激政策消化期"三期叠加"阶段的基本特征和工作要求，习近平作出我国经济发展进入新常态这一重大论断。我国经济发展新常态的主要特点有：增长速度正从高速增长转向中高速增长，经济发展方式正从规模速度型粗放增长转向质量效率型集约增长，经济结构正从增量扩能为主转向调整存量、做优增量并存的深度调整，经济发展动力正从传统增长点转向新的增长点。这"四个转向"，是我国经济向形态更高级、分工更优化、结构更合理阶段演进的必经之途。

面对经济发展新常态，党中央提出并实施了一系列重大发展战略和决策部署。主要包括：以疏解北京非首都功能为重点的京津冀协同发展战略，以共抓大保护、不搞大开发为原则的长江经济带发展战略，粤港澳大湾区发展战略，以促进人的城镇化为核心、提高质量为导向的新型城镇化战略，创新驱动发展战略，谷物基本自给、口粮绝对安全的新粮食安全观，推动能源消费、能源供给、能源技术、能源体制革命和加强能源国际合作的能源安全新战略等。制定实施制造强国行动纲领，设立国家新兴产业创业投资引导基金，促进大数据发展，实施"互联网＋"行动计划，加快推动传统产业技术改造，加快培育新兴产业，加快发展现代服务业，推动大众创业、万众创新，着力培育发展新动能。鼓励优势骨干企业参与境外基础设施建设与产能合作，推动中国装备走向世界。这些重大发展战略和决策部署，落实新发展理念，对我国经济发展变革产生了极其深远而重大的影响。

推动上述重大发展战略和决策部署，党中央以稳中求进的工作总基调，主动适应、把握、引领经济发展新常态，中国经济发展取得重大成就，经济保持中高速增长，发展质量和效率不断提升，成为世界经济增长的主要动力源和稳定器。基础设施建设加快推进，农业现代化稳步推进，城镇化率稳步提高。开放型经济新体制逐步健全，对外贸易、对外投资、外汇储备等稳居世界前列。载人航天、探月工程、量子通信、载人深潜等一批具有标志性意义的重大科技成果涌现。以新产业、新业态、新模式为核心的新动能不断增强，成为推动我国经济平稳增长和经济结构转型升级的重要力量，增长的包容性和人民群众获得感不断增强，稳中有进、稳中向好的态势更加明显。我国经济增长从主要依靠工业带动转为工业和服务业共同带动，从主要依靠投资推动转为消费和投资一起推动，从出口大国转为出口和进口并重的大国，实现了我国多年想实现而没有实现的重大结构性变革，经济实力、经济结构、经济活力和韧性、对全球经济发展影响力都迈上了新台阶。

深化供给侧结构性改革

2015 年 11 月，习近平在中央财经领导小组第十一次会议上首次提出推进供给侧结构性改革。12月，在中央经济工作会议上，习近平对推进供给侧结构性改革，从理论到实践作了全面阐述，强调抓好去产能、去库存、去杠杆、降成本、补短板五大任务，明确宏观政策要稳、产业政策要准、微观政策要活、改革政策要实和社会政策要托底五大政策支柱，要求通过优化投资、产权、投融资、产业和产品、分配、流通、消费等经济结构，使生产要素实现最优配置，提升经济增长的质量和数量，实现经济可持续发展与满足人民群众日益增长的美好生活需要的目标。

深化供给侧结构性改革的主要切入点，是解决经济重大结构性失衡问题，也就是解决实体经济结构性供需失衡、金融和实体经济失衡、房地产和实体经济失衡"三大失衡"问题。一段时间以来，几倍乃至几十倍的杠杆率，不断制造随时可能破灭的巨大市场幻影；产品不是推向市场，而是在仓库里"睡大觉"；名目繁多、交叉重叠的税费，让企业叫苦不迭。诸多领域的这些现象，造成高质量发展的"木桶短板"。党中央坚决把发展经济着力点放在实体经济上，加快发展现代产业体系、推动经济体系优化升级和坚定不移地建设制造强国、质量强国、网络强国、数字中国，推进产业基础高级化、产业链现代化，在提高经济质量效益和核心竞争力上不断开创新局面。金融"脱虚向实"的红利不断涌现，"房住不炒"理念及其系列举措，有效遏制了投机需求，扭转了经济增长、财政收入、银行利润过多依赖"房地产繁荣"的局面。

2015年12月，中央经济工作会议提出"三去一降一补"的解决方案，为从根本上解决中国经济长远发展问题开出了一剂去虚振阳、标本兼治的药方：去产能，让绝对过剩的产能退烧去热；去杠杆，消除瘀堵虚肿，让资金血脉畅行；去库存，消除困扰发展的炎症病痛；降成本，减税降费，为企业休养生息创造良好的政策环境；补短板，提升基础设施、加强公共服务、培育发展新产业，让经济社会发展强身健体。中国经济以壮士断腕的决心向旧的发展方式告别。

2016年至2019年，我国累计压减粗钢产能1.5亿吨以上，退出煤炭落后产能8.1亿吨，淘汰关停落后煤电机组2000万千瓦以上，均提前两年完成"十三五"去产能目标任务。受益于增值税税率调整，2018年杭州的一家文创企业减负185万元，这笔"额外福利"全部用于购置高性能的设计研发器材，2019年的减税降费又为企业降低成本930多万元，企业负责人高兴地说："这提振了我们对国家经济、企业发展的信心。我们投入研发的胆子更大，省下的钱全部投入到企业数字化转型过程中。"国家税务总局的数据显示，仅从2019年1月至5月，全国累计新增减税降费8930亿元，其中新增减税8168亿元，新增社保费降费762亿元，深化增值税改革、个税改革等一系列减税降费政策集中发力，有效促进经济高质量发展。2015年末，全国商品房待售面积达到了前所未有的71853万平方米。到2020年底，待售面积减至49850万平方米，比2015年减少30.6%。供给侧结构性改革，消除了中国经济运行中的"虚火"，同时也注入了助推经济高质量发展的"阳气"。

2020年12月，习近平在中央经济工作会议上强调，要紧紧扭住供给侧结构性改革这条主线，注重需求侧管理，打通堵点，补齐短板，贯通生产、分配、流通、消费各环节，形成需求牵引供给、供给创造需求的更高水平动态平衡，提升国民经济体系整体效能。2021年1月，习近平在省部级主要领导干部学习贯彻党的十九届五中全会精神专题研讨班开班式上强调，要建立起扩大内需的有效制度，释放内需潜力，加快培育完整内需体系，加强需求侧管理，扩大居民消费，提升消费层次，使建设超大规模的国内市场成为一个可持续的历史过程。7月，习近平在中央全面深化改革委员会第二十次会议上强调指出，要持续深化供给侧结构性改革，统筹推进重要领域和关键环节改革，强化有利于提高资源配置效率、有利于调动全社会积极性的重大改革。

加快完善社会主义市场经济体制

党的十八大以来，在全面深化改革的实践中，党中央突出强调以经济体制改革为重点，发挥经济体制改革牵引作用，着力使市场在资源配置中起决定性作用和更好发挥政府作用，把公有制为主体、多种所有制经济共同发展，按劳分配为主体、多种分配方式并存，社会主义市场经济体制确立为社会主义基本经济制度，为社会主义市场经济的发展提供了强大动力和制度保障。

党的十八届三中全会提出，使市场在资源配置中起决定性作用和更好发挥政府作用。党的十九大强调，使市场在资源配置中起决定性作用，更好发挥政府作用。党的十九届五中全会进一步明确，充分发挥市场在资源配置中的决定性作用，更好发挥政府作用，推动有效市场和有为政府更好结合。这一系列重大决策，将"看不见的手"同"看得见的手"两者优势融合起来，为构建高水平社会主义市场经济体制、高质量现代化经济体系，提供了制度和发展环境保障，让一个个中国企业不断破茧成蝶，让一个个中国产业迸发出高质量发展的勃勃生机，让中国制造不断迈向中国创造新阶段。

在更好发挥政府作用方面，2016 年 3 月，十二届全国人大四次会议审议通过的政府工作报告进行了"放管服"的改革部署，强调要推动简政放权、放管结合、优化服务改革向纵深发展。6 月，国务院出台《关于在市场体系建设中建立公平竞争审查制度的意见》。9 月，国务院取消、简化了一大批不必要的证明和烦琐手续，减少了企业、群众的奔波烦扰。2020 年 7 月，国务院办公厅印发《关于进一步优化营商环境更好服务市场主体的实施意见》，要求进一步聚焦市场主体关切，完善优化营商环境长效机制。"放管服"改革激发了企业活力和社会创造力，优化了我国营商环境。

在更好发挥市场配置资源的决定性作用方面，2020 年 3 月，党中央、国务院印发《关于构建更加完善的要素市场化配置体制机制的意见》，明确了要素市场制度建设的方向及重点改革任务，并就扩大要素市场化配置范围、促进要素自主有序流动、加快要素价格市场化改革等作出了部署。这是中央关于要素市场化配置的第一份文件，对于形成生产要素从低质低效领域向优质高效领域流动的机制，提高要素质量和配置效率，引导各类要素协同向先进生产力集聚，加快完善社会主义市场经济体制具有重大意义。2021 年 4 月，国务院常务会议通过的《中华人民共和国市场主体登记管理条

★ 2015 年 7 月 17 日，习近平在吉林省东北工业集团长春—东离合器股份有限公司车间班组园地同职工座谈

例（草案）》，整合已出台的关于市场主体登记管理的行政法规，就提升登记便利度、精简申请材料和登记环节、推动解决"注销难"、设立歇业制度、明确诚信和监管要求、明确违法行为的法律责任和处罚措施等作出统一规定，为培育壮大市场主体和促进公平竞争提供了法治保障。近年来，通过商事制度等改革，市场主体不断培育壮大，登记在册的市场主体总数由 2012 年的近 5500 万户增加到 2021 年 4 月的 1.43 亿户，增长 1.6 倍。

党的十八大强调，要毫不动摇巩固和发展公有制经济，毫不动摇鼓励、支持、引导非公有制经济发展。2016 年 3 月，习近平在看望参加政协会议的民建工商联委员时强调，实行公有制为主体、多种所有制经济共同发展的基本经济制度，是中国共产党确立的一项大政方针，必须坚持"两个毫不动摇"，强调非公有制经济在我国经济社会发展中的地位和作用没有变。党的十九大从新时代坚持和发展中国特色社会主义基本方略的高度，再次强调坚持"两个毫不动摇"。党的十九届五中全会围绕进一步激发各类市场主体活力，强调要深化国资国企改革，加快完善中国特色社会主义现代企业制度，做强做优做大国有资本和国有企业；优化民营经济发展环境，破除各种制约民营企业发展的壁垒，构建亲清政商关系，建立规范化政企沟通渠道；支持企业家以恒心办恒业，扎根、深耕中国市场；弘扬企业家精神，鼓励企业家主动为国担当、为国分忧，鼓励支持企业家做创新发展的探索者、组织者、引领者。"两个毫不动摇"的进一步明确，极大激发了各类市场主体的发展活力和创新活力。

坚持做强做优做大国有资本和国有企业。国有企业是中国特色社会主义的重要物质基础和政治基础，是党执政兴国的重要支柱和依靠力量，是党领导的国家治理体系的重要组成部分。国有企业改革仍然是经济体制改革的重点之一。党的十八大以来，党坚持社会主义市场经济改革方向，全面贯彻落实"1+N"政策体系，以混合所有制改革为重要突破口，全力推进国有企业十项改革试点，改革工作全面推进，取得丰硕成果，国有经济的竞争力、创新力、控制力、影响力、抗风险能力不断增强。2020 年全国国有企业实现营业收入 63.3 万亿元、利润总额 3.4 万亿元，分别较 2012 年增长 49.3% 和 54.5%。

鼓励、支持、引导民营经济发展。2018 年 10 月，习近平专门就民营经济发展问题给民营企业家回信，强调支持民营企业发展是党中央的一贯方针，这一点丝毫不会动摇。

11月，习近平主持召开民营企业座谈会并发表讲话，充分肯定民营经济的重要地位和作用。他强调，把公有制经济巩固好、发展好，同鼓励、支持、引导非公有制经济发展不是对立的，而是有机统一的。党的十八大以来，党中央、国务院出台了《关于营造更好发展环境支持民营企业改革发展的意见》等一系列政策措施，有力推动了民营企业的改革、创新、转型。民营经济已经成为推动我国发展不可或缺的力量，成为创业就业的主要领域、技术创新的重要主体、国家税收的重要来源，为我国社会主义市场经济发展、政府职能转变、农村富余劳动力转移、国际市场开拓等发挥了重要作用。

党的十九届四中全会明确将按劳分配为主体、多种分配方式并存确立为社会主义基本经济制度之一，进一步指出要健全劳动、资本、土地、知识、技术、管理、数据等生产要素由市场评价贡献、按贡献决定报酬的机制。这是社会主义分配理论和实践发展的重大创新，不但对进一步完善我国的分配制度具有重大意义，而且对各类生产要素的活力竞相迸发具有直接推动和引导作用。

推进区域协调发展

党的十八大以来，党中央准确把握我国发展阶段变化和改革开放新形势，丰富完善了区域发展理念、战略和政策体系。通过部署实施区域协调发展战略，推动系列区域重大战略，使我国经济布局持续优化，区域发展协调性不断增强。

一是京津冀协同发展。党的十八大后，党中央提出实施以疏解北京非首都功能为重点的京津冀协同发展战略。2017

年 4 月 1 日，党中央、国务院决定设立河北雄安新区。消息犹如平地春雷，立即响彻大江南北，迅速成为海内外关注焦点。太行之东、白洋淀畔，雄安新区开发建设序幕拉开，一座未来之城呼之欲出，一个堪与深圳经济特区、上海浦东新区相媲美的新时代改革开放前沿、高质量发展的样板，如春芽破土而出。雄安新区的诞生，也预示着京津冀协同发展必将不断开创新辉煌。

二是长江经济带建设。长江经济带覆盖沿江 11 省市，横跨我国东中西三大板块。2016 年 1 月，习近平在推动长江经济带发展座谈会上指出，推动长江经济带发展是国家一项重大区域发展战略，要坚持生态优先、绿色发展，共抓大保护、不搞大开发。9 月，党中央、国务院印发《长江经济带发展规划纲要》。2018 年 4 月，习近平主持召开深入推动长江经济带发展座谈会。在长江经济带沿线，水与人、水与城、人与自然和谐共生，生产、生活、生态互利共赢，高质量发展成为主旋律。统筹上下游，协调南北岸，奔流不息的万里长江勾勒出协调发展的壮美画卷。2020 年 11 月，习近平在全面推动长江经济带发展座谈会上强调，要坚定不移贯彻新发展理念，推动长江经济带高质量发展，谱写生态优先、绿色发展新篇章，打造区域协调发展新样板，构筑高水平对外开放新高地，塑造创新驱动发展新优势，绘就山水人城和谐相融新画卷，使长江经济带成为我国生态优先绿色发展主战场、畅通国内国际双循环主动脉、引领经济高质量发展主力军。

三是粤港澳大湾区建设。粤港澳大湾区由香港特别行政区、澳门特别行政区和广东省的珠三角九市组成。建设粤港澳大湾区是习近平亲自谋划、亲自部署、亲自推动的一项国家战略，是新时代推动形成全面开放新格局的新举措，也是推动"一国两制"事业发展的新实践。2019 年 2 月，党中央、国务院印发《粤港澳大湾区发展规划纲要》，指出粤港澳大湾区不仅要建成充满活力的世界级城市群、国际科技创新中心、"一带一路"建设的重要支撑、内地与港澳深度合作示范区，还要打造成宜居宜业宜游的优质生活圈，成为高质量发展的典范。2020 年 10 月，习近平在深圳经济特区建立 40 周年庆祝大会上指出，粤港澳大湾区建设是国家重大发展战略，深圳是大湾区建设的重要引擎，要推动三地经济运行的规则衔接，提升市场一体化水平。

四是推进长三角一体化发展。长三角是我国经济发展最活跃、开放程度最高、创新能力最强的区域之一，在我国经济中具有举足轻重的地位。2018 年 11 月，习近平在首届中国国际进口博览会上明确提出，支持长江三角洲区域一体化发展并上升为国家战略。2019 年 12 月，党中央、国务院印发《长江三角洲区域一体化发展规划纲要》，强调推动长三角一体化发展，增强长三角地区创新能力和竞争力，提高经济集聚度、区域连接性和政策协同效率，对引领全国高质量发展、建设现代化经济体系意义重大。2020 年 8 月，习近平在扎实推进长三角一体化发展座谈会上指出，要深刻认识长三角区域在国家经济社会发展中的地位和作用，结合长三角一体化发展面临的新形势新要求，坚持目标导向、问题导向相统一，紧扣一体化和高质量两个关键词抓好重点工作，真抓实干、埋头苦干，推动长三角一体化发展不断取得成效。2021 年 1 月，推进长三角一体化发展领导小组办公室印发《长江三角洲区域生态环境共同保护规划》，强调要共同建设绿色美丽长三角、着力打造美丽中国建设的先行示范区。

五是推动黄河流域生态保护和高质量发展。黄河流域是我国重要的生态屏障和重要的经济地带，在我国经济社会发展和生态安全方面具有十分重要的地位。2019 年 9 月，习近平主持召开黄河流域生态保护和高质量发展座谈会并发表重要讲话，强调要共同抓好大保护，协同推进大治理，着力加强生态保护治理、保障黄河长治久安、促进全流域高质量发展、改善人民群众生活、保护传承弘扬黄河文化，让黄河成为造福人民的幸福河。黄河流域生态保护和高质量发展成为新时代重大国家战略。2020 年 8 月，习近平主持中央政治局会议，审议《黄河流域生态保护和高质量发展规划纲要》。10 月，党中央、国务院印发《黄河流域生态保护和高质量发展规划纲要》。

六是加大力度支持革命老区、民族地区、边疆地区、贫困地区加快发展，强化举措推进西部大开发形成新格局，深化改革加快东北等老工业基地振兴，发挥优势推动中部地区崛起，创新引领率先实现东部地区优化发展，建立更加有效的区域协调发展新机制。以城市群为主体构建大中小城市和小城镇协调发展的城镇格局，加快农业转移人口市民化。支持资源型地区经济转型发展。加快边疆发展，确保边疆巩固、边境安全。坚持陆海统筹，加快建设海洋强国。

2018 年 9 月，习近平主持召开中央全面深化改革委员会第四次会议，审议通过《关于建立更加有效的区域协调发展新机制的意见》，强调要坚持新发展理念，立足发挥各地区比较优势和缩小区域发展差距，围绕努力实现基本公共服务均等化、基础设施通达程度比较均衡、人民基本生活保障水平大体相当的目标，深化改革开放，坚决破除地区之间的利益藩篱和政策壁垒，加快形成统筹有力、竞争有序、绿色协调、共享共赢的区域协调发展新机制。

党的十九届五中全会围绕坚持实施区域重大战略、区域协调发展战略、主体功能区战略，健全区域协调发展体制机制，完善新型城镇化战略，构建高质量发展的国土空间布局和支撑体系，进行了全面部署，提出了构建国土空间开发保护新格局、推动区域协调发展、推进以人为核心的新型城镇化等"十四五"规划目标。2021年7月，习近平在中央全面深化改革委员会第二十次会议上强调，要坚持全国一盘棋，更好发挥中央、地方和各方面积极性，推动部门高效联动、区域协同发展。

实施乡村振兴战略

农，天下之大业也。中国要强，农业必须强；中国要美，农村必须美；中国要富，农民必须富。农业基础稳固，农村和谐稳定，农民安居乐业，整个大局就有保障，各项工作都会比较主动。2016年4月，习近平在安徽考察时专程来到了小岗村。他说，看了你们村的小麦连片种植基地，绿油油的麦苗长势喜人。看到村民们住上了新房子，用上了自来水，家里通上了宽带，公共服务进入社区，生活环境干净整洁，说明小岗村发生了翻天覆地的变化。

党的十八大以来，以习近平同志为核心的党中央坚持把农业农村农民问题作为关系国计民生的根本性问题，把解决好"三农"问题作为全党工作重中之重，持续加大强农惠农富农政策力度，扎实推进农业现代化和新农村建设，全面深化农村改革。2016年4月，习近平在农村改革座谈会上指出，要坚持工业反哺农业、城市支持农村、多予少取放活方针，深化城乡统筹，把"三农"工作不断抓出新的成效。2018年1月，党中央、国务院颁布《关于实施乡村振兴战略的意见》，明确实施乡村振兴战略的目标任务是：到2020年，乡村振兴取得重要进展，制度框架和政策体系基本形成。到2035年，乡村振兴取得决定性进展，农业农村现代化基本实现。农业结构得到根本性改善，农民就业质量显著提高，相对贫困进一步缓解，共同富裕迈出坚实步伐；城乡基本公共服务均等化基本实现，城乡融合发展体制机制更加完善；乡风文明达到新高度，乡村治理体系更加完善；农村生态环境根本好转，美丽宜居乡村基本实现。到2050年，乡村全面振兴，农业强、农村美、农民富全面实现。2021年1月，党中央、国务院印发《关于全面推进乡村振兴加快农业农村现代化的意见》，坚持把解决好"三农"问题作为全党工作重中之重，把全面推进乡村振兴作为实现中华民族伟大复兴的一项重大任务，举全党全社会之力加快农业农村现代化，让广大农民过上更加美好的生活。

2021年2月，习近平在全国脱贫攻坚总结表彰大会上指出，乡村振兴是实现中华民族伟大复兴的一项重大任务，要坚持把解决好"三农"问题作为全党工作重中之重，坚持农业农村优先发展，走中国特色社会主义乡村振兴道路，持续缩小城乡区域发展差距，让低收入人口和欠发达地区共享发展成果，在现代化进程中不掉队、赶上来。4月，习近平签署中华人民共和国主席令，颁布《中华人民共和国乡村振兴促进法》，围绕全面实施乡村振兴战略，为促进农业全面升级、农村全面进步、农民全面发展，促进乡村产业振兴、人才振兴、文化振兴、生态振兴、组织振兴，充分发挥乡村在保障农产品供给和粮食安全、保护生态环境、传承发展中华民族优秀传统文化等方面的特有功能，推进城乡融合发展，加快农业农村现代化提供了法律保障。

乡村振兴，产业兴旺是重点，生态宜居是关键，乡风文明是保障，治理有效是基础，生活富裕是根本，摆脱贫困是前提。坚持质量兴农、绿色兴农，以农业供给侧结构性改革为主线，加快构建现代农业产业体系、生产体系、经营体系，提高农业创新力、竞争力和全要素生产率，加快实现由农业大国向农业强国转变。实施乡村振兴战略，把制度建设贯穿其中，以完善产权制度和要素市场化配置为重点，激活主体、激活要素、激活市场，着力增强改革的系统性、整体性、协同性。破解人才瓶颈制约，把人力资本开发放在首要位置，畅通智力、技术、管理下乡通道，造就更多乡土人才，聚天下人才而用之。解决钱从哪里来的问题，健全投入保障制度，创新投融资机制，加快形成财政优先保障、金融重点倾斜、社会积极参与的多元投入格局，确保投入力度不断增强、总量持续增加。2021年6月，党中央、国务院印发《关于支持浙江高质量发展建设共同富裕示范区的意见》，就高质量创建乡村振兴示范省，推动新型城镇化与乡村振兴全面对接，深入探索破解城乡二元结构、缩小城乡差距、健全城乡融合发展的体制机制，以及以深化"千村示范、万村整治"工程牵引新时代乡村建设等进行了总体部署，要求为实现共同富裕提供浙江示范。

二、推动中国特色社会主义政治建设深入发展

走自己的路，是党的全部理论和实践立足点，更是党百年奋斗得出的历史结论。中国特色社会主义是党和人民历经千辛万苦、付出巨大代价取得的根本成就，是实现中华民族伟大复兴的正确道路。中国特色社会主义政治发展道路，是近代以来中国人民长期奋斗历史逻辑、理论逻辑、实践逻辑的必然结果，是坚持党的本质属性、践行党的根本宗旨的必然要求。党的十八大以来，在以习近平同志为核心的党中央坚强领导下，我国不断发展社会主义民主政治，积极稳妥推进政治体制改革，推进社会主义民主政治制度化、规范化、程序化，巩固和发展了民主团结、生动活泼、安定团结的政治局面。

不断开辟"中国之治"新境界

以习近平同志为核心的党中央坚持和加强党的全面领导，统筹推进"五位一体"总体布局、协调推进"四个全面"战略布局，坚持和完善中国特色社会主义制度、推进国家治理体系和治理能力现代化，为实现中华民族伟大复兴提供了更为完善的制度保证。

党的十八届三中全会审议通过《中共中央关于全面深化改革若干重大问题的决定》，明确全面深化改革的总目标是完善和发展中国特色社会主义制度、推进国家治理体系和治

理能力现代化，要求到 2020 年在重要领域和关键环节改革
上取得决定性成果，形成系统完备、科学规范、运行有效的
制度体系。2013 年 12 月，中央成立习近平任组长的中央全
面深化改革领导小组，负责改革总体设计、统筹协调、整体
推进、督促落实，发挥了党总揽全局、协调各方的领导核心
作用，保证了全面深化改革各项任务和各个环节落到实处。

党的十九大在过去五年工作的基础上，明确了制度建设
和治理能力建设的目标。党的十九届三中全会指出，必须加
快推进国家治理体系和治理能力现代化，努力形成更加成熟
更加定型的中国特色社会主义制度。党的十九届四中全会审
议通过《中共中央关于坚持和完善中国特色社会主义制度、
推进国家治理体系和治理能力现代化若干重大问题的决定》，
系统总结我国国家制度和国家治理体系的巨大成就和 13 个
显著优势①，深入回答了在我国国家制度和国家治理体系上

---

① 13 个显著优势，即坚持党的集中统一领导，坚持党的科学理论，保持政治
稳定，确保国家始终沿着社会主义方向前进的显著优势；坚持人民当家作主，发展人
民民主，密切联系群众，紧紧依靠人民推动国家发展的显著优势；坚持全面依法治国，
建设社会主义法治国家，切实保障社会公平正义和人民权利的显著优势；坚持全国一
盘棋，调动各方面积极性，集中力量办大事的显著优势；坚持各民族一律平等，铸牢
中华民族共同体意识，实现共同团结奋斗、共同繁荣发展的显著优势；坚持公有制为
主体、多种所有制经济共同发展和按劳分配为主体、多种分配方式并存，把社会主义
制度和市场经济有机结合起来，不断解放和发展社会生产力的显著优势；坚持共同的
理想信念、价值理念、道德观念，弘扬中华优秀传统文化、革命文化、社会主义先进
文化，促进全体人民在思想上精神上紧紧团结在一起的显著优势；坚持以人民为中心
的发展思想，不断保障和改善民生、增进人民福祉，走共同富裕道路的显著优势；坚
持改革创新、与时俱进，善于自我完善、自我发展，使社会始终充满生机活力的显著
优势；坚持德才兼备、选贤任能，聚天下英才而用之，培养造就更多更优秀人才的显
著优势；坚持党指挥枪，确保人民军队绝对忠诚于党和人民，有力保障国家主权、安
全、发展利益的显著优势；坚持"一国两制"，保持香港、澳门长期繁荣稳定，促进祖
国和平统一的显著优势；坚持独立自主和对外开放相统一，积极参与全球治理，为构
建人类命运共同体不断作出贡献的显著优势。

应该坚持和巩固什么、完善和发展什么等重大政治问题，对新时代坚持和完善中国特色社会主义制度、推进国家治理体系和治理能力现代化作出顶层设计和全面部署。

全会明确了"十三个坚持和完善"[①]，强调必须突出坚持和完善支撑中国特色社会主义制度的根本制度、基本制度、重要制度，着力固根基、扬优势、补短板、强弱项，构建系统完备、科学规范、运行有效的制度体系，加强系统治理、依法治理、综合治理、源头治理，把我国制度优势更好转化为国家治理效能。全会准确把握我国国家制度和国家治理体系的演进方向和规律，既阐明必须牢牢坚持的重大制度和原则，又部署推进制度建设的重大任务举措，为坚持和完善中国特色社会主义制度、推进国家治理体系和治理能力现代化指明了前进方向，为推动各方面制度更加成熟更加定型明确了时间表、路线图。

中央全面深化改革委员会先后审议通过《中央有关部门贯彻落实党的十九届四中全会〈决定〉重要举措分工方案》《党的十九届四中全会重要改革举措实施规划（2020—2021年）》等重要文件，制定了落实各项工作任务的施工图。各地区各部门按照中央统一部署，把握全面深化改革的阶段性特点和要求，更加注重系统集成、协同高效，突出制度建设这条主

---

① "十三个坚持和完善"，即坚持和完善党的领导制度体系、坚持和完善人民当家作主制度体系、坚持和完善中国特色社会主义法治体系、坚持和完善中国特色社会主义行政体制、坚持和完善社会主义基本经济制度、坚持和完善繁荣发展社会主义先进文化的制度、坚持和完善统筹城乡的民生保障制度、坚持和完善共建共治共享的社会治理制度、坚持和完善生态文明制度体系、坚持和完善党对人民军队的绝对领导制度、坚持和完善"一国两制"制度体系、坚持和完善独立自主的和平外交政策、坚持和完善党和国家监督体系。

线，以改革推进国家制度和国家治理体系建设，一体推进坚持和巩固制度、完善和发展制度、遵守和执行制度，坚持和完善中国特色社会主义制度、推进国家治理体系和治理能力现代化的理论和实践发展进入了新的境界，我国制度优势更好地转化为国家治理效能，"中国之治"的制度优势和强大生命力不断彰显。

2021年4月，党中央、国务院印发《关于加强基层治理体系和治理能力现代化建设的意见》，指出基层治理是国家治理的基石，统筹推进乡镇（街道）和城乡社区治理，是实现国家治理体系和治理能力现代化的基础工程。强调要以增进人民福祉为出发点和落脚点，以加强基层党组织建设、增强基层党组织政治功能和组织力为关键，以加强基层政权建设和健全基层群众自治制度为重点，以改革创新和制度建设、能力建设为抓手，建立健全基层治理体制机制，推动政府治理同社会调节、居民自治良性互动，提高基层治理社会化、法治化、智能化、专业化水平。明确用5年左右时间实现基层治理体系和治理能力现代化水平明显提高，在此基础上力争再用10年时间，基本实现基层治理体系和治理能力现代化，中国特色基层治理制度优势充分展现。

党的十八大以来，以习近平同志为核心的党中央有力推动中国特色社会主义制度和国家治理体系在革除体制机制弊端的过程中不断走向成熟，充分显示出我国国家制度和国家治理体系的强大自我完善能力，不断开辟"中国之治"的更高境界，为实现中华民族伟大复兴提供了根本保障。

健全人民当家作主的制度体系

真正实现人民当家作主，是世界各国人民的普遍价值追求。资产阶级政府也标榜"民主"。但是，在资产阶级思想家看来，所谓的"民主"只不过是人们根据社会契约让渡一些权利，由代表资产阶级利益的政府来统一行使，其实质是维护少数人的利益。我国的人民民主，与之有着根本区别，人民是国家和社会的主人，是权力的拥有者和行使者，所有政治制度的构建和运行都是围绕人民来进行的。无论是人民代表大会制度，还是中国共产党领导的多党合作和政治协商制度，无论是民族区域自治制度，还是基层群众自治制度，都是确保人民管理国家事务、经济文化事业和社会事务的制度安排，始终贯穿着以人民为中心的主线。党的十九大报告指出，发展社会主义民主政治就是要体现人民意志、保障人民权益、激发人民创造活力，用制度体系保证人民当家作主。2019 年 11 月 2 日，习近平在上海考察时，首次提出"人民民主是一种全过程的民主"，从理论上解决了人民如何有效地行使当家作主的民主权利问题。这是中国特色社会主义民主政治的重要特色，是坚持走中国特色社会主义政治发展道路的正确选择，是对社会主义民主政治理论的重大创新。2021 年 7 月 1 日，习近平在庆祝中国共产党成立 100 周年大会上的讲话中强调，新征程上，"贯彻党的群众路线，尊重人民首创精神，践行以人民为中心的发展思想，发展全过程人民民主"。

第一，坚持和完善人民代表大会制度这一根本政治制度。习近平指出，人民代表大会制度是坚持党的领导、人民当家作主、依法治国有机统一的根本政治制度安排，必须长期坚持、不断完善。党的十八大以来，人民代表大会制度不断完善。党的十九大首次提出搞好"两个机关"建设要求：一是加强各级人大及其常委会作为依法行使职权的机关建设，健全人大组织制度和工作制度，优化人大常委会和专门委员会组成人员结构，使人大全面担负起宪法法律赋予的各项职责，发挥人大及其常委会在立法中的主导作用，支持和保证人大依法行使立法权、监督权、决定权、任免权。二是加强人大作为联系人民群众的代表机关建设，从制度上解决进一步密切联系人民群众的问题，更好地发挥人大代表作用，提高代表履职能力。十三届全国人大一次会议将原有的法律委员会更名为宪法和法律委员会，将内务司法委员会更名为监察和司法委员会，增设社会建设委员会，全国人大专门委员会的数量由 9 个增加到 10 个。

第二，坚持和完善中国共产党领导的多党合作和政治协商制度。2013 年，习近平在同党外人士座谈时，首次提出各民主党派是中国特色社会主义参政党。2015 年，中共中央办公厅印发《关于加强政党协商的实施意见》，对协商的内容、形式、程序、保障机制等作出规定。党的十九大进一步明确，协商民主是实现党的领导的重要方式，是我国社会主义民主政治的特有形式和独特优势，要加强协商民主制度建设，形成完整的制度程序和参与实践，保证人民在日常政治生活中有广泛持续深入参与的权利。人民政协作为社会主义协商民主的重要渠道和专门协商机构，正在逐步走向制度化、规范化、成熟化。

第三，坚持和完善民族区域自治制度。坚持各民族一律平等，保证民族自治地方依法行使自治权。全面深入持久开展民族团结进步创建工作，加强各民族交往交流交融。支持和帮助民族地区加快发展，不断提高各族群众生活水平。民族区域自治制度，作为中国特色解决民族问题正确道路的重要内容和制度保障，促进各民族像石榴籽一样紧紧抱在一起，共同团结奋斗、共同繁荣发展。

第四，健全充满活力的基层群众自治制度。坚持把党的领导贯穿基层群众自治全过程和各方面，实现法治、德治、自治相结合，确保基层民主建设始终沿着正确的方向前进；坚持畅通民主渠道，进一步健全基层选举、议事、公开、述职、问责等机制；落实以职工代表大会为基本形式的企事业单位民主管理制度，尊重人民首创精神，有效落实职工群众的知情权、参与权、表达权、监督权。

全面推进依法治国

全面推进依法治国是解决发展中的一系列重大问题，促进社会公平正义、维护社会和谐稳定、确保国家长治久安的根本要求。2014年1月，习近平在中央政法工作会议上强调，要把维护社会大局稳定作为基本任务，把促进社会公平正义作为核心价值追求，把保障人民安居乐业作为根本目标。

党的十八届四中全会通过《中共中央关于全面推进依法治国若干重大问题的决定》，明确全面推进依法治国的总目标是建设中国特色社会主义法治体系，建设社会主义法治国家。围绕这一总目标，全会提出了180多项重大改革举措，涵盖了依法治国各个方面。2015年4月，中央全面深化改革领导小组第十一次会议审议通过《党的十八届四中全会重要举措实施规划（2015—2020 年)》，为此后一个时期推进全面依法治国提供了总施工图和总台账。党的十九届三中全会决定组建中央全面依法治国委员会。党的十九届五中全会提出了到 2035 年基本建成法治国家、法治政府、法治社会的目标。2020 年 11 月，中央全面依法治国工作会议召开，正式提出习近平法治思想。

坚持依宪治国。2014 年 11 月，十二届全国人大常委会第十一次会议以立法形式将 12 月 4 日设立为国家宪法日。2015 年 7 月，又明确规定国家工作人员就职时公开进行宪法宣誓，庄严承诺忠于宪法、忠于祖国、忠于人民。

不断完善中国特色社会主义法律体系。立法机关坚持从国情出发，加快推进国家安全领域立法，出台国家安全法、国家情报法、反间谍法、反恐怖主义法、网络安全法、境外非政府组织境内活动管理法、国防交通法、核安全法等一系列涉及国家安全的法律，为维护国家安全、核心利益和其他重大利益提供了坚实的法制保障。同时，经济、社会、民生、文化、生态环境等重点领域立法工作不断推进。截至 2020 年 8 月，我国现行有效法律 279 件、行政法规 600 余件，以宪法为核心的中国特色社会主义法律体系不断完善。

法治政府建设进入崭新阶段。《法治政府建设实施纲要（2015—2020 年)》确立了 2020 年基本建成法治政府的奋斗目标和行动纲领；"放管服"改革持续推进，到 2020 年，国务院先后取消、下放行政审批事项 618 项，终结所有非行政许可审批，极大地激发了市场和社会活力；清单管理全面实行，31 个省级政府公布省市县三级政府部门权力和责任清单；"双随机、一公开"全面推行，事中事后监管不断加强；行政执法体制改革深入推进，严格规范公正文明执法水平明显提升。法治政府建设展现出前所未有的"加速度"。

推进司法体制改革。实行法官、检察官员额制，进一步全面落实司法责任制，不断健全"让审理者裁判、由裁判者负责""谁决定谁负责"的新型司法权力运行机制。根据中央部署，从 2014 年开始，全国分批开展司法人员分类管理、完善司法责任制、健全司法人员职业保障、省以下地方法院检察院人财物统一管理改革试点，2016 年改革试点在全国推开。推进以审判为中心的诉讼制度改革，深化认罪认罚从宽制度改革。设立巡回法庭，实现最高审判机关重心下移；完善人民陪审员制度、人民监督员制度。全面实施立案登记制改革，变立案审查制为立案登记制。深化司法责任制综合配套改革，加快构建系统完备、规范高效的执法司法制约监督体系。

法治社会建设不断得到强化。2016 年 3 月，党中央、国务院转发《中央宣传部、司法部关于在公民中开展法治宣传教育的第七个五年规划（2016—2020 年）》，就"七五"普法工作进行总体规划部署。2017 年 5 月，中共中央办公厅、国务院办公厅印发《关于实行国家机关"谁执法谁普法"普法责任制的意见》，首次将国家机关明确为法治宣传教育的责任主体，逐步形成了党委统一领导、部门分工负责、各司其职、齐抓共管的大普法格局。党的十九大把法治社会基本建成确立为到 2035 年基本实现社会主义现代化的重要目标之一。2020 年 12 月，党中央印发《法治社会建设实施纲要（2020—2025 年）》，强调法治社会是构筑法治国家的基础，建设信仰法治、公平正义、保障权利、守法诚信、充满活力、和谐有序的社会主义法治社会，是增强人民群众获得感、幸福感、安全感的重要举措。2021年6月，党中央、国务院印发《中央宣传部、司法部关于开展法治宣传教育的第八个五年规划（2021—2025年）》，强调要以习近平法治思想引领全民普法工作，明确了到2025年实现公民法治素养和社会治理法治化水平显著提升、全民普法工作体系更加健全的工作目标。

深化党和国家机构改革

党的十八大以来，党中央深化党和国家机构改革，重点围绕转变职能和理顺职责关系，稳步推进大部门制改革，为党和国家事业取得历史性成就、发生历史性变革提供了有力保障。同时，一些深层次体制难题还没有解决；一些问题反映比较强烈、看得也比较清楚，但由于方方面面原因难以下决断；还有一些问题，由于以往主要是调整政府机构，受改革范围限制还没有触及。

党的十九大对深化机构改革作出重要部署，要求统筹考虑各类机构设置，科学配置党政部门及内设机构权力、明确职责。按照党的十九大部署，深化党和国家机构改革被提上了重要议事日程。党的十九届三中全会通过《中共中央关于深化党和国家机构改革的决定》和《深化党和国家机构改革方案》，从完善坚持党的全面领导的制度、优化政府机构设置和职能配置、统筹党政军群机构改革、合理设置地方机构、推进机构编制法定化五个方面，对机构改革进行了整体部署。十三届全国人大一次会议批准国务院机构改革方案。

深化党和国家机构改革的原则是：全面贯彻党的十九大精神，适应新时代中国特色社会主义发展要求，坚持稳中求进工作总基调，坚持正确改革方向，坚持以人民为中心，坚持全面依法治国，以加强党的全面领导为统领，以国家治理体系和治理能力现代化为导向，以推进党和国家机构职能优化协同高效为着力点，改革机构设置，优化职能配置，深化转职能、转方式、转作风，提高效率效能，为决胜全面建成小康社会、开启全面建设社会主义现代化国家新征程、实现中华民族伟大复兴的中国梦提供有力制度保障。

深化党和国家机构改革的目标是：构建系统完备、科学规范、运行高效的党和国家机构职能体系，形成总揽全局、协调各方的党的领导体系，职责明确、依法行政的政府治理体系，中国特色、世界一流的武装力量体系，联系广泛、服务群众的群团工作体系，推动人大、政府、政协、监察机关、审判机关、检察机关、人民团体、企事业单位、社会组织等在党的统一领导下协调行动、增强合力，全面提高国家治理能力和治理水平。

深化党和国家机构改革，既立足于实现第一个百年奋斗目标，针对突出矛盾，抓重点、补短板、强弱项、防风险，从党和国家机构职能上为决胜全面建成小康社会提供保障；又着眼于实现第二个百年奋斗目标，注重解决事关长远的体制机制问题，打基础、立支柱、定架构，为形成更加完善的中国特色社会主义制度创造有利条件。

深化党和国家机构改革，坚持党的全面领导，把加强党对一切工作的领导贯穿改革各方面和全过程，完善保证党的全面领导的制度安排，改进党的领导方式和执政方式，提高党把方向、谋大局、定政策、促改革的能力和定力；坚持以人民为中心，坚持人民主体地位，坚持立党为公、执政为民，为人民依法管理国家事务、管理经济文化事业、管理社会事务提供更有力的保障；坚持优化协同高效、坚持问题导向，使党和国家机构设置更加科学、职能更加优化、权责更加协同、监督监管更加有力、运行更加高效；坚持全面依法治国，坚持改革和法治相统一、相促进，坚持依法治国、依法执政、依法行政共同推进，坚持法治国家、法治政府、法治社会一体建设。

深化国家监察体制改革，加强党对反腐败工作的统一领导，是深化党和国家机构改革的重要内容。党的十九届三中全会将组建国家监察委员会列为深化党和国家机构改革的第一项任务。十三届全国人大一次会议通过《中华人民共和国宪法修正案》和《中华人民共和国监察法》，确立监察委员会作为国家机构的宪法地位。通过国家监察制度的顶层设计，实现对所有行使公权力的公职人员监察全覆盖，构建党统一领导、全面覆盖、权威高效的监督体系。

2018年3月23日，《深化党和国家机构改革方案》全文公布后仅两天，新组建的国家监察委员会正式揭牌运行。4月20日，随着公安部消防局机关及直属单位全部完成转隶移交，深化党和国家机构改革方案涉及的部门全部完成转隶组建、挂牌、集中办公并以新机构名义开展工作。到2019年3月底，按照党中央确定的时间表、路线图，机构改革各项任务总体完成。

★ 2018 年 3 月，党中央印发《深化党和国家机构改革方案》

在这一进程中，中央政治局常委会两次召开会议，听取中央层面和地方机构改革组织实施情况汇报，及时总结工作经验，部署改革后续进程。在改革实施期间，习近平自始至终关心指导，亲力亲为，审定了改革组织实施方案和各部门工作方案，签批各部门"三定"规定，协调重大政策问题，涉及各类文件多达 190 多件。在一些改革的关键时刻、关键问题上，习近平果断拍板、一锤定音。机构改革协调小组先后召开 3 次小组会议和 3 次改革推进会议，协调解决重大问题、重大分歧 180 余件次，确保机构改革始终沿着正确方向推进。各地区各部门坚决落实党中央部署要求，加大统的力度、明确改的章法、做好人的工作、执行严的纪律，对照改革时间表、路线图，抓方向、抓机制、抓关键、抓难点、抓制度、抓法治、抓纪律，推动改革蹄疾步稳向前推进。

这次改革，新组建党中央决策议事协调机构 3 个、更名 4 个，不再保留党中央议事协调机构 4 个、国务院议事协调机构 2 个，组建和重新组建部级机构 25 个，调整优化领导管理体制和职责部级机构 31 个。其中，核减部级机构 21 个。党中央职能部门、办事机构、派出机关和直属事业单位设置进一步优化。全国人大和全国政协专门委员会设置得到优化。国务院机构优化调整，经济调节、市场监管、社会管理、公共服务、生态环境保护职能得到加强。党委统一领导的群团工作制度更加健全，群团的桥梁纽带作用进一步发挥。

2019 年 7 月，习近平在深化党和国家机构改革总结会议上指出，各地区各部门坚决贯彻党中央决策部署，短短一年多时间，十九届三中全会部署的改革任务总体完成，党和国家机构履职更加顺畅高效，各类机构设置和职能配置更加适应统筹推进"五位一体"总体布局和协调推进"四个全面"战略布局需要，改革整体效应进一步增强。

保持香港、澳门繁荣稳定，维护宪法和基本法尊严

党中央研究新形势新情况，妥善应对复杂局面，全面准

确贯彻"一国两制"方针，牢牢掌握宪法和基本法赋予的中央对香港、澳门全面管治权，深化内地和港澳地区交流合作，引领"一国两制"实践在乘风破浪中取得新成功。

2012 年 12 月，习近平在听取香港特别行政区行政长官汇报时，郑重申明中央贯彻落实"一国两制"、严格按照基本法办事的方针不会变，支持行政长官和特别行政区政府依法施政、履行职责的决心不会变，支持香港、澳门两个特别行政区发展经济、改善民生、推进民主、促进和谐的政策也不会变。同时强调，关键是要全面准确理解和贯彻"一国两制"方针，切实尊重和维护基本法权威。

2014 年 6 月，针对香港社会一些人对"一国两制"方针政策和基本法的模糊认识、片面理解，国务院新闻办公室发表《"一国两制"在香港特别行政区的实践》白皮书，系统阐述中央对香港的方针政策，突出强调中央对香港拥有全面管治权等重要观点，起到正本清源的作用。8 月，十二届全国人大常委会第十次会议通过《关于香港特别行政区行政长官普选问题和 2016 年立法会产生办法的决定》，确定了香港特别行政区行政长官普选制度的核心要素和制度框架。12 月，习近平在庆祝澳门回归祖国 15 周年大会暨澳门特别行政区第四届政府就职典礼上的讲话中指出，继续推进"一国两制"事业，必须牢牢把握"一国两制"的根本宗旨，共同维护国家主权、安全、发展利益，保持香港、澳门长期繁荣稳定；必须坚持依法治港、依法治澳，依法保障"一国两制"实践；必须把坚持"一国"原则和尊重"两制"差异、维护中央权力和保障特别行政区高度自治权、发挥祖国内地坚强后盾作用和提高港澳自身竞争力有机结合起来，任何时候都不能偏废。

2017 年 7 月，习近平出席庆祝香港回归祖国 20 周年大会暨香港特别行政区第五届政府就职典礼并发表讲话，强调"一国"是根，根深才能叶茂；"一国"是本，本固才能枝荣。必须牢固树立"一国"意识，坚守"一国"原则，正确处理特别行政区和中央的关系。任何危害国家主权安全、挑战中央权力和香港特别行政区基本法权威、利用香港对内地进行渗透破坏的活动，都是对底线的触碰，都是绝不能允许的。他指出，我们既要把实行社会主义制度的内地建设好，也要把实行资本主义制度的香港建设好，坚守"一国"之本，善用"两制"之利。这些重要论述，对"一国两制"在香港的实践行稳致远，对香港特别行政区提高管治水平、谋划长远发展，具有重要指导作用。

党和国家从整体发展战略的高度着眼，从保持香港、澳门长期繁荣稳定要求出发，积极谋划、全力支持香港和澳门经济社会发展和民生改善，促进香港和澳门与内地优势互补、合作共赢、共同发展。2016 年 3 月，国家"十三五"规划纲要明确提出，提升香港和澳门在国家经济发展、对外开放中的地位和功能，支持港澳参与国家双向开放、"一带一路"建设，推动内地与香港、澳门建立更紧密经贸关系的安排升级，深化内地与香港金融合作。这一时期，在 CEPA 框架下，内地分别与香港、澳门签署服务贸易协议，基本实现服务贸易自由化；内地与香港签署投资协议、经济技术合作协议；推动内地与香港、澳门的跨境基础设施建设和人员、货物通关便利化；内地与香港实施基金互认安排，先后实施"沪港通""深港通""债券通"等金融互联互通政策。

2012 年至 2016 年，香港本地生产总值年均实际增长 2.6%，高于发达经济体同期平均增速。香港国际金融、航运、贸易中心地位不断巩固，全球离岸人民币枢纽地位和国际资产管理中心功能不断强化。澳门人均本地生产总值居全球前列，社会事业迈上新台阶。

"一国两制"在香港、澳门的成功实践证明，"一国两制"不仅是历史遗留的香港、澳门问题的最佳解决方案，也是香港、澳门回归后保持长期繁荣稳定的最佳制度安排，是行得通、办得到、得人心的。但是，树欲静而风不止，外部势力及香港一些人，不愿看到香港的长期繁荣稳定，妄图破坏"一国两制"在香港的成功实践。中央政府在推进"一国两制"实践中，高度重视依法治港治澳，依法遏制和打击"港独"势力，坚决维护国家核心利益和香港、澳门特别行政区利益，切实维护中央对特别行政区的全面管治权，建立健全了香港特别行政区维护国家安全的法律制度和执行机制。

面对 2014 年 9 月香港一部分人策划的"占领中环"非法活动，中央政府全面贯彻落实"一国两制"方针不动摇，坚守原则底线不退让，统筹协调有关各方，全力支持香港特别行政区政府，依法平息了持续 79 天的"占领中环"非法活动及后来的"旺角暴乱"事件，有效维护了香港大局。

2016 年 11 月，全国人大常委会主动对香港基本法第 104 条作出解释，明确立法会议员依法宣誓的含义和要求，支持香港特别行政区政府有关机构和司法机关对宣扬"港独"等违法言行的议员作出检控和判决。同期，澳门特别行政区依据全国人大常委会有关释法精神，主动在立法会选举法中增加"防独"条款。同时，中央政府在完善行政长官述职制度、依法行使对行政长官和主要官员的实质任命权、加强宪法和基本法的宣传教育等方面，采取了相应的举措。

2019年6月，香港爆发"修例风波"，"一国两制"在香港的实践遭遇前所未有的挑战。以习近平同志为核心的党中央，审时度势、果断决策，坚定支持香港特别行政区行政长官和政府及警队采取一系列措施，依法打击和惩治暴力犯罪活动，止暴制乱，恢复秩序。针对"修例风波"暴露出的香港在维护国家安全方面存在的制度漏洞，为有效维护国家安全，保持香港长期繁荣稳定，确保"一国两制"实践行稳致远，党的十九届四中全会明确提出，建立健全香港特别行政区维护国家安全的法律制度和执行机制。11月，习近平在巴西出席金砖国家领导人第十一次会晤时，向国际社会表明了中国政府对香港局势的严正立场。十三届全国人大三次会议通过《关于建立健全香港特别行政区维护国家安全的法律制度和执行机制的决定》，授权全国人大常委会制定相关法律，切实防范、制止和惩治任何分裂国家、颠覆国家政权、组织实施恐怖活动等严重危害国家安全的行为和活动，以及外国和境外势力干预香港特别行政区事务的活动。十三届全国人大常委会第二十次会议通过《中华人民共和国香港特别行政区维护国家安全法》，并将其列入香港基本法附件三，在香港特别行政区公布实施。这部兼具实体法、程序法和组织法内容的综合性法律，对香港特别行政区维护国家安全制度机制作出法律化、规范化、明晰化的具体安排，筑牢了在香港特别行政区防控国家安全风险的制度屏障，在防范、制止和惩治危害国家安全的罪行上发挥出强大威力。

2020 年 7 月，根据香港国安法，香港特别行政区维护国家安全委员会、中央人民政府驻香港特别行政区维护国家安全公署相继成立。十三届全国人大常委会第二十一次会议作出决定，明确 2020 年 9 月 30 日后，香港特别行政区第六届立法会继续履行职责，不少于 1 年，直至第七届立法会任期开始为止。应香港特别行政区行政长官请求，十三届全国人大常委会第二十三次会议，对香港特别行政区立法会议员资格问题作出决定，确立了立法会议员一经依法认定不符合拥护香港基本法、效忠香港特别行政区的法定要求和条件，即时丧失立法会议员资格的一般性规则，同时明确在原定第七届立法会选举提名期间被依法裁定参选提名无效的第六届立法会议员已丧失议员资格。这一决定与香港基本法和香港国安法有关规定一致，为此后处理同类问题明确了规则，同时也进一步明确了"爱国爱港者治港，反中乱港者出局"的政治规矩。

十三届全国人大四次会议通过《关于完善香港特别行政区选举制度的决定》，明确完善香港特别行政区选举制度，必须全面准确贯彻落实"一国两制"、"港人治港"、高度自治的方针，维护《中华人民共和国宪法》和《中华人民共和国香港特别行政区基本法》确定的香港特别行政区宪制秩序，确保以爱国者为主体的"港人治港"，切实提高香港特别行政区治理效能，保障香港特别行政区永久性居民的选举权和被选举权，并就相关工作作出了部署和安排。这是继制定实施《中华人民共和国香港特别行政区维护国家安全法》后，国家完善香港特别行政区法律和政治体制的又一重大举措，符合"一国两制"方针，符合香港特别行政区实际情况，确保爱国爱港者治港，有利于维护国家主权、安全、发展利益，保持香港长期繁荣稳定。

以习近平同志为核心的党中央，高度重视加强对港澳工作的集中统一领导。2020 年 2 月，党中央决定成立中央港澳工作领导小组，取代原来的中央港澳工作协调小组。这是党中央对港澳工作领导体制作出的一次重大调整，进一步加强了党中央对港澳工作的集中统一领导，不仅对香港局势由乱转治发挥了重要作用，而且对"一国两制"实践行稳致远将产生深远影响。

推动两岸关系和平发展、坚决反对和遏制"台独"

推进祖国统一大业，是实现中华民族伟大复兴的必然要求。面对两岸关系和平发展进入深水区、台海局势和我周边局势发生复杂变化，党中央保持高度战略自信和战略定力，始终把握两岸关系发展正确方向，坚持对台大政方针不动摇，牢牢掌握两岸关系主导权和主动权，推动两岸关系取得重要进展。

2013 年 2 月，习近平在会见中国国民党荣誉主席连战时强调，两岸同属一个中国，这一基本事实任何力量都无法改变；两岸交流合作得天独厚，这种双向利益需求任何力量都压制不住；全体中华儿女有决心通过自己的不懈奋斗自立于世界民族之林，这种全民族共同愿望任何力量都阻挡不了。10 月，习近平在会见台湾两岸共同市场基金会荣誉董事长萧万长时强调，增进两岸政治互信，夯实共同政治基础，是确保两岸关系和平发展的关键。

2014 年 2 月，经两岸双方协商，国务院台湾事务办公室和台湾方面大陆委员会在坚持"九二共识"共同政治基础上，建立起常态化联络沟通机制。《海峡两岸服务贸易协议》等多项协议的签署，为推动两岸关系和平发展和增进两岸同胞利益福祉发挥了重要作用。国共两党用好定期沟通的平台，努力扩大两岸经济文化交流合作，给两岸同胞带来实实在在的好处。大陆秉持两岸命运共同体理念，继续办好海峡论坛、两岸企业家峰会、海峡青年节、双城论坛、中山论坛等主题广泛的互动合作、汇聚民意的平台，基层民众交流更加热络。2015 年 6 月，国务院修改《中国公民往来台湾地区管理办法》，对台湾居民往来大陆免签注手续并实行卡式台胞证。这一时期，大陆有关部门出台多项政策措施，为台湾同胞在大陆学习、工作、生活提供更多便利。为给来大陆实习、就业、创业的台湾青年提供便利条件，国务院台办及有关省市设立多个海峡两岸青年就业创业基地和示范点，吸引众多台资企业和团队入驻。

2015 年 11 月，习近平同台湾方面领导人马英九在新加坡会面，就进一步推进两岸关系和平发展交换意见。习近平强调，两岸中国人完全有能力、有智慧解决好自己的问题，并共同为世界与地区和平稳定、发展繁荣作出更大贡献。习近平提出了 4 点意见：坚持两岸共同政治基础不动摇、坚持巩固深化两岸关系和平发展、坚持为两岸同胞多谋福祉、坚持同心实现中华民族伟大复兴。这是 1949 年以来两岸领导人首次会面，开创了两岸领导人直接对话、沟通的先河，为两岸关系未来发展开辟了新的空间。根据两岸领导人会面达成的共识，国务院台办与台湾方面陆委会建立并启用"两岸热线"。

对两岸关系和平发展的最大现实威胁是"台独"势力及其分裂活动。党的十八大以来,党中央深刻洞悉台湾局势重大变化,始终着眼于中华民族整体利益和长远利益,坚定维护国家主权和领土完整,坚决反对和遏制任何形式的"台独"分裂行径,保持台海局势总体稳定。

2014年3月,台湾岛内发生的反《海峡两岸服务贸易协议》事件,实质上是"台独"及外部势力在背后煽动、支持的"反中"事件,是蓄意阻挠两岸关系发展的有预谋、有组织的行动,两岸关系和平发展进程和节奏受到了相当程度的影响。2016年5月,主张"台独"的民进党上台执政后,拒不承认体现一个中国原则的"九二共识",单方面破坏两岸关系和平发展的政治基础,纵容支持各种形式的"去中国化""渐进台独"分裂活动,煽动两岸民意对立,阻挠破坏两岸各领域交流合作,并企图挟洋自重,对两岸关系和平发展构成了严峻挑战。

党中央高度警惕形形色色的"台独"活动,坚决反对"法理台独"分裂行径,坚决遏制"渐进台独"侵蚀和平统一的基础,决不为各种形式的"台独"活动留下任何空间。自台湾政局变化以来,习近平多次在不同场合发表讲话,强调"台独"煽动两岸同胞敌意和对立,损害国家主权和领土完整,破坏台海和平稳定,阻挠两岸关系发展,只会给两岸同胞带来深重祸害,两岸同胞要团结一致、坚决反对,坚决遏制任何形式的"台独"分裂行径,决不让国家分裂的历史悲剧重演。

2019年1月,习近平在《告台湾同胞书》发表40周年纪念会上强调，坚持一个中国原则，两岸关系就能改善和发展，台湾同胞就能受益；背离一个中国原则，就会导致两岸关系紧张动荡，损害台湾同胞切身利益。2019 年 7 月发布的《新时代的中国国防》白皮书指出，如果有人要把台湾从中国分裂出去，中国军队将不惜一切代价，捍卫国家统一。向台湾当局和"台独"势力、外来干涉阐明了严正立场，划出了不容逾越的红线，形成了强大震慑。

2020 年，台湾地区民进党继续执政后，"台独"分裂势力误判形势，不断挑衅，妄图推进"渐进台独"，寻机谋求"法理台独"，台海形势持续趋于复杂严峻，对台工作面临诸多风险挑战。2020 年 5 月，《反分裂国家法》实施 15 周年座谈会强调，坚决粉碎"台独"分裂图谋，坚决捍卫国家主权和领土完整。8 月，针对个别大国在涉台问题上的消极动向，及其向"台独"势力发出的严重错误信号，中国人民解放军东部战区多军种多方向成体系出动兵力，在台湾海峡及南北两端连续组织实战化演练，坚决回击一切制造"台独"、分裂中国的挑衅行为。党的十九届五中全会也进一步强调，高度警惕和坚决遏制"台独"分裂活动。

在庆祝中国共产党成立 100 周年大会上，习近平指出，解决台湾问题、实现祖国完全统一，是中国共产党矢志不渝的历史任务，是全体中华儿女的共同愿望。要坚持一个中国原则和"九二共识"，推进祖国和平统一进程。包括两岸同胞在内的所有中华儿女，要和衷共济、团结向前，坚决粉碎任何"台独"图谋，共创民族复兴美好未来。任何人都不要低估中国人民捍卫国家主权和领土完整的坚强决心、坚定意志、强大能力。

中国政府坚决反对外部势力打"台湾牌"在台海兴风作浪，与有关国家的涉台消极动向进行坚决斗争，使越来越多国家和人民理解并支持中国维护国家统一的事业。

三、创造性繁荣社会主义文化

饱经风霜的长者感慨"共产党好、社会主义好"，风华正茂的大学生们坦言"马克思靠谱"，各行各业的人们在习近平新时代中国特色社会主义思想的指引下，为实现中国梦添砖加瓦；永葆本色的龚全珍、中国核潜艇之父黄旭华、全国优秀县委书记廖俊波、当代愚公黄大发、最美教师张丽莉、时代楷模张桂梅……不断涌现的先进典型展现了一种品格、一种力量、一种风貌；草原上的乌兰牧骑、彰显时代创新的《临川四梦》、走在国际大奖舞台聚光灯下的刘慈欣……广大文艺工作者深耕生活沃土、书写蓬勃实践，精品力作迭出。建设社会主义文化强国，为实现民族复兴熔铸了精神之魂，"马克思主义在意识形态领域的指导地位更加鲜明""全党全社会思想上的团结统一更加巩固"有了切实可感的注脚，中国特色社会主义道路自信、理论自信、制度自信、文化自信深植人心。

巩固全党全国人民团结奋斗的共同思想基础

思想的田野，如果不用科学真理去占领，就会杂草丛生。心灵的空间，如果不播撒阳光雨露，就会被乌云笼罩。价值观的影响如空气一样无处不在、无时不有，涵化于生活的点点滴滴。文化如水，看似柔弱，实则坚强，承载的是推动国家进步的厚望。意识形态领域是没有硝烟的战场，只有敢于亮剑、勇于斗争、善于斗争，才能赢得主动、赢得胜利。

党的十八大以来，党中央把建设具有强大凝聚力和引领力的社会主义意识形态，作为新时代坚持和发展中国特色社会主义的重要内容。2013 年 8 月，习近平在全国宣传思想工作会议上指出，只有物质文明建设和精神文明建设都搞好，国家物质力量和精神力量都增强，全国各族人民物质生活和精神生活都改善，中国特色社会主义事业才能顺利向前推进。他强调，宣传思想工作就是要巩固马克思主义在意识形态领域的指导地位，巩固全党全国人民团结奋斗的共同思想基础。2018 年 8 月，习近平在全国宣传思想工作会议上指出，宣传思想工作是做人的工作的，要把培养担当民族复兴大任的时代新人作为重要职责。重中之重是要以坚定的理想信念筑牢精神之基，坚定对马克思主义的信仰，对社会主义和共产主义的信念，对中国特色社会主义道路、理论、制度、文化的自信。党的十九届四中全会首次把马克思主义在意识形态领域的指导地位作为一项根本制度明确提出来，这是关系党和国家事业长远发展、关系我国文化前进方向和发展道路的重大制度创新，集中体现了党在领导文化建设长期实践中积累的成功经验和形成的方针原则，充分反映了以习近平同志为核心的党中央对社会主义文化建设规律的认识进入了一个新的境界。

2014 年 8 月，习近平主持召开中央全面深化改革领导小组第四次会议，审议通过《关于推动传统媒体和新兴媒体融合发展的指导意见》。2019年1月，中央政治局就全媒体时代和媒体融合发展举行第十二次集体学习，习近平在主持学习时强调，推动媒体融合发展、建设全媒体成为我们面临的一项紧迫课题。要运用信息革命成果，推动媒体融合向纵深发展，做大做强主流舆论，巩固全党全国人民团结奋斗的共同思想基础，为实现"两个一百年"奋斗目标、实现中华民族伟大复兴的中国梦提供强大精神力量和舆论支持。

2014年10月，习近平主持召开文艺工作座谈会并作重要讲话，深刻阐述了文艺和文艺工作的地位作用和重大使命，创造性地回答了事关文艺繁荣发展的一系列带有根本性、方向性的重大问题，对在新的历史条件下做好文艺工作作出了全面部署。强调实现中华民族伟大复兴需要中华文化繁荣兴盛，中国精神是社会主义文艺的灵魂，要创作无愧于时代的优秀作品，坚持以人民为中心的创作导向，加强和改进党对文艺工作的领导。2015年10月，党中央印发《关于繁荣发展社会主义文艺的意见》，明确做好文艺工作的重大意义和指导思想，围绕坚持以人民为中心的创作导向、让中国精神成为社会主义文艺的灵魂、创作无愧于时代的优秀作品、建设德艺双馨的文艺队伍、加强和改进党对文艺工作的领导等作出了总体规划和部署。

2016年2月，习近平主持召开党的新闻舆论工作座谈会并发表重要讲话，强调党的新闻舆论工作是治国理政、定国安邦的大事，要从党的工作全局出发把握定位，坚持党的领导，坚持正确政治方向，坚持以人民为中心的工作导向，

★ 2016 年 2 月 19 日，习近平在中央电视台调研

尊重新闻传播规律，创新方法手段，切实提高党的新闻舆论传播力、引导力、影响力、公信力。为召开这次座谈会，习近平到人民日报社、新华社、中央电视台调研，看望慰问一线采编播人员，对党的新闻舆论工作提出要求。他强调，在新的时代条件下，党的新闻舆论工作的职责和使命是：高举旗帜、引领导向，围绕中心、服务大局，团结人民、鼓舞士气，成风化人、凝心聚力，澄清谬误、明辨是非，联接中外、沟通世界；必须把坚持正确政治方向摆在第一位，牢牢坚持党性原则，坚持马克思主义新闻观，坚持正确舆论导向，坚持正面宣传为主；新闻舆论工作者要转作风改文风，俯下身、沉下心，察实情、说实话、动真情，努力推出有思想、有温度、有品质的作品；要适应分众化、差异化传播趋势，加快构建舆论引导新格局，加强国际传播能力建设，讲

好中国故事。

2016 年 12 月，习近平在全国高校思想政治工作会议上强调，要坚持把立德树人作为中心环节，把思想政治工作贯穿教育教学全过程，实现全程育人、全方位育人。2017 年 2 月，党中央、国务院印发《关于加强和改进新形势下高校思想政治工作的意见》，将加强和改进高校思想政治工作明确为一项重大的政治任务和战略工程。2020 年 10 月，党中央、国务院印发《深化新时代教育评价改革总体方案》，以习近平新时代中国特色社会主义思想为指导，对坚持社会主义办学方向、落实立德树人根本任务等提出了要求。2021 年 4 月，党中央印发修订后的《中国共产党普通高等学校基层组织工作条例》，就全面贯彻党的教育方针、落实立德树人根本任务、建设高质量教育体系和建设教育强国等进行了规划和部署。

以习近平同志为核心的党中央高度重视、大力推动哲学社会科学发展。2016 年 5 月 17 日，习近平主持召开哲学社会科学工作座谈会，指出哲学社会科学具有不可替代的重要地位，哲学社会科学工作者具有不可替代的重要作用。坚持以马克思主义为指导，是当代中国哲学社会科学区别于其他哲学社会科学的根本标志，必须旗帜鲜明地加以坚持。2017 年 3 月，党中央印发《关于加快构建中国特色哲学社会科学的意见》，指出站在新的历史起点上，更好进行具有许多新的历史特点的伟大斗争、推进中国特色社会主义伟大事业，需要充分发挥哲学社会科学的作用，需要哲学社会科学工作者立时代潮头、发思想先声。要坚持为人民做学问理念，以研究我国改革发展稳定重大理论和实践问题为主攻方向。要繁荣中国学术、发展中国理论、传播中国思想，构建中国特色哲学社会科学学科体系、学术体系、话语体系。要讲好中国故事，增强我国哲学社会科学国际影响力。要积极为党和人民述学立论、建言献策。

2018年4月，习近平出席全国网络安全和信息化工作会议并发表重要讲话。他指出，党的十八大以来，党中央重视互联网、发展互联网、治理互联网，统筹协调涉及政治、经济、文化、社会、军事等领域信息化和网络安全重大问题，作出一系列重大决策、提出一系列重大举措，推动网信事业取得历史性成就，形成了网络强国战略思想。他强调，要树立正确的网络安全观，加强信息基础设施网络安全防护，加强网络安全信息统筹机制、手段、平台建设，加强网络安全事件应急指挥能力建设，积极发展网络安全产业。讲话科学分析了信息化变革趋势，系统阐述了网络强国战略思想，深刻回答了事关网信事业发展的一系列重大理论和实践问题，是指导新时代网络安全和信息化发展的纲领性文献。

培育和践行社会主义核心价值观

党的十八大提出，倡导富强、民主、文明、和谐，倡导自由、平等、公正、法治，倡导爱国、敬业、诚信、友善，积极培育和践行社会主义核心价值观。这是党凝聚全党全社会价值共识作出的重要论断。

2013年12月，中共中央办公厅印发的《关于培育和践行社会主义核心价值观的意见》指出，培育和践行社会主义核心价值观要坚持的原则是：坚持以人为本，尊重群众主体地位，关注人们利益诉求和价值愿望，促进人的全面发展；坚持以理想信念为核心，抓住世界观、人生观、价值观这个总开关，在全社会牢固树立中国特色社会主义共同理想，着力铸牢人们的精神支柱；坚持联系实际，区分层次和对象，加强分类指导，找准与人们思想的共鸣点、与群众利益的交汇点，做到贴近性、对象化、接地气；坚持改进创新，善于运用群众喜闻乐见的方式，搭建群众便于参与的平台，开辟群众乐于参与的渠道，积极推进理念创新、手段创新和基层工作创新，增强工作的吸引力感染力。2015年4月，中宣部、中央文明办印发《培育和践行社会主义核心价值观行动方案》，着眼践行、立足行动，着力把培育和践行社会主义核心价值观的要求具体化。

弘扬中华民族精神和时代精神。十八届中央政治局第十三次集体学习专门将培育和弘扬社会主义核心价值观、弘扬中华传统美德确定为学习主题。2014年3月，教育部印发《完善中华优秀传统文化教育指导纲要》，明确分学段有序推进中华优秀传统文化教育的具体内容，并要求将中华优秀传统文化教育系统融入课程和教材体系。2017年1月，中共中央办公厅、国务院办公厅印发《关于实施中华优秀传统文化传承发展工程的意见》，要求从坚定文化自信、坚持和发展中国特色社会主义、实现中华民族伟大复兴的高度，切实把中华优秀传统文化传承发展工作摆上重要日程，并将"创造性转化、创新性发展"基本方针写入文件指导思想。2019年11月，党中央、国务院印发《新时代爱国主义教育实施纲要》，提出大力弘扬爱国主义精神，把爱国主义教育贯穿国民教育和精神文明建设全过程。党的十九届四中全会强调，坚持以社会主义核心价值观引领文化建设制度，推动理想信念教育常态化、制度化，弘扬民族精神和时代精神。

加强社会公德、职业道德、家庭美德、个人品德教育，以及孝老爱亲、勤劳节俭和文明礼仪教育建设。2019 年 10 月，党中央、国务院印发《新时代公民道德建设实施纲要》，要求持续强化教育引导、实践养成、制度保障，不断提升公民道德素质，促进人的全面发展，培养和造就担当民族复兴大任的时代新人。

深化文化体制改革

2014 年 2 月，中央全面深化改革领导小组第二次会议审议通过《深化文化体制改革实施方案》，着力抓住完善文化体制管理和深化国有文化单位改革两个关键环节。党的十九届三中全会对文化领导和管理体制改革作出部署，将国家新闻出版广电总局的新闻出版和电影管理职责划入中央宣传部；将文化部、国家旅游局的职责整合，组建文化和旅游部；在国家新闻出版广电总局广播电视管理职责的基础上组建国家广播电视总局；整合中央电视台（中国国际电视台）、中央人民广播电台、中国国际广播电台，组建中央广播电视总台。

加快构建现代公共文化服务体系。2015 年 1 月，中共中央办公厅、国务院办公厅印发《关于加快构建现代公共文化服务体系的意见》，要求创新公共文化管理体制和运行机制，建立公共文化服务体系建设协调机制。加大公益性文化事业单位改革力度，创新基层公共文化管理机制，将标准化均等化作为构建公共文化服务体系制度设计"内核"。《中华人民共和国公共文化服务保障法》《中华人民共和国公共图书馆法》《文化志愿服务管理办法》等的颁布，初步构建起现代公共文化服务体系的制度框架。

为深入贯彻落实中央关于深化文化体制改革、繁荣发展社会主义文化的总体部署，2017 年 5 月，中共中央办公厅、国务院办公厅印发《国家"十三五"时期文化发展改革规划纲要》，从加强思想理论建设、提高舆论引导水平、培育和践行社会主义核心价值观、繁荣文化产品创作生产、加快现代公共文化服务体系建设、完善现代文化市场体系和现代文化产业体系、传承弘扬中华优秀传统文化等方面确立了"十三五"时期文化发展改革的主要目标。文化产业是文化建设的重要方面，是大有前途的朝阳产业。党的十八大以来，文化产业发展加快，文化市场主体规模实力不断壮大。截至 2019 年底，我国文化产业法人单位为 209.31 万个，全国文化及相关产业增加值为 44363 亿元，比上年增长 7.8%（未扣除价格因素），占 GDP 的比重为 4.5%。

党的十九届五中全会在《中共中央关于制定国民经济和社会发展第十四个五年规划和二〇三五年远景目标的建议》中，明确提出到 2035 年建成文化强国，并就繁荣发展文化事业和文化产业、提高国家文化软实力作出全面部署，要求着力提高社会文明程度、提升公共文化服务水平、健全现代文化产业体系，促进满足人民文化需求和增强人民精神力量相统一，推进社会主义文化强国建设。

四、完善中国特色社会主义社会治理体系

党的十八大以来，党中央牢牢把握推进国家治理体系和治理能力现代化的总要求，坚持创新社会治理理念思路、体制机制和方法手段，促进社会公平正义，社会治理体系不断完善，社会安全稳定形势持续向好。

完善共建共治共享的社会治理

党的十八届三中全会在《中共中央关于全面深化改革若干重大问题的决定》中，从改进社会治理方式、激发社会组织活力、创新有效预防和化解社会矛盾体制、健全公共安全体系等方面，就创新社会治理体制作出部署。2014 年 1 月，习近平在中央政法工作会议上指出，社会治理是一门科学，管得太死，一潭死水不行；管得太松，波涛汹涌也不行。要讲究辩证法，处理好活力和秩序的关系，全面看待社会稳定形势，准确把握维护社会稳定工作，坚持系统治理、依法治理、综合治理、源头治理。党的十九大立足新时代坚持和发展中国特色社会主义，明确推进社会建设的目标要求是：到 2035 年，我国现代社会治理格局基本形成，社会充满活力又和谐有序；到 21 世纪中叶，我国社会文明将全面提升，人民将享有更加幸福安康的生活。

2019 年 1 月，习近平在中央政法工作会议上指出，要善于把党的领导和我国社会主义制度优势转化为社会治理效

能，打造共建共治共享的社会治理格局，创新完善平安建设工作协调机制，深入推进社区治理创新，构建富有活力和效率的新型基层社会治理体系，打造人人有责、人人尽责的社会治理共同体，加快推进立体化、信息化社会治安防控体系建设。党的十九届四中全会强调，要坚持和完善共建共治共享的社会治理制度，建设更高水平的平安中国，完善社会治安防控体系，健全公共安全体制机制，构建基层社会治理新格局。党的十九届五中全会进一步明确，要完善社会治理体系，健全党组织领导的自治、法治、德治相结合的城乡基层治理体系，实现政府治理同社会调节、居民自治良性互动，发挥群团组织和社会组织在社会治理中的作用，畅通和规范市场主体、新社会阶层、社会工作者和志愿者等参与社会治理的途径，推动社会治理重心向基层下移，向基层放权赋能，加强和创新市域社会治理，推进市域社会治理现代化。

20世纪60年代浙江创造的"枫桥经验"在新时代绽放异彩。跨越半个多世纪，作为在中国大地上"土生土长"的社会治理经验，新时代"枫桥经验"的内涵更加丰富，从过去单纯的化解矛盾纠纷、维护治安稳定，到今天的"矛盾不上交、平安不出事、服务不缺位"，拓展到了防范化解经济、政治、文化、社会、生态等各领域的安全风险，成为创新基层社会治理、促进社会平安和谐的重要法宝。党的十九届四中全会通过的《中共中央关于坚持和完善中国特色社会主义制度、推进国家治理体系和治理能力现代化若干重大问题的决定》明确提出，要坚持和发展新时代"枫桥经验"。新时代"枫桥经验"成为党领导人民推进国家治理体系和治理能力现代化的一条重要经验，成为实现基层治理良性循环的一把"金钥匙"。

　　健全城乡基层自治组织，完善城乡基层治理体系。根据《关于党的基层组织任期的意见》，以及修改后的《中华人民共和国村民委员会组织法》和《中华人民共和国城市居民委员会组织法》，将村和社区党的委员会、总支部委员会、支部委员会与村委会、居委会每届任期统一调整为 5 年，推动许多地方实现居委会、村委会主任与党的基层组织书记"一肩挑"。积极开展基层协商，推进城乡社区协商制度化、规范化和程序化。各地普遍推行网格化管理，把人、地、物、事、组织全部纳入网格。完善正确处理新形势下人民内部矛盾的有效机制，完善市民公约、乡规民约等行为准则，完善社会矛盾排查预警机制。大力开展乡风、家风、民风建设，推动形成爱国爱家、相亲相爱、向上向善、共建共享的社会主义家庭文明新风尚。

　　2021 年 4 月，党中央、国务院印发《关于加强基层治理体系和治理能力现代化建设的意见》，围绕加强基层政权治理能力建设，就增强乡镇（街道）行政执行能力、为民服务能力、议事协商能力、应急管理能力、平安建设能力进行了总体部署。围绕健全基层群众自治制度，就加强村（居）民委员会规范化建设、健全村（居）民自治机制、增强村（社区）组织动员能力、优化村（社区）服务格局，明确了目标、任务和要求。

深化社会管理体制改革

　　户籍制度改革是我国社会治理基础性制度的重大创新。习近平指出，推进城镇化的首要任务是促进有能力在城镇稳定就业和生活的常住人口有序实现市民化。深化户籍制度改革成为推进新型城镇化建设、创新社会治理方式的突破口。2014年7月，经中央全面深化改革领导小组会议审议，国务院印发《关于进一步推进户籍制度改革的意见》，提出建立城乡统一的户口登记制度，取消农业户口和非农业户口性质区分，以及由此衍生的户口类型，统一登记为居民户口。2016年1月，《居住证暂行条例》正式施行。2月、9月，国务院先后印发《关于深入推进新型城镇化建设的若干意见》《推动1亿非户籍人口在城市落户方案》，全面实行居住证制度，推进居住证制度覆盖全部未落户城镇常住人口；推进城镇基本公共服务常住人口全覆盖。

扎实开展平安中国建设。2014年1月，习近平在中央政法工作会议上强调："平安是老百姓解决温饱后的第一需

★2013年12月，一名四川籍务工人员在福建省晋江市办理流动人口落户

求，是极重要的民生，也是最基本的发展环境。"2015 年 4 月，中共中央办公厅、国务院办公厅印发《关于加强社会治安防控体系建设的意见》，强调要形成社会治安防控体系建设工作格局，健全社会治安防控运行机制，编织社会治安防控网，提升社会治安防控体系建设法治化、社会化、信息化水平，增强社会治安整体防控能力。2018 年 1 月，党中央、国务院发出《关于开展扫黑除恶专项斗争的通知》，针对涉黑涉恶问题新动向，把专项治理和系统治理、综合治理、依法治理、源头治理结合起来，把打击黑恶势力犯罪和反腐败、基层"拍蝇"结合起来，把扫黑除恶和加强基层组织建设结合起来。

大力加强诚信建设。十二届全国人大四次会议审议通过《中华人民共和国国民经济和社会发展第十三个五年规划纲要》，就"加快推进政务诚信、商务诚信、社会诚信和司法公信等重点领域信用建设"作出规划部署。2016 年 6 月，国务院印发《关于建立完善守信联合激励和失信联合惩戒制度、加快推进社会诚信建设的指导意见》。9 月，中共中央办公厅、国务院办公厅印发《关于加快推进失信被执行人信用监督、警示和惩戒机制建设的意见》，在全社会倡导和深入实施诚信建设。

坚持和完善统筹城乡的民生保障制度

党的根基在人民、血脉在人民、力量在人民。党的十八大以来，以习近平同志为核心的党中央，坚持把实现好、维护好、发展好最广大人民根本利益作为出发点和落脚点，尽力而为、量力而行，着力解决人民群众急难愁盼问题，不断增强人民群众的获得感、幸福感、安全感，促进人的全面发展和社会全面进步。

健全多层次社会保障体系。社会保障体系是保障和改善民生、维护社会公平、增进人民福祉的基本制度保障，是促进经济社会发展、实现广大人民群众共享改革发展成果的重要制度安排，是治国安邦的大问题。党的十八大以来，党中央把社会保障体系建设摆上更加突出的位置，对我国社会保障体系建设作出顶层设计，推动我国社会保障体系建设进入快车道。统一城乡居民基本养老保险制度，实现机关事业单位和企业养老保险制度并轨，建立企业职工基本养老保险基金中央调剂制度。整合城乡居民基本医疗保险制度，全面实施城乡居民大病保险，组建国家医疗保障局。推进全民参保计划，降低社会保险费率，划转部分国有资本充实社保基金。积极发展养老、托幼、助残等福利事业，人民群众不分城乡、地域、性别、职业，在面对年老、疾病、失业、工伤、残疾、贫困等风险时都有了相应的制度保障。目前，我国以社会保险为主体，包括社会救助、社会福利、社会优抚等制度在内，功能完备的社会保障体系基本建成。党的十九届五中全会明确了"十四五"时期我国社会保障事业发展的蓝图。要求顺应人民对高品质生活的期待，适应人的全面发展和全体人民共同富裕的进程，不断推动幼有所育、学有所教、劳有所得、病有所医、老有所养、住有所居、弱有所扶取得新进展。

提升社会保障治理效能。2021年2月，习近平主持十九届中央政治局第二十八次集体学习时强调，我国社会保障制度改革已进入系统集成、协同高效的阶段。要准确把握社会保障各个方面之间、社会保障领域和其他相关领域之间改革的联系，提高统筹谋划和协调推进能力，确保各项改革形成整体合力；要强化问题导向，紧盯老百姓在社会保障方面反映强烈的烦心事、操心事、揪心事，加快发展多层次、多支柱养老保险体系，更好满足人民群众多样化需求；要进一步明确中央和地方事权和支出责任；要把农村社会救助纳入乡村振兴战略统筹谋划；要依法健全社会保障基金监管体系，以零容忍态度严厉打击欺诈骗保、套保或挪用贪占各类社会保障资金的违法行为，守护好人民群众的每一分"养老钱""保命钱"和每一笔"救助款""慈善款"；要在提高管理精细化程度和服务水平上下更大功夫；要坚持制度的统一性和规范性，坚持国家顶层设计，增强制度的刚性约束，加强对制度运行的管理监督。

实施就业优先战略和更加积极的就业政策。大力推动大众创业、万众创新，促进高校毕业生、农村剩余劳动力、分流安置职工、退伍军人等重点群体就业创业，实现就业形势总体稳定、稳中向好。党的十九届五中全会强调，要千方百计稳定和扩大就业，坚持经济发展就业导向，扩大就业容量，提升就业质量，促进充分就业，保障劳动者待遇和权益。2020 年 12 月，中央经济工作会议进一步强调，扩大内需最根本的是促进就业，要实现更加充分更高质量就业。

始终把教育摆在优先发展的战略位置。2012 年起，国家财政性教育经费支出占当年国内生产总值比例连续保持在 4% 以上。从 2013 年开始实施"全面改善贫困地区义务教育薄弱学校基本办学条件"工程。2016 年 7 月，国务院印发《关于统筹推进县域内城乡义务教育一体化改革发展的若干意见》，要求深化义务教育治理结构、教师管理和保障机制改革，构建与常住人口增长趋势和空间布局相适应的城乡义务教育学校布局建设机制，完善义务教育治理体系，提升义务教育治理能力现代化水平。2019年初，党中央、国务院印发《中国教育现代化2035》，指出要坚持中国特色社会主义教育发展道路，加快推进教育现代化、建设教育强国、办好人民满意的教育，并聚焦教育发展的突出问题和薄弱环节，立足当前，着眼长远，重点部署了面向教育现代化的重大战略任务。

全面深入实施健康中国战略。"共建共享、全民健康"，是建设健康中国的战略主题。以人民健康为中心，坚持以基层为重点，以改革创新为动力，预防为主，中西医并重，把健康融入所有政策，人民共建共享，是卫生与健康工作方针。2016年10月，党中央、国务院印发了《"健康中国2030"规划纲要》，对健康中国建设作出全面部署，推动防治结合、联防联控、群防群控，不断推进疾病治疗向健康管理转变。从2015年到2019年底，中国居民人均预期寿命从76.3岁提高到77.3岁，主要健康指标总体上优于中高收入国家平均水平。

推进城镇居民医保和新农合制度整合。2014年，国务院印发《关于建立统一的城乡居民基本养老保险制度的意见》，决定将新农保和城居保两项制度合并实施，在全国范围内建立统一的城乡居民基本养老保险制度。2015年，国务院办公厅印发《关于全面实施城乡居民大病保险的意见》，决定在全国推开城乡居民大病保险制度。2016年，国务院印发《关于整合城乡居民基本医疗保险制度的意见》，从完善政策入手，逐步在全国范围内建立起统一的城乡居民医保制度。

住有所居政策逐步落地。习近平在党的十九大报告中强调，坚持房子是用来住的、不是用来炒的定位，加快建立多主体供给、多渠道保障、租购并举的住房制度，让全体人民住有所居。党和政府高度重视保障性租赁住房建设，加快完善长租房政策，逐步使租购住房在享受公共服务上具有同等权利，规范发展长租房市场。土地供应向租赁住房建设倾斜，单列租赁住房用地计划，探索利用集体建设用地和企事业单位自有闲置土地建设租赁住房。降低租赁住房税费负担，整顿租赁市场秩序，规范市场行为，对租金水平进行合理调控。全面落实因城施策，稳地价、稳房价、稳预期的长效管理调控机制。

抗击新冠肺炎疫情取得重大战略成果

在党的十八届五中全会上，习近平指出，如期全面建成小康社会，既具有充分条件，也面临艰巨任务，前进道路并不平坦，诸多矛盾叠加、风险隐患增多的挑战依然严峻复杂。党的十九大把防范化解重大风险作为决胜全面建成小康社会三大攻坚战的首要战役。

2020年初，突如其来的新冠肺炎疫情是百年来全球发生的最严重的传染病大流行，是新中国成立以来我国遭遇的传播速度最快、感染范围最广、防控难度最大的重大突发公共卫生事件。在这场攻坚战中，习近平亲自指挥、亲自部署，统揽全局、果断决策，为中国人民抗击疫情坚定了

★ 2020 年 3 月 10 日，习近平专门赴湖北省武汉市考察疫情防控工作，在东湖新城社区党员群众服务中心，同社区工作者、基层民警、卫生服务站医生、下沉干部、志愿者等亲切交流

信心、凝聚了力量、指明了方向。中央政治局常委会、中央政治局召开 21 次会议研究部署，提出坚定信心、同舟共济、科学防治、精准施策的总要求；明确坚决遏制疫情蔓延势头、坚决打赢疫情防控阻击战的总目标，领导组织党政军民学、东西南北中大会战，周密部署武汉保卫战、湖北保卫战；成立中央应对疫情工作领导小组，派出中央指导组，建立国务院联防联控机制，因时因势制定重大战略策略，把提高收治率和治愈率、降低感染率和病亡率作为突出任务来抓；全力以赴救治患者，不遗漏一个感染者，不放弃每一位病患者，坚持中西医结合，最大限度地提高了治愈率、降低了病亡率；注重科研攻关和临床救治、防控实践相协同，第

一时间研发出核酸检测试剂盒；迅速建立全国疫情信息发布机制，实事求是、公开透明发布疫情信息；时刻挂念海外中国公民的安危，千方百计保障我国公民健康安全和工作生活，向留学生等群体发放"健康包"，协助确有困难的中国公民有序回国；及时将全国总体防控策略调整为"外防输入、内防反弹"，推动防控工作由应急性超常规防控向常态化防控转变；顺应疫情发展变化，及时作出统筹疫情防控和经济社会发展的重大决策，推动落实分区分级精准复工复产，最大限度保障人民生产生活；加大宏观政策应对力度，扎实做好"六稳"工作，全面落实"六保"任务，制定一系列纾困惠企政策，出台多项强化就业优先、促进投资消费、稳定外贸外资、稳定产业链供应链等措施，促进新业态发展，推动交通运输、餐饮商超、文化旅游等各行各业有序恢复，实施支持湖北发展一揽子政策。

在党中央的坚强领导和周密部署下，中国用1个多月的时间初步遏制疫情蔓延势头，用2个月左右的时间将本土每日新增病例控制在个位数以内，用3个月左右的时间取得武汉保卫战、湖北保卫战的决定性成果，进而又接连打了几场局部地区聚集性疫情歼灭战，夺取了全国抗疫斗争重大战略成果。在此基础上统筹推进疫情防控和经济社会发展，率先恢复生产生活秩序，成为2020年世界主要经济体中唯一实现正增长的国家。

2020年9月8日，习近平在全国抗击新冠肺炎疫情表彰大会上，全面回顾抗疫斗争的不平凡历程，深刻阐述生命至上、举国同心、舍生忘死、尊重科学、命运与共的伟大抗疫精神，系统总结抗疫斗争取得的重要启示，是进一步做好疫情防控和经济社会发展工作的重要指针和精神力量源泉。

五、开创生态文明建设新局面

浙江省安吉县余村干部群众仍清晰记得，早在 2005 年，时任浙江省委书记的习近平在余村考察时，得知村里关闭矿区、走绿色发展之路的做法后高度评价说："下决心关停矿山是高明之举。"在这次考察中，习近平首次提出"绿水青山就是金山银山"，强调不以牺牲环境为代价去推动经济增长。8 年后的 2013 年 9 月，习近平在哈萨克斯坦纳扎尔巴耶夫大学回答学生提问时，进一步阐述："我们既要绿水青山，也要金山银山。宁要绿水青山，不要金山银山，而且绿水青山就是金山银山。"这一重要论述深刻阐明了生态环境与生产力之间的关系，是对生产力理论的重大发展，饱含尊重自然、谋求人与自然和谐发展的价值理念和发展理念。

新时代，以习近平同志为核心的党中央继承和发展马克思主义人与自然关系学说，准确把握新时代我国人与自然关系的新形势新矛盾新特征，紧扣我国资源环境基本国情和发展阶段特征，着眼民生福祉和民族未来，就推进绿色循环低碳发展和生态文明建设进行艰辛探索，形成习近平生态文明思想，开创了我国生态文明建设和环境保护新格局。

牢固树立生态文明理念

像保护眼睛一样保护生态环境，像对待生命一样对待生态环境。党的十八大以来，党中央将生态文明建设作为治国理政重要内容，开展了一系列根本性、开创性、长远性的工作，提出了一系列新理念新思想新战略，推动生态文明建设和生态保护从实践到认识发生了历史性、转折性、全局性的变化。

生态文明建设是关系中华民族永续发展的根本大计。习近平指出，中华民族向来尊重自然、热爱自然，绵延5000多年的中华文明孕育着丰富的生态文化。生态兴则文明兴，生态衰则文明衰。生态环境是关系党的使命宗旨的重大政治问题，也是关系民生的重大社会问题。习近平强调，要积极回应人民群众所想、所盼、所急，大力推进生态文明建设，提供更多优质生态产品，不断满足人民日益增长的优美生态环境需要。新时代，在推进生态文明建设中逐步形成了以下必须坚持的原则：一是坚持人与自然和谐共生，坚持节约优先、保护优先、自然恢复为主的方针。二是坚持绿水青山就是金山银山，加快形成节约资源和保护环境的空间格局、产业结构、生产方式、生活方式，给自然生态留下休养生息的时间和空间。三是良好的生态环境是最普惠的民生福祉，坚持生态惠民、生态利民、生态为民。四是坚持山水林田湖草沙冰系统治理，严守生态安全红线，统筹兼顾、整体施策、多措并举，全方位、全地域、全过程开展生态文明建设。五是用最严格制度最严密法治保护生态环境，加快制度创新，强化制度执行，让制度成为刚性的约束和不可触碰的高压线。六是共谋全球生态文明建设，深度参与全球环境治理，形成世界环境保护和可持续发展的解决方案，宣布中国碳达峰与碳中和的国家自主贡献新目标，引导应对气候变化国际合作。

把解决突出生态环境问题作为民生优先领域。习近平

★ 2013 年 4 月 9 日，习近平在海南省考察生态农业

指出，绿色发展是构建高质量现代化经济体系的必然要求，是解决污染问题的根本之策。重点是调整经济结构和能源结构，优化国土空间开发布局，调整区域流域产业布局，培育壮大节能环保产业、清洁生产产业、清洁能源产业，推进资源全面节约和循环利用，实现生产系统和生活系统循环链接，倡导简约适度、绿色低碳的生活方式，反对奢侈浪费和不合理消费。习近平强调，坚决打赢蓝天保卫战是重中之重，要以空气质量明显改善为刚性要求；要深入实施水污染防治行动计划，保障饮用水安全，基本消灭城市黑臭水体；要全面落实土壤污染防治行动计划，突出重点区域、行业和污染物，强化土壤污染管控和修复，有效防范风险，让老百姓吃得放心、住得安心；要持续开展农村人居

环境整治行动，打造美丽乡村，为老百姓留住鸟语花香田园风光。

加强生态文明体制机制建设

加强顶层设计。2014 年以来，中央全面深化改革领导小组（委员会）通过了一系列生态文明体制改革文件。2015年 5 月、9 月，党中央、国务院先后印发《关于加快推进生态文明建设的意见》《生态文明体制改革总体方案》，提出以健全生态文明制度体系为重点，构建由自然资源资产产权制度、国土空间开发保护制度、空间规划体系、资源总量管理和全面节约制度、资源有偿使用和生态补偿制度、环境治理体系、环境治理和生态保护的市场体系、生态文明绩效评价考核和责任追究制度八项制度构成的产权清晰、多元参与、激励约束并重、系统完整的生态文明制度体系。

加大机制建设力度。党中央、国务院建立并实施中央生态环境保护督察制度，深入实施大气、水、土壤污染防治三大行动计划，在世界范围内率先发布《中国落实 2030 年可持续发展议程国别方案》，实施《国家应对气候变化规划（2014—2020 年)》。2018 年，党中央印发《深化党和国家机构改革方案》，组建了自然资源部、生态环境部、国家林草局，优化了国家发展改革委、工信部等部门的生态文明建设职责。

稳步推进试验区建设。2016 年，中共中央办公厅、国务院办公厅印发《关于设立统一规范的国家生态文明试验区的意见》，批准在福建等省开展国家生态文明试验区建设，作为生态文明体制改革的综合性试验平台。各试验区深入推进试点工作，取得积极成效，形成了一批改革经验成果。截至 2020 年 6 月，4 个试验区已形成 90 项可复制、可推广的改革措施和经验做法，在山水林田湖草系统治理、绿色金融、生态补偿制度等领域，为下一步的相关改革提供了可资借鉴的样板和路径。

划定生态保护红线。坚定不移实施主体功能区制度，建立国土空间开发保护制度，严格按照主体功能区定位推动发展，建立国家公园体制。建立资源环境承载能力监测预警机制，对水土资源、环境容量和海洋资源超载区域实行限制性措施。对限制开发区域和生态脆弱的国家扶贫开发工作重点县取消地区生产总值考核。2015 年 8 月，国务院发出《关于印发全国海洋主体功能区规划的通知》，要求进一步优化海洋空间开发格局。2017 年 9 月，中共中央办公厅、国务院办公厅印发《建立国家公园体制总体方案》，推动构建统一规范高效的中国特色国家公园体制，建立分类科学、保护有力的自然保护地体系。

为世界可持续发展贡献力量

党的十八大以来，中华大地生态文明建设快速推进，为世界可持续发展作出了重要贡献，提供了可资借鉴的发展模式。

蓝天保卫战首战告捷。自《打赢蓝天保卫战三年行动计划》实施以来，到 2020 年 9 月，京津冀地区空气质量明显改善，即使在雾霾易发多发的秋冬季，京津冀及周边地区的 PM2.5 平均浓度也从 104 微克 / 立方米下降到 70 微克 / 立方米，平均重污染天数由 37.4 天下降到 14.1 天。全国地级及以上城市环境空气质量达标城市不断增加，2020 年全国地级及以上城市空气优良天数比例为 87.0%，创 2013 年来新高。

推进重大生态保护和修复工程。中国退耕还林还草工程作为世界上投资最大、政策性最强、涉及面最广、群众参与程度最高的一项重大生态工程，创造了世界生态建设史上的奇迹。"十三五"期间，这一超级生态工程持续发力，不断取得新的重要进展，生态、经济、社会综合效益不断释放，在决胜全面小康、决战脱贫攻坚中发挥重要作用，作出重要贡献。治理腾格里沙漠污染，整治秦岭生态环境破坏问题，长江经济带共抓大保护、不搞大开发，推进黄河流域生态保

★ 陕西省汉中市西乡县 2020 年退耕还林建设新貌

护和高质量发展。

探索生态文明发展新路。中国的经济发展，绝不能走发达国家先污染后治理的老路，而是要走出一条发展与保护双赢的绿色低碳循环发展之路。2013年，联合国通过推广中国生态文明理念的决定草案。2016年5月，第二届联合国环境大会召开期间，联合国环境规划署发布《绿水青山就是金山银山：中国生态文明战略与行动》，指出以"绿水青山就是金山银山"为导向的中国生态文明战略，为世界可持续发展理念的提升提供了中国方案和版本。2021年2月，国务院印发《关于加快建立健全绿色低碳循环发展经济体系的指导意见》，就全方位全过程推行绿色规划、绿色设计、绿色投资、绿色建设、绿色生产、绿色流通、绿色生活、绿色消费，使发展建立在高效利用资源、严格保护生态环境、有效控制温室气体排放的基础上，统筹推进高质量发展和高水平保护，建立健全绿色低碳循环发展的经济体系，确保实现碳达峰、碳中和目标，推动我国绿色发展迈上新台阶等进行了规划和部署。

积极倡导全球践行绿色发展理念。2016年4月，习近平在参加首都义务植树活动时强调，建设绿色家园是人类的共同梦想。2017年1月，习近平在联合国日内瓦总部发表演讲时指出，要倡导绿色、低碳、循环、可持续的生产生活方式，平衡推进2030年可持续发展议程。2020年9月，习近平在第七十五届联合国大会上强调，人类需要一场自我革命，加快形成绿色发展方式和生活方式，建设生态文明和美丽地球。同月，习近平在联合国生物多样性峰会上指出，要以自然之道，养万物之生，从保护自然中寻找发展机遇，实现生态环境保护和经济高质量发展双赢，并郑重承诺，中国将秉持人类命运共同体理念，继续作出艰苦卓绝的努力，提高国家自主贡献力度，采取更加有力的政策和措施，二氧化碳排放力争于 2030 年前达到峰值，努力争取 2060 年前实现碳中和，为实现应对气候变化《巴黎协定》确定的目标作出更大努力和贡献。2021 年 4 月，习近平出席领导人气候峰会并发表重要讲话，阐述构建人与自然生命共同体理念，强调要坚持人与自然和谐共生，坚持绿色发展，坚持系统治理，坚持以人为本，坚持多边主义，坚持共同但有区别的责任原则。2020 年我国单位国内生产总值二氧化碳排放强度比 2015 年下降 18.8%，远超对外承诺的碳排放强度目标。

中国政府积极参与协调解决全球性生态环境问题，推动《巴黎协定》签署实施，推进绿色"一带一路"建设，开展南南合作，为维护和引领全球生态安全合作作出了贡献，在全球环境治理体系中的影响力不断增强，树立起中国负责任大国的形象。

六、实现人民军队划时代的整体性变革

"我想的最多的就是，在党和人民需要的时候，我们这支军队能不能始终坚持住党的绝对领导，能不能拉得上去、打胜仗，各级指挥员能不能带兵打仗、指挥打仗。"党的十八大以来，新时代人民军队的"胜战之问""价值之问""本领之问"，始终萦绕在军队统帅的心头，深深叩问着全军将

士。统帅令出，全军景从。在习近平的率领下，这支从历史的战火硝烟中一路走来的队伍，向党在新形势下的强军目标发起新的冲锋，向世界一流军队迈出坚实步伐。

新时代强军战略的根本指针

深化国防和军队改革，方向是关键。西方敌对势力一直想把人民军队从党的旗帜下拉出去，企图诱导我们自己搞垮自己。习近平强调，深化国防和军队改革是中国特色社会主义军事制度的自我完善和发展，是为了更好发挥中国特色社会主义军事制度的优势。改革不是改向，变革不是变色。改革是要更好坚持党对军队的绝对领导，更好坚持人民军队性质和宗旨，更好坚持我军光荣传统和优良作风。

强国必须强军，军强才能国安。2012年11月，习近平在新一届中央军委班子第一次常务会议上宣示，要时刻以党和人民为念，以国家主权、安全、领土完整为念，以国防和军队建设为念，夙夜在公、恪尽职守。12月，习近平在广州战区考察时指出，实现中华民族伟大复兴是中华民族近代以来最伟大的梦想，这个梦想是强国梦，对军队来说，也是强军梦。年底，他对强军梦作了进一步阐述：要牢记听党指挥这个强军之魂，能打仗、打胜仗这个强军之要，依法治军、从严治军这个强军之基，走中国特色强军之路，推动军队现代化建设跨越式发展。2013年3月，习近平面对十二届全国人大一次会议解放军代表团全体代表庄严宣布，建设一支听党指挥、能打胜仗、作风优良的人民军队，是党在新形势下的强军目标。他号召，准确把握这一强军目标，用以统领军队建设、改革和军事斗争准备，努力把国防和军队建设提升到一个新水平。强军目标提出了人民军队建设的总纲，发出了强军兴军总动员令。强军，成为人民军队的主旋律、最强音。

习近平亲自担任中央军委深化国防和军队改革领导小组组长，亲自确定改革重大工作安排，亲自领导调研论证和方案拟制工作，坚定不移地引领着国防和军队改革的方向、路径和进程。十八届中央政治局围绕军事相关问题，组织了 6 次集体学习。2015 年 7 月，习近平分别主持召开中央军委常务会议和中央政治局常委会会议，审议和审定《深化国防和军队改革总体方案》。10 月，习近平主持中央军委常务会议，审议通过《领导指挥体制改革实施方案》。随后，中央军委印发了《关于深化国防和军队改革的意见》。

在新时代强军战略的丰富实践中，习近平强军思想应运而生。党的十九大将习近平强军思想写入党章，确立了这一思想在国防和军队建设中的指导地位。

实施强军战略

在习近平亲自指挥、亲自部署下，国防与人民军队实施改革强军战略，坚定不移走中国特色强军之路，开启我军历史上一场划时代的整体性、革命性变革。

改革强军。2015 年 11 月，中央军委改革工作会议召开。习近平发出动员令："全面实施改革强军战略，坚定不移走中国特色强军之路。"2016 年 12 月 2 日至 3 日，中央军委军队规模结构和力量编成改革工作会议举行。习近平指出，要坚持减少数量、提高质量，优化兵力规模构成，打造精干高效的现代化常备军。不到两年时间，人民军队在看似波澜不惊中迎来伟大跨越。打破总部体制、大军区体制和大陆军体制，成立陆军领导机构、火箭军、战略支援部队，调整组建15个军委机关职能部门，划设五大战区，完成海军、空军、火箭军、武警部队机关整编工作，实施联勤保障体制改革，组建军委联合作战指挥机构和战区联合作战指挥机构。2021年2月，中央军委印发的《关于构建新型军事训练体系的决定》强调，要贯彻习近平强军思想，贯彻新时代军事战略方针，坚持聚焦备战打仗，坚持扭住强敌对手，坚持实战实训、联战联训、科技强训、依法治训；要坚持强化战训一致、强化联合训练、强化训练管理、强化科技练兵、强化训练保障、强化人才支撑，遵循胜战机理和练兵规律，加紧构建战训一体耦合、理念模式先进、内容方法科学、组织管理高效、资源保障有力、政策制度配套的新型军事训练体系等，为新时代人民军队构建新型军事训练体系指明方向。

人民军队组织架构实现历史性变革，初步构建起"军委管总、战区主战、军种主建"的领导指挥体制，抓建设、谋打仗的"大脑"更加强大。优化军兵种比例，大幅精减非战斗机构人员，在总员额减少30万人的同时，作战部队员额不降反增，战略预警、远程打击、信息支援等新型作战力量得到充实加强，以精锐作战力量为主体的联合作战力量体系正在形成，能打仗、打胜仗的"筋骨"愈发强健。人民军队紧跟世界科技发展方向，超前规划布局、加速发展步伐，不断完善和优化适应信息化战争和履行使命要求的武器装备体系。

军队战斗力空前提升。在陆战沙场，新一代武装直升机、新型陆战装备加速列装；在广阔天空，空军主力战机以前所未有的速度迈进歼-20、运-20领衔的"20"时代；在万里海疆，海军主力战舰以"下饺子"的速度列装，成建制地更新换代；在深山密林，中国"东风"系列战略导弹惊艳全球。

全面深入贯彻军委主席负责制。党的十九大把中央军事委员会实行主席负责制写入党章。2017年11月，中央军委印发《关于全面深入贯彻军委主席负责制的意见》，指出中央军委实行主席负责制，是党和国家军事领导制度长期发展的重大成果，凝结了党建军治军的宝贵经验和优良传统。军委主席负责制的内容是，必须坚持全国武装力量由军委主席统一领导和指挥，国防和军队建设一切重大问题由军委主席决策和决定，中央军委全面工作由军委主席主持和负责。军委主席负责制的实践要求是，严格执行请示报告工作机制，严格执行

★ 运-20飞机入列仪式

督促检查工作机制，严格执行信息服务工作机制，迅速准确向军委主席报送信息，确保军委主席决策指示落到实处。中央军委实行主席负责制，是宪法和党章规定的重大制度，是坚持党对人民军队绝对领导的根本制度和根本实现形式，是中国特色社会主义政治制度和军事制度的重要组成部分。

加强军队政治工作。2013年5月，习近平视察成都军区时，郑重提出在适当时候召开全军政治工作会议。2014年10月30日至11月2日，在习近平的亲自决策下，21世纪第一次全军政治工作会议在福建古田召开。同年底，党中央向全党全军转发了由习近平亲自领导和主持起草的《关于新形势下军队政治工作若干问题的决定》。在全军政治工作会议上的重要讲话中，习近平立足党和国家事业全局，对军队政治工作作出新部署，深刻阐明军队政治工作的时代方位，明确军队政治工作的时代主题、指导原则、重点任务和实践要求，把我军政治工作的理论和实践提升到新境界、推向新舞台，是党的军事指导理论的重大创新成果，为强军兴军提供了强大思想武器和科学指南。会议要求加强和改进新形势下我军政治工作，坚持"四个牢固立起来"[①]和"五个着力抓好"[②]，贯彻依法治军、从严治军方针，紧紧围绕我军政治工作的时代主题，充分发挥政治工作对强军兴军的生命线作用。

组建新的军委纪委、新的军委政法委，调整组建军委

[①] "四个牢固立起来"，即把理想信念在全军牢固立起来，把党性原则在全军牢固立起来，把战斗力标准在全军牢固立起来，把政治工作威信在全军牢固立起来。

[②] "五个着力抓好"，即着力抓好铸牢军魂工作，着力抓好高中级干部管理，着力抓好作风建设和反腐败斗争，着力抓好战斗精神培育，着力抓好政治工作创新发展。

审计署，向军委机关部门和战区分别派驻纪检组，全部实行派驻审计，巡视和审计监督实现常态化、全覆盖；全面停止军队有偿服务，铲除腐败问题和不良风气滋生的土壤；出台《关于新形势下深入推进依法治军从严治军的决定》等法规制度，治官治权、管钱管物的制度笼子越扎越紧、越编越密；成立全军干部考评委员会，进一步提升选人用人公信度、权威性，干部队伍建设方面长期积累的深层次矛盾逐步化解。沉疴流弊被革除，万千营盘正气充盈。

提出建军百年奋斗目标。党的十八大以来，党中央在推动建设一支同中国国际地位相称、同国家安全和发展利益相适应的现代化人民军队方面取得了历史性成就。党的十九届五中全会在此基础上，又提出"提高捍卫国家主权、安全、发展利益的战略能力，确保二〇二七年实现建军百年奋斗目标"。这充分体现了党中央立足国家发展和安全战略全局，着眼人民军队历经辉煌、迎接建军 100 年的历史节点，在开启全面建设社会主义现代化国家的新征程中，奋力推进强军事业的战略意志和坚定决心，为实现国防和军队现代化阶段性目标提供了战略指引。

七、以改革创新精神全面推进
党的建设新的伟大工程

勇于自我革命是中国共产党区别于其他政党的显著标志。中国共产党历经千锤百炼而朝气蓬勃，一个很重要的原因就是始终坚持党要管党、全面从严治党，不断应对好自身在各个历史时期面临的风险考验，确保党在世界形势深刻变化的历史进程中始终走在时代前列，在应对国内外各种风险挑战的历史进程中始终成为全国人民的主心骨。党的十八大强调，形势的发展、事业的开拓、人民的期待，都要求以改革创新精神全面推进党的建设新的伟大工程，全面提高党的建设科学化水平。党的十八大以来，以习近平同志为核心的党中央，牢牢把握加强党的执政能力建设、先进性和纯洁性建设这条主线，牢牢抓住党的政治建设这个根本，坚持解放思想、改革创新，以坚定的决心、顽强的意志、空前的力度全面加强党的各项建设，确保了党在新时代坚持和发展中国特色社会主义的历史进程中始终成为坚强领导核心。

坚决维护党中央权威和集中统一领导

中国特色社会主义最本质的特征是中国共产党领导，中国特色社会主义制度的最大优势是中国共产党领导，党是最高政治领导力量。党的十九大把这一重大政治原则写入党章，把"坚持党对一切工作的领导"作为新时代坚持和发展中国特色社会主义的基本方略的第一条。十三届全国人大一次会议通过《中华人民共和国宪法修正案》，在总纲中明确规定中国共产党领导是中国特色社会主义最本质的特征。党的十九届四中全会把坚持和完善党的领导制度体系放在首要位置，突出了党的领导制度体系的统领地位，抓住了国家治理的关键和要害。

万山磅礴，必有主峰。坚持党的领导，首先是坚持党中央权威和集中统一领导。事在四方，要在中央。党中央是中国特色社会主义的顶梁柱，是国家治理体系棋局中的"帅"。2014年1月，习近平在十八届中央纪委第三次全会上指出，"中央委员会，中央政治局，中央政治局常委会，这是党的领导决策核心"。党的十八届六中全会通过《关于新形势下党内政治生活的若干准则》《中国共产党党内监督条例》，强调"坚决维护党中央权威、保证全党令行禁止，是党和国家前途命运所系，是全国各族人民根本利益所在"。

2017年2月，习近平在省部级主要领导干部学习贯彻党的十八届六中全会精神专题研讨班上指出，我们这么大一个党、这么大一个国家，如果没有党中央定于一尊的权威，公说公有理，婆说婆有理，争论不休，不仅会误事，而且要乱套。他强调，在地方和部门工作的同志都是党派去工作的，不是独立存在的，也不是孤立存在的，没有天马行空、为所欲为的权力。全党只能维护党中央权威，只能向党中央看齐，要把广大党员、干部、群众思想和行动统一到党中央精神和决策部署上来。

2017年10月，中央政治局会议审议通过《关于加强和维护党中央集中统一领导的若干规定》，指出坚决维护习近平总书记作为党中央的核心、全党的核心的地位。根据这个规定，中央政治局同志每年向党中央和习近平总书记书面述职一次，这成为加强和维护党中央集中统一领导的重要制度安排。2018年8月，党中央印发修订后的《中国共产党纪律处分条例》，增加"两个维护""四个意识"等内容。2019年1月，党中央印发《中共中央关于加强党的政治建

中共中央关于
加强党的政治建设的意见

（2019年1月31日）

人民出版社

★《中共中央关于加强党的政治建设的意见》单行本

设的意见》，将"两个维护"作为加强党的政治建设的首要任务，强调坚持和加强党的全面领导，最重要的是坚决维护党中央权威和集中统一领导，最关键的是坚决维护习近平总书记党中央的核心、全党的核心地位。同月，党中央还印发《中国共产党重大事项请示报告条例》，强调由党中央领导和决策的重大事项必须向党中央请示报告。

党的十九届四中全会指出，"完善坚定维护党中央权威和集中统一领导的各项制度"，强调推动全党增强"四个意识"、坚定"四个自信"、做到"两个维护"。2020年9月，党中央印发《中国共产党中央委员会工作条例》，把"坚持党对一切工作的领导，确保党中央集中统一领导"作为中央委员会开展工作必须把握的第一条原则。

维护习近平总书记党中央的核心、全党的核心地位，维护党中央权威和集中统一领导，是全面从严治党的重大政治成果和宝贵经验。经过持续努力，党员干部的政治站位、政治觉悟和政治能力有了显著提高，巩固了党的团结统一，确保了党中央一锤定音、定于一尊的权威。

以政治建设为统领推进党的各方面建设

　　党的十八大以来，以习近平同志为核心的党中央，以政治建设为统领推进党的各方面建设，对全面从严治党作出战略部署，使党在革命性锻造中更加坚强有力。党的十九大明确提出新时代党的建设总要求，这就是：坚持和加强党的全面领导，坚持党要管党、全面从严治党，以加强党的长期执政能力建设、先进性和纯洁性建设为主线，以党的政治建设为统领，以坚定理想信念宗旨为根基，以调动全党积极性、主动性、创造性为着力点，全面推进党的政治建设、思想建设、组织建设、作风建设、纪律建设，把制度建设贯穿其中，深入推进反腐败斗争，不断提高党的建设质量，把党建设成为始终走在时代前列、人民衷心拥护、勇于自我革命、经得起各种风浪考验、朝气蓬勃的马克思主义执政党。

　　把政治建设纳入党的建设总体布局并摆在首位。党的政治建设决定党的建设的方向和效果，是党的建设的"灵魂"和"根基"。党的十九大提出了党的政治建设这个重大命题，强调党的政治建设是党的根本性建设，保证全党服从中央、坚持党中央权威和集中统一领导，是党的政治建设的首要任务。《中共中央关于加强党的政治建设的意见》明确指出，加强党的政治建设，目的是坚定政治信仰，强化政治领导，提高政治能力，净化政治生态，实现全党团结统一、行动一致。2020 年 12 月，习近平在中央政治局民主生活会上进一步强调，必须增强政治意识，善于从政治上看问题，善于把握政治大局，不断提高政治判断力、政治领悟力、政治执行力。

党的十八大以来，党中央把党的政治建设融入党和国家重大决策部署的制定和落实全过程，不断健全督查问责机制，严肃查处违背党的政治路线、破坏党的集中统一问题，以政治上的加强推动全面从严治党向纵深发展。同时，把政治建设融入党的建设各方面，严明党的政治纪律政治规矩、严肃党内政治生活、净化党内政治生态、培育党内政治文化，全党的政治能力不断提高，创造力、凝聚力、战斗力显著增强。

加强思想和理想信念教育。思想建设是党的基础性建设，坚定理想信念是思想建设的首要任务。党的十九大强调，要把坚定理想信念作为党的思想建设的首要任务，用习近平新时代中国特色社会主义思想武装全党，教育引导全党牢记党的宗旨，解决好"总开关"问题。根据党中央统一部署，全党深入学习《习近平谈治国理政》和一系列重要论述摘编，学习《习近平新时代中国特色社会主义思想学习纲要》等重要辅导读物。广大党员、干部读原著、学原文、悟原理，不断筑牢信仰之基、补足精神之钙、把稳思想之舵。

党中央坚持不懈抓好党内集中教育。从 2013 年 6 月到 2014 年 9 月，全党开展以为民务实清廉为主要内容的党的群众路线教育实践活动。2015 年在县处级以上领导干部中开展"三严三实"专题教育，2016 年在全体党员中开展"两学一做"学习教育。2019 年 6 月开始，在全党自上而下分两批开展"不忘初心、牢记使命"主题教育。2021 年 2 月开始，在全党开展党史学习教育，引导党员干部做到学史明理、学史增信、学史崇德、学史力行，学党史、悟思想、办实事、开新局。通过组织开展一系列党内学习教育，思想建党、理论强党成为全党的共识，党员干部的马克思主义理论水平进一步提高，不忘初心、牢记使命的思想根基进一步巩固。

加强党的组织建设。党的力量来自组织，组织强则力量倍增。2013 年 6 月，习近平在全国组织工作会议上首次提出"信念坚定、为民服务、勤政务实、敢于担当、清正廉洁"的好干部标准。为了贯彻新时代好干部标准，党中央修订印发《党政领导干部选拔任用工作条例》等法规文件，强化党组织领导和把关作用，有力破解了"唯票""唯分""唯 GDP""唯年龄"取人偏向等突出问题。2018 年 7 月，习近平在全国组织工作会议上提出并阐述新时代党的组织路线，为新时代党的建设和组织工作指明了前进方向。

以新时代党的组织路线为引领，持续整顿软弱涣散基层党组织，推动基层党组织全面进步、全面过硬，党的组织体系建设不断增强，一大批优秀共产党员不断涌现，一大批全国先进基层党组织积极发挥战斗堡垒作用。截至 2021 年 6 月 5 日，中国共产党党员总数为 9514.8 万名，基层党组织 486.4 万个。2021 年 6 月 29 日，庆祝中国共产党成立 100 周年"七一勋章"颁授仪式隆重举行，习近平向"七一勋章"获得者颁授勋章，将党内最高荣誉授予为党和人民作出杰出贡献的 29 名共产党员。

加强党的作风建设。党的十八大以来，全面从严治党首先从作风问题抓起，首先从中央政治局立规矩开始，从落实中央八项规定精神开始破题。2012 年 12 月，习近平主持召开中央政治局会议，专题研究改进工作作风问题，强调抓作风建设，首先要从中央政治局做起。会议审议通过《十八届中央政治局关于改进工作作风、密切联系群众的八项规定》。2017 年 10 月，十九届中央政治局第一次会议审议通过《中共中央政治局贯彻落实中央八项规定的实施细则》。中央八项规定是党的十八大之后制定的第一部重要党内法规，是改进作风建设的切入点和动员令，解决了许多过去被认为不可能解决的问题，党风政风社风发生了全面深刻、影响深远、鼓舞人心的变化。据 2019 年 11 月国家统计局的民情民意电话调查结果，在接受调查的对象中，对中央八项规定及其实施细则执行成效表示满意的、对其长期执行保持信心的，分别达 96.5%、95.9%，86.1% 的受访对象对党员干部的工作作风表示满意。

为解决形式主义、官僚主义等突出作风问题，2019 年 3 月，中共中央办公厅发出《关于解决形式主义突出问题为基层减负的通知》，将 2019 年确定为"基层减负年"。2020 年 4 月，中共中央办公厅印发《关于持续解决困扰基层的形式主义问题为决胜全面建成小康社会提供坚强作风保证的通知》。党的十九届五中全会明确提出，"持续纠治形式主义、官僚主义，切实为基层减负"，向全党全社会释放了一刻不停歇推动作风建设向纵深发展的强烈信号。

加强党的纪律建设。2012 年 11 月，习近平在十八届中央政治局第一次会议上强调，"大家要带头遵守党的组织原则和党内政治生活准则，懂规矩，守纪律"。2013 年 1 月，习近平在十八届中央纪委第二次全会上指出，严明党的纪律，首要的就是严明政治纪律。2015 年 10 月，新制定的《中国共产党廉洁自律准则》和修订的《中国共产党纪律处分条例》分别从坚持正面倡导、重在立德和开列负面清单、重在立规两方面，定标准、立规矩。党的十九大后，党中央对《准则》和《条例》再次作了新的修订。2018 年 7 月，中央政治局召开会议强调，要巩固和发展执纪必严、违纪必究常态化成果，下大气力建制度、立规矩、抓落实、重执行，让制度"长牙"、纪律"带电"，充分发挥纪律建设标本兼治的利器作用，使铁的纪律真正转化为党员干部的日常习惯和自觉遵循，推动全面从严治党向纵深发展。

加强党的制度建设。党的十八大以来，党中央始终坚持制度治党、依规治党，把制度建设作为建立全面从严治党长效机制的根本之举、根本之策，全方位扎紧制度的笼子，以党章为遵循完善党内法规体系。2013 年 11 月，党中央发布《中央党内法规制定工作五年规划纲要（2013—2017 年)》，提出全面建成内容科学、程序严密、配套完备、运行有效的党内法规制度体系的目标。2016 年 12 月，召开党的历史上第一次全国党内法规工作会议，并出台《中共中央关于加强党内法规制度建设的意见》。2018 年 2 月，党中央印发《中央党内法规制定工作第二个五年规划（2018—2022 年)》，对此后 5 年党内法规制度建设进行顶层设计。2019 年 9 月，党中央印发《中国共产党党内法规执行责任制规定（试行)》，是从根本上破解党内法规"执行难"问题、推动党内法规全面深入实施的一项重要举措。截至 2021 年 7 月，中央党内法规共 211 部，党内生活主要领域实现了有章可循、有规可依，管党治党的能力水平显著提高。

加强党的基层工作和思想政治工作。2021 年 4 月，党中央、国务院印发《关于加强基层治理体系和治理能力现代化建设的意见》，就完善党全面领导基层治理制度进行了总体规划和全面部署，要求把基层党组织建设成为领导基层治理的坚强战斗堡垒，构建党委领导、党政统筹、简约高效的乡镇（街道）管理体制，完善党建引领的社会参与制度。7月，党中央、国务院印发《关于新时代加强和改进思想政治工作的意见》，围绕巩固马克思主义在意识形态领域的指导地位、巩固全党全国人民团结奋斗的共同思想基础这一根本任务，明确思想政治工作是治党治国的重要方式，就深入开展思想政治教育、提升基层思想政治工作质量和水平、推动新时代思想政治工作守正创新发展、构建共同推进思想政治工作大格局等进行了总体规划和具体部署。

反腐败斗争取得压倒性胜利

腐败是党面临的最大威胁，严重侵蚀党的执政基础。党的十八大以后，以习近平同志为核心的党中央以"得罪千百人，不负十三亿"的坚定决心，重拳反腐，坚持无禁区、全覆盖、零容忍，坚持重遏制、强高压、长震慑，坚定不移"打虎""拍蝇""猎狐"，深化国际反腐败执法合作、织就国际追逃"天网"，持续形成强大震慑，不敢腐的目标初步实现，不能腐的笼子越扎越紧，不想腐的堤坝正在构筑，反腐败斗争取得压倒性胜利，反腐败斗争压倒性态势已经形成并巩固发展。

党的十九大以后，习近平强调，对反腐败斗争形势的严峻性和复杂性一点也不能低估，反腐败斗争不能退，也无处可退，必须坚定不移向纵深推进。党中央继续保持惩治腐败高压态势，对党的十八大以后不收敛不收手，特别是十九大后仍不知止、胆大妄为的，发现一起查处一起，同时严厉整治发生在群众身边的腐败问题，坚决查处民生资金、教育医疗、低保养老等民生领域侵害群众利益问题。

在强化不敢腐的震慑同时，党中央健全党和国家监督体系，以党内监督为主导，把行政监察部门、预防腐败机构和检察机关反腐败相关职责进行整合，不断完善权力监督制度和执纪执法体系，实现了对公权力监督和反腐败的全覆盖、无死角，不断扎牢不能腐的笼子。巡视工作对持续纠正"四风"、发现问题、形成震慑、从严治吏、净化党内政治生态等起到了重大作用，成为全面从严治党的利剑。各地区各部门着力深化以案促改、以案为鉴，加强党性教育和廉洁教育，持续增强不想腐的自觉。经过全党不懈努力，反腐败斗争取得压倒性胜利并巩固发展，全面从严治党取得重大成果。党的十八大以来，全国纪检监察机关立案审查案件380.5万件、查处408.9万人，给予党纪政务处分374.2万人。实践证明，正是坚持以人民为中心，坚决整治党内不正之风和腐败问题，我们党才能赢得人民群众的无比信任和衷心拥护，众志成城推动党和国家事业不断走向新的胜利。

2021年1月，习近平在十九届中央纪委五次全会上指出，党中央对党风廉政建设和反腐败斗争取得的成绩是满意的。他强调，党风廉政建设永远在路上，反腐败斗争永远在路上。作为百年大党，要永葆先进性和纯洁性、永葆生机活力，必须一刻不停推进党风廉政建设和反腐败斗争。习近平要求，各级领导干部特别是主要负责同志必须切实担负起管党治党政治责任，始终保持"赶考"的清醒，保持对"腐蚀""围猎"的警觉，把严的主基调长期坚持下去，以系统施治、标本兼治的理念正风肃纪反腐，不断增强党自我净化、自我完善、自我革新、自我提高能力，跳出治乱兴衰的历史周期率，引领和保障中国特色社会主义巍巍巨轮行稳致远。

在庆祝中国共产党成立 100 周年大会上，习近平强调，新的征程上要牢记打铁必须自身硬的道理，增强全面从严治党永远在路上的政治自觉，坚定不移推进党风廉政建设和反腐败斗争，坚决清除一切损害党的先进性和纯洁性的因素，清除一切侵蚀党的健康肌体的病毒，确保党不变质、不变色、不变味，确保党在新时代坚持和发展中国特色社会主义的历史进程中始终成为坚强领导核心。

党的十八大以来，以习近平同志为核心的党中央高举改革旗帜，统揽改革全局，推动改革攻坚，在风雷激荡中挺立潮头，在勇毅笃行中写就华章，引领改革全面发力，向更宽领域拓展、向更深层次挺进、向更高境界冲刺，为中国经济社会发展不断取得历史性新成就、全面建设社会主义现代化国家注入了强劲动力，为实现中华民族伟大复兴提供了更为完善的制度保证、更为坚实的物质基础、更为主动的精神力量。

第七章 ‖ 坚定不移扩大高水平对外开放

中国共产党是为中国人民谋幸福的政党，也是为人类进步事业而奋斗的政党。中国共产党始终把为人类作出新的更大的贡献作为自己的使命。党的十八大以来，以习近平同志为核心的党中央坚定不移扩大对外开放、推动构建人类命运共同体，提出一系列富有中国特色、体现时代精神、引领人类发展进步潮流的新理念新主张新倡议，开创了新时代高水平对外开放的新局面，为全面建成小康社会、夺取新时代中国特色社会主义伟大胜利提供了有力支撑，为人类共同事业作出了更大贡献。中国始终是世界和平的建设者、全球发展的贡献者、国际秩序的维护者，以中国的新发展为世界提供新机遇。

一、推动构建人类命运共同体

和平、和睦、和谐是中华民族 5000 多年来一直追求和传承的理念。从"协和万邦"到"万国咸宁"，从"四海之内皆兄弟"到"天下为公"，从"大同世界"到"人类命运共同体"，充分表达了中国人民同世界各国人民一道努力共建美好世界的愿望。"于大千世界，我也许只是一根羽毛，但我也要以羽毛的方式，承载和平的心愿。"2015年9月，习近平出席联合国维和峰会时，向与会者讲述了中国维和女警察和志虹的故事。一名普通的中国警察，不远万里去到海地，毫不利己地把人类和平事业当作自己的事业，忠实履行职责，不幸以身殉职。这是什么精神？和志虹身上展现出的是人类命运与共的中国天下观和世界观。

统筹国内国际两个大局

怎么看当今世界？这是推动构建人类命运共同体的重要前提。"这是最好的时代，也是最坏的时代"，狄更斯笔下的英国工业革命后的场景，也是进入21世纪第二个十年世界局势的真实写照。习近平深刻把握国内国际局势变化特点趋势，科学地作出了统筹中华民族伟大复兴战略全局和世界百年未有之大变局的重要论断。

进入21世纪第二个十年，中国与世界的关系正在发生深刻变化，中国正前所未有地走近世界舞台中央，中华民族伟大复兴进入了关键时期。世界与中国的发展变化同步交织、相互激荡，中国的对外开放和对外工作站在了新的历史起点上。和平与发展仍然是时代主题，但世界面临的不稳定性不确定性日益凸显，挑战层出不穷、风险日益增多，经济全球化遭遇逆流，世界经济增长动能不足，单边主义、保护主义、霸权主义对世界和平与发展构成威胁，地区热点问题此起彼伏，恐怖主义、网络安全、重大传染性疾病、气候变化等非传统安全威胁持续蔓延，治理赤字、信任赤字、和平赤字、发展赤字成为摆在全人类面前的严峻挑战。国际经济、科技、文化、安全、政治等格局都在发生深刻调整，世界进入动荡变革期，我国将面对更多逆风逆水的外部环境。

2012 年 12 月，习近平在军队一次重要会议上提出了大变局的概念。此后，他多次在重要会议、外交场合阐述这一前所未有的大变局。2017 年 12 月，习近平在接见回国参加驻外使节工作会议的全体使节时指出，放眼世界，我们面对的是百年未有之大变局。新世纪以来一大批新兴市场国家和发展中国家快速发展，世界多极化加速发展，国际潮流大势不可逆转。党的十九届五中全会深入分析了我国发展环境面临的深刻复杂变化。会议指出，当今世界正经历百年未有之大变局，新一轮科技革命和产业变革深入发展，国际力量对比深刻调整，和平与发展仍然是时代主题，人类命运共同体理念深入人心，同时国际环境日趋复杂，不稳定性不确定性明显增加。

2021 年 1 月 11 日，习近平在省部级主要领导干部学习贯彻党的十九届五中全会精神专题研讨班开班式上指出，当今世界正经历百年未有之大变局，但时与势在我们一边，这是我们的定力和底气所在，也是我们的决心和信心所在。25 日，习近平在世界经济论坛"达沃斯议程"对话会上的特别致辞中指出，世界正在经历百年未有之大变局，既是大发展的时代，也是大变革的时代。28 日，习近平在十九届中央政治局第二十七次集体学习时指出，要统筹中华民族伟大复兴战略全局和世界百年未有之大变局，立足国内，放眼世界，深刻认识错综复杂的国际局势对我国的影响，既保持战略定力又善于积极应变，既集中精力办好自己的事，又积极参与全球治理、为国内发展创造良好环境。

统筹国内国际两个大局重要论断的提出，深刻揭示了新兴市场国家和一大批发展中国家快速发展、国际影响力不断增强这一近代以来国际力量对比中最具革命性的变化；深刻揭示了进入 21 世纪以来，全球科技创新进入空前密集活跃期、新一轮科技革命和产业变革正在重构全球创新版图和重塑全球经济结构的最新变化；深刻揭示了全球治理体系和国际秩序变革加速推进、加强全球治理和完善全球治理体系的大势所趋。这个重要论断，明确回答了新时代高水平对外开放、全面建设社会主义现代化国家的时代背景问题，彰显了准确把握重要战略机遇期、坚定对外开放的信心和战略定力。

推动构建人类命运共同体

在世界百年未有之大变局演进过程中，人类又一次站在了十字路口。合作还是对抗？开放还是封闭？互利共赢还是零和博弈？如何回答这些问题，关乎各国利益，关乎人类前途命运。中国共产党对这些事关人类前途命运的问题，作出了自己的回答。集中为一点，就是习近平提出的构建人类命运共同体这一中国方案。

倡导推动构建人类命运共同体，是习近平外交思想的核心理念，顺应了人类社会发展进步的时代潮流。构建人类命运共同体理念，蕴含着中华民族优秀传统文化中民胞物与、立己达人的智慧，体现中国致力于为世界和平与发展作出更大贡献的崇高目标。国际社会普遍认为，人类命运共同体作为一种不同于西方模式的新型国际关系理念，摒弃了丛林法则，不搞强权独霸，超越零和博弈，是对国际秩序观的创新和发展，开辟了一条合作共赢、共建共享的文明发展新道路。

党的十八大指出，倡导人类命运共同体意识，增进人类共同利益。2013 年 3 月，习近平在莫斯科国际关系学院发表演讲时，首次在国际讲坛上提出人类命运共同体理念。2015 年 3 月，习近平在博鳌亚洲论坛年会上指出，要把握世界大势，跟上时代潮流，共同营造对亚洲、对世界都更为有利的地区秩序，通过迈向亚洲命运共同体，推动建设人类命运共同体。9 月，习近平在联合国总部出席第七十届联合国大会一般性辩论时，发表《携手构建合作共赢新伙伴，同心打造人类命运共同体》讲话，全面阐述以合作共赢为核心的新型国际关系理念，提出打造人类命运共同体"五位一体"的总路径和总布局：倡导建立平等相待、互商互谅的伙伴关系；营造公道正义、共建共享的安全格局；谋求开放创新、包容互惠的发展前景；促进和而不同、兼收并蓄的文明交流；构筑尊崇自然、绿色发展的生态体系。2017 年 1 月，习近平在日内瓦"共商共筑人类命运共同体"高级别会议的主旨演讲中，主张共同推进构建人类命运共同体的伟大进程，坚持对话协商、共建共享、合作共赢、交流互鉴、绿色低碳，建设一个持久和平、普遍安全、共同繁荣、开放包容、清洁美丽的世界。

★ 2017 年 1 月 18 日，习近平在瑞士日内瓦万国官出席"共商共筑人类命运共同体"高级别会议并作《共同构建人类命运共同体》主旨演讲

　　2017 年 2 月 10 日，联合国社会发展委员会第五十五届会议协商一致通过"非洲发展新伙伴关系的社会层面"决议，呼吁国际社会本着合作共赢和构建人类命运共同体的精神，加强对非洲经济社会发展的支持，首次将"构建人类命运共同体"理念写入联合国决议。3 月 17 日，"构建人类命运共同体"理念写入联合国安理会关于阿富汗问题的第 2344 号决议；23 日，写入联合国人权理事会关于"经济、社会、文化权利"和"粮食权"两个决议；11 月 2 日，又写入联大"防止外空军备竞赛进一步切实措施"和"不首先在外空放置

武器"两份安全决议。2018 年，"人类命运共同体"被相继写入中非合作论坛北京峰会、上海合作组织青岛峰会、中阿合作论坛部长级会议，以及诸多双边多边高层交往的成果文件。这些文件表达了各方共建人类命运共同体的共同心声。

2017 年 1 月，习近平在联合国日内瓦总部的演讲中提出，从伙伴关系、安全格局、经济发展、文明交流、生态建设五个方面推动构建人类命运共同体，回答了什么样的世界是美好世界、怎样建设美好世界的问题，为人类社会谋划了光明未来。党的十九大把推动构建人类命运共同体作为新时代坚持和发展中国特色社会主义的基本方略，并写入党章。人类命运共同体理念的核心内涵是：各国人民同心协力，构建人类命运共同体，建设持久和平、普遍安全、共同繁荣、开放包容、清洁美丽的世界。十三届全国人大一次会议将推动构建人类命运共同体郑重写入通过的宪法修正案。推动构建人类命运共同体，正式上升为国家意志。2021 年 7 月 1 日，习近平在庆祝中国共产党成立 100 周年大会上的讲话中，指出以史为鉴、开创未来，必须不断推动构建人类命运共同体。强调中国共产党将继续同一切爱好和平的国家和人民一道，弘扬和平、发展、公平、正义、民主、自由的全人类共同价值，坚持合作、不搞对抗，坚持开放、不搞封闭，坚持互利共赢、不搞零和博弈，反对霸权主义和强权政治，推动历史车轮向着光明的目标前进。

交流互鉴是文明发展的本质要求。长期以来，国际舆论场上一直充斥着"文明优越论""文明冲突论"的杂音。新冠肺炎疫情暴发以来，一些西方政客和媒体等更是肆意挑动意识形态对抗，干扰政治互信和国际合作进程。习近平多次呼吁，要树立平等、互鉴、对话、包容的文明观，以文明交流超越文明隔阂，以文明互鉴超越文明冲突，以文明共存超越文明优越。这是中国共产党基于自身奋斗和理论思考得出的结论，为人类文明发展指明了方向。在习近平倡导下，中国近年来举办了亚洲文明对话大会、"一带一路"国际合作高峰论坛、中国共产党与世界政党高层对话会等重要多边会议，为促进各国文明交流、共同发展搭建新的平台，受到国际社会普遍欢迎。在上海合作组织峰会上，提出拉紧人文交流合作的共同纽带；在金砖合作机制下，强调推进政治、经济、人文"三轮驱动"；倡导将"一带一路"建设成"文明之路"，推动各国相互理解、相互尊重、相互信任……习近平以对人类文明发展的深刻把握，点亮了不同文明"各美其美，美美与共"的思想明灯，也为中国特色大国外交书写浓墨重彩的文明篇章。不以意识形态划界，不以大小强弱论亲疏，中国共产党与全球600多个政党和政治组织"互加好友"，充分交流治国理政经验，及时分享减贫、反腐、抗疫等方面的做法。构建人类命运共同体理念，既是应对共同挑战的全新解决方案，也是面向全球的新型文明观。

人类卫生健康共同体的提出与实践，成为构建人类命运共同体的亮点。突如其来、肆虐全球的新冠肺炎疫情用沉痛而直接的方式，让世界各国人民更加深刻地认识到：风暴来袭，没有任何一棵树木能够孑然独立；大疫之下，没有任何国家可以独善其身；人类是一个休戚与共的命运共同体，只有携手并肩，才能穿过风雨、迎来阳光。中国在第一时间向世卫组织报告疫情，第一时间分享病毒基因序列，第一时间开展疫情防控专家国际合作，为世界赢得宝贵时间，彰显大国担当。2020

年3月，二十国集团领导人首次以视频会议形式召开应对新冠肺炎疫情特别峰会。习近平代表中国政府提出减免关税、取消壁垒、畅通贸易、提振经济等倡议，赢得了广泛的认同与共鸣。5月，习近平出席第73届世界卫生大会视频会议开幕式并致辞，呼吁共同佑护各国人民生命和健康，共同佑护人类共同的地球家园，共同构建人类卫生健康共同体。

2021年5月，习近平出席全球健康峰会并发表重要讲话，就提高应对重大突发公共卫生事件能力和水平提出五点意见：坚持人民至上、生命至上；坚持科学施策，统筹系统应对；坚持同舟共济，倡导团结合作；坚持公平合理，弥合"免疫鸿沟"；坚持标本兼治，完善治理体系。强调要坚定不移推进抗疫国际合作，共同推动构建人类卫生健康共同体，共同守护人类健康美好未来。

到2020年12月，中国已向150个国家和13个国际组织提供抗疫援助，有力支持了世界各国疫情防控。2021年5月7日，世界卫生组织宣布，由中国医药集团北京生物制品研究所研发的新冠灭活疫苗正式通过世卫组织紧急使用认证。截至2021年6月6日，中国已组织完成向66个国家和1个国际组织援助新冠疫苗及配套注射器的发运工作。一些国家政要、政党领导人、政府官员、国际组织代表等通过多种形式，高度评价中国为促进抗疫国际合作所作的努力。

随着"一带一路"倡议等全球合作不断推进，人类命运共同体正在从理念转化为行动，被国际组织和越来越多的国家接受和认同，成为中国引领时代潮流和人类文明进步的鲜明旗帜，成为推动全球治理体系变革、构建新型国际关系和国际新秩序的共同价值规范。

二、健全更高水平对外开放体系

背靠长江水、面向太平洋，潮涌黄浦江、联通五大洲。2018 年 11 月 5 日至 10 日举行的首届中国国际进口博览会，万商云集、共襄盛举，务实合作、硕果累累，激荡思想、凝聚共识。习近平主旨演讲中的"中国经济是一片大海，而不是一个小池塘"等重要论述掷地有声，国际舆论纷纷探寻其中蕴含的中国机遇、中国作为、中国贡献。进博会作为国际贸易发展史上一大创举，成为中国主动拥抱经济全球化、打造新时代高水平对外开放格局的生动诠释。

坚持全方位对外开放战略

世界经济的大海，你要还是不要，都在那儿，是回避不了的。世界经济的大海不可能退回到一个一个孤立的小湖泊、小河流。面对经济全球化带来的机遇和挑战，正确的选择是，充分利用一切机遇，合作应对一切挑战，引导好经济全球化走向。

进入 21 世纪第二个十年，经济全球化的驱动力正在发生重大变化，多边贸易体制发展坎坷、贸易投资保护主义升温、经贸摩擦政治化倾向抬头；世界经贸格局正在发生重大变化，不少发达国家经济复苏艰难曲折，发展中国家成为拉动世界经济增长的重要力量，全球经济格局"东升西降"趋势更加明显；国际产业竞争与合作的态势正在发生重大变化，各国抢占产业制高点的竞争日趋激烈；中国参与经济全球化的基础和条件正在发生重大变化，如何巩固传统优势、增创新优势，已经成为摆在中国面前的重大课题；国际社会对中国的认知和期待正在发生重大变化，给我国参与国际经济合作带来复杂影响。这些变化带来的机遇前所未有，挑战也前所未有。

党的十八大以来，党中央根据世情国情新变化，提出要完善互利共赢、多元平衡、安全高效的开放型经济体系，发出了在更大范围、更广领域、更高水平上推进对外开放，更好以开放促发展、促改革、促创新的新时代动员令，坚持、丰富和完善全方位对外开放战略，在错综复杂的外部环境中站稳了脚跟，在日趋激烈的国际竞争中把握住了主动。

再创"开放红利期"。党的十八届三中全会通过的《中共中央关于全面深化改革若干重大问题的决定》，准确评估我国改革已进入攻坚期和深水区，对构建开放型经济新体制作出了重要部署。2015年5月，党中央、国务院《关于构建开放型经济新体制的若干意见》提出使对内对外开放相互促进，引进来与走出去更好结合，以对外开放的主动赢得经济发展和国际竞争的主动，以开放促改革、促发展、促创新，建设开放型经济强国。

推动形成开放新格局。党的十九大从统筹国内国际两个大局的高度、从理论和实践两个维度，系统回答了新时代要不要开放、要什么样的开放、如何更好推动开放等重大命题。提出要以"一带一路"建设为重点，坚持引进来和走出去并重，遵循共商共建共享原则，加强创新能力开放合作。2019年4月，习近平在第二届"一带一路"国际合作高峰论坛开幕式上宣布，中国将采取一系列重大改革开放举措，包括在更广领域扩大外资市场准入、更大力度加强知识产权保护国际合作、更大规模增加商品和服务进口、更加有效实施国际宏观经济政策协调、更加重视对外开放政策贯彻落实。

构建新发展格局。2021年1月11日，习近平在省部级主要领导干部学习贯彻党的十九届五中全会精神专题研讨班开班式上指出，构建新发展格局，实行高水平对外开放，必须具备强大的国内经济循环体系和稳固的基本盘；要塑造我国参与国际合作和竞争新优势，重视以国际循环提升国内大循环效率和水平，改善我国生产要素质量和配置水平，推动我国产业转型升级。25日，在世界经济论坛"达沃斯议程"对话会的特别致辞中，习近平指出，利用疫情搞"去全球化"、搞封闭脱钩，不符合任何一方利益。他强调，中国始终支持经济全球化，坚定实施对外开放基本国策；中国将继续促进贸易和投资自由化便利化，维护全球产业链供应链顺畅稳定，推进高质量共建"一带一路"；中国将着力推动规则、规制、管理、标准等制度型开放，持续打造市场化、法治化、国际化营商环境，发挥超大市场优势和内需潜力，为各国合作提供更多机遇，为世界经济复苏和增长注入更多动力。2021年4月，习近平在博鳌亚洲论坛2021年年会开幕式上的主旨演讲中指出，开放融通是不可阻挡的历史趋势，要推动贸易和投资自由化便利化、深化区域经济一体化，深化互联互通伙伴关系建设、畅通经济运行的血脉和经络，要抓住新一轮科技革命和产业变革的历史机遇、大力发展数字经济。

构建高水平对外开放新局面

2019 年 10 月，世界银行发布《2020 年营商环境报告》，中国营商环境在 190 个经济体中排名第 31 位，较上年提升 15 位，连续两年位列全球优化营商环境改善幅度最大的十大经济体。这是新时代中国致力于构建高水平对外开放新局面的成果缩影之一。

党的十八大作出了加快转变对外经济发展方式、全面提高开放型经济水平的决定。党的十八届三中全会对构建开放型经济新体制作出了重要部署。党的十九大作出了推动形成全面开放新格局的决定。党的十九届五中全会强调，实行高水平对外开放、开拓合作共赢新局面；坚持实施更大范围、更宽领域、更深层次对外开放，依托我国大市场优势，促进国际合作，实现互利共赢。

党的十八大以来，中国始终把开放作为发展的内在要求，更加积极主动地扩大对外开放。2019 年 3 月，十三届全国人大二次会议表决通过《中华人民共和国外商投资法》，这是中国第一部外商投资领域统一的基础性法律，对推动形成全面开放新格局、促进社会主义市场经济健康发展具有重要意义。10 月，《优化营商环境条例》颁布，标志中国优化营商环境制度建设进入新的阶段。2021 年 7 月，习近平主持召开中央全面深化改革委员会第二十次会议强调，要强化企业创新主体地位，加强知识产权保护，优化营商环境，引导资源、技术、人才、资本等要素向重点优势企业集聚；要综合运用法律、经济、技术、行政等多种手段，推行全链条、全流程监管，对假冒伪劣、套牌侵权等突出问题重拳出击，让侵权者付出沉重代价。

2020年6月，《外商投资准入特别管理措施（负面清单）（2020年版）》《自由贸易试验区外商投资准入特别管理措施（负面清单）（2020年版）》颁布。两个负面清单较2019年版均缩减了7条，这也是连续第四年缩减外商投资准入负面清单，展示了中国坚定不移扩大对外开放的决心。

2020年9月1日，习近平主持召开中央全面深化改革委员会第十五次会议，审议通过《关于推进对外贸易创新发展的实施意见》，并强调指出当前经济全球化遭遇逆流，单边主义、保护主义抬头，中国决不能被逆风和回头浪所阻，要站在历史正确的一边，坚定不移扩大对外开放，增强国内国际经济联动效应，统筹发展和安全，全面防范风险挑战。11日，国务院召开全国深化"放管服"改革优化营商环境电视电话会议，强调要落实外商投资法及配套法规、外资准入负面清单，回应关切，打造更优开放环境，使中国开放的决心让外商放心、开放的政策让外商受惠。

2021年1月，中共中央办公厅、国务院办公厅印发《建设高标准市场体系行动方案》，就完善外商投资准入前国民待遇加负面清单管理制度、进一步缩减外商投资准入负面清单、扩大鼓励外商投资产业目录范围、支持外资加大创新投入力度、营造内外资企业一视同仁和公平竞争的公正市场环境、破除各种市场准入隐性壁垒、打造市场化法治化国际化营商环境、提高外商投资服务水平等，均作出了具体规划和落地要求。

　　加快实施自贸区战略，是中国实施更加主动开放战略的重要内容。党的十八届三中全会作出了加快自贸区建设，形成面向全球的高标准自贸区网络的决定。2013 年 9 月，中国（上海）自由贸易试验区正式挂牌成立。2014 年 12 月，

★ 2013 年 9 月，中国（上海）自由贸易试验区成立，对照国际最高标准、最好水平，大胆试、大胆闯、自主改，为我国全面深化改革和扩大开放、构建开放型经济新体制探索新途径，积累新经验

国务院决定设立广东、天津、福建三个自贸试验区。2015年12月，国务院印发《关于加快实施自由贸易区战略的若干意见》，明确了总体要求、进一步优化自贸区建设布局、加快建设高水平自贸区、健全保障体系、完善支持机制、加强组织实施等。

2016年8月，国务院决定在辽宁、浙江、河南、湖北、重庆、四川、陕西设立7个自贸试验区。2017年10月，党的十九大提出赋予自贸试验区更大改革自主权，探索建设自由贸易港。2018年9月，国务院发布《关于同意设立中国（海南）自由贸易试验区的批复》，实施范围为海南岛全岛。2019年8月，国务院印发新设自贸试验区总体方案，在山东、江苏、广西、河北、云南、黑龙江6省区设立自贸区。2020年9月，北京自贸区揭牌成立，湖南、安徽自贸区及浙江自贸区扩展区域也正式揭牌。

从2013年在上海设立第一个自贸试验区，中国自贸试验区从无到有、从少到多，覆盖了中国从南到北、从沿海到内陆的广大区域，形成了多领域复合型综合改革开放态势。自贸试验区以制度创新为核心，以可复制可推广为基本要求，形成了战略定位各不相同、互有补充、经验互鉴、协同发展、各具特色的发展格局，发挥了全面深化改革的试验田作用。

举办中国国际进口博览会。2018年11月的首届进博会吸引了172个国家、地区和国际组织参会，3600多家企业参展，超过40万名境内外采购商到会洽谈采购，成交额近600亿美元，4500多名政商学研各界嘉宾在虹桥国际经贸论坛上对话交流。2019年11月的第二届进博会有181个国

★ 2018 年 11 月 5 日，首届中国国际进口博览会开幕式前习近平同外方领导人集体合影

家、地区和国际组织参会，3800 多家企业参展，超过 50 万名境内外专业采购商到会洽谈采购。2020 年是不寻常的年份，全球疫情持续蔓延，很多大型国际展会都按下"暂停键"，但第三届进博会却如期举办，累计意向成交 726.2 亿美元，比上届增长 2.1%。世界 500 强和行业龙头企业积极参展，还有一批企业签约参展未来进博会。习近平在第三届进博会开幕式上以视频方式发表主旨演讲时指出，如期举办这一全球贸易盛会，体现了中国同世界分享市场机遇、推动世界经济复苏的真诚愿望。中国举办进博会，既为推动世界经济复苏作出了重要贡献，也彰显了中国持续扩大开放的坚定决心。

推动经济全球化健康发展

党的十八大以来，中国秉持和遵循共商共建共享的全球治理观，坚持全球事务由各国人民商量着办，坚定维护以联合国为核心的国际体系，坚定维护以世界贸易组织为核心的多边贸易体制，充分发挥全球和区域多边机制的建设性作用，积极推进全球经济治理改革和国际关系民主化。

中国主动发挥负责任大国作用，努力为全球经济治理贡献中国智慧和力量。2014年11月，在北京召开的亚太经合组织第二十二次领导人非正式会议，确立了建设面向未来的亚太伙伴关系，启动亚太自贸区进程，批准《亚太经合组织互联互通蓝图（2015—2025）》，在近30个领域共取得100多项合作成果。

2016年9月，在二十国集团领导人杭州峰会上，中国引导协调各方，在创新增长、结构性改革、多边投资、气候变化、可持续发展等重要问题上，制定出一系列指导原则和指标体系，达成29项重要成果。

中国成功举办了"一带一路"国际合作高峰论坛、金砖国家领导人厦门会晤、亚信上海峰会、上海合作组织青岛峰会和中非合作论坛北京峰会、中国共产党与世界政党高层对话会等主场外交活动。习近平提出，构建创新、活力、联动、包容的世界经济，呼吁联手打造创新驱动的增长模式、开放共赢的合作模式、公正合理的治理模式、平衡普惠的发展模式，为解决人类社会面临的种种全球性挑战，提供了中国方案。

在单边主义和保护主义抬头、经济全球化遭遇波折、多边贸易体制的权威性和有效性受到严重挑战的背景下，中国支持对世贸组织进行必要改革，维护多边贸易体制，推动建设开放型世界经济。2018 年 11 月，中国发布了《中国关于世贸组织改革的立场文件》，阐述了中国对世贸组织改革的基本原则和具体主张。中国与多个世贸组织成员共同向世贸组织提交了"关于争端解决上诉程序改革"的联合提案，为推动打破上诉机构成员遴选僵局贡献力量。中国与其他 75 个世贸组织成员发表了《关于电子商务的联合声明》，确认有意在世贸组织现有协定和框架基础上，启动与贸易有关的电子商务议题谈判。面对世界经济复苏艰难、逆全球化和单边主义，中国以实际行动发出坚定维护多边主义、推动新一轮全球化的清晰信号。区域全面经济伙伴关系协定（RCEP）签署、中欧投资协定谈判完成，为在新冠肺炎疫情中充满不确定性的世界经济带来了希望。

2020 年 11 月，第四次区域全面经济伙伴关系协定领导人会议以视频方式举行。会议宣布，RCEP 正式签署，世界上人口数量最多、成员结构最多元、发展潜力最大的自贸区就此诞生。多年来，中国一直积极参与 RCEP 谈判，发挥了不可或缺的作用。RCEP 的签署，既是各方 8 年努力磋商的结果，更是深化东亚区域经济合作的新起点。

2020 年 12 月，习近平同德国总理默克尔、法国总统马克龙、欧洲理事会主席米歇尔、欧盟委员会主席冯德莱恩举行视频会晤，共同宣布如期完成中欧投资协定谈判。这一成果来之不易，中欧投资协定谈判自 2013 年启动以来，历经 7 年、35 轮谈判。中欧投资协定谈判的如期完成，是中欧经贸合作的里程碑，有利于中国，有利于欧盟，也有利于世界，意义重大，影响深远，是深化中欧全面战略伙伴关系的重要保障。

三、推动共建"一带一路"高质量发展

"一带一路"致力于和平、发展、合作、共赢。这一来自中国的倡议，正在转变成一个个造福落地国人民的项目。伴随着共建"一带一路"深入推进，创造历史的合作发展故事在全球各地不断涌现，东非有了高速公路，马尔代夫有了跨海大桥，白俄罗斯有了轿车制造业，哈萨克斯坦有了出海通道。在这条和平、繁荣、开放、创新、文明之路上，伟大的构想正在推动造福各国人民的伟大实践。

倡议建设"一带一路"

党的十八大以来，以习近平同志为核心的党中央把中国发展和世界共同发展有机结合，从古代丝绸之路汲取营养，创造性提出共建"一带一路"倡议，为世界共享中国发展机遇创建了新平台，为国际合作开辟了新模式。共建"一带一路"倡议是参与全球开放合作、改善全球经济治理体系、促进全球共同发展繁荣、推动构建人类命运共同体的中国方案。

2013 年 9 月，习近平在哈萨克斯坦纳扎尔巴耶夫大学发表演讲，首次提出共同建设"丝绸之路经济带"的合作倡议。一项充满东方智慧的共同繁荣发展的方案呈现在世人眼前："为了使我们欧亚各国经济联系更加紧密、相互合作更加深入、发展空间更加广阔，我们可以用创新的合作模式，共同建设'丝绸之路经济带'。"10 月，习近平在印度尼西亚国会发表演讲，提出共同建设 21 世纪"海上丝绸之路"，同时倡议筹建亚洲基础设施投资银行，向世人进一步传递出明确信号，中国正实实在在推进新的开放战略。

2013 年 11 月，党的十八届三中全会审议通过的《中共中央关于全面深化改革若干重大问题的决定》，明确要"推进丝绸之路经济带、海上丝绸之路建设，形成全方位开放新格局"。12 月，习近平在中央经济工作会议上强调，建设丝绸之路经济带和 21 世纪海上丝绸之路，"是党中央统揽政治、外交、经济社会发展全局作出的重大战略决策，是实施新一轮扩大开放的重要举措，也是营造有利周边环境的重要举措"。

2014 年 6 月，中国—阿拉伯国家合作论坛第六届部长级会议在北京召开。阿拉伯国家身处共建"一带一路"交汇地带，是古丝绸之路上的重要伙伴。习近平在这样一个场合首次正式使用"一带一路"的提法，并首次对丝绸之路精神和"一带一路"建设应该坚持的原则作出了系统阐述。

"一带一路"倡议继承和发扬丝绸之路精神，把中国发展同沿线国家发展结合起来，把中国梦同沿线各国人民的梦想结合起来，赋予古丝绸之路以全新的时代内涵。这一重大倡议，唤起了沿线国家对古丝绸之路的历史记忆，既对新时代我国开放空间布局进行统筹谋划，又对中国与世界实现开放共赢的路径进行了顶层设计，让以和平合作、开放包容、互学互鉴、互利共赢为核心的丝路精神焕发出时代风采。"一带一路"倡议的提出，契合沿线国家的共同需求，为沿线国家优势互补、开放发展开启了新的机遇之窗。

★ 2017 年 10 月 28 日，中国首趟由外国零售企业定制的中欧班列发车。截至 2020 年底，中欧班列累计开行超过 3.3 万列

作为共建"一带一路"的标志项目，2020 年，中欧班列开行 1.24 万列、发送 113.5 万标箱，同比分别增长 50%、56%，年度开行数量首次突破 1 万列，单月开行稳定在 1000 列以上，成为助力"一带一路"沿线各国抗疫的"钢铁驼队"。

凝聚合作共建"一带一路"共识

"一带一路"建设跨越不同地域、不同发展阶段、不同文明的国家和地区，要付诸实施，必须获得各方认同，达成广泛共识。"一带一路"倡议提出后，习近平利用各种场合和机会，同有关各方坦诚深入地对话沟通，增进战略互信，减少

★ 2018 年 8 月 27 日，习近平在推进"一带一路"建设工作 5 周年座谈会上强调，共建"一带一路"顺应了全球治理体系变革的内在要求，彰显了同舟共济、权责共担的命运共同体意识，为完善全球治理体系变革提供了新思路新方案

相互猜疑，广泛凝聚共识。习近平发表的演讲和文章，一个重要的话题就是介绍和共商推进"一带一路"建设。有的从历史出发，从古丝绸之路讲起；有的从全球化角度切入，就国际形势、世界经济面临的问题展开；有的通过讲故事、讲道理，解疑释惑；有的则直面时代之问，回应世人关切。

从一个倡议到凝聚成高度共识的行动方案和实际举措，"一带一路"在探索中前进、在发展中完善、在合作中成长。2014 年 11 月，习近平在中央财经领导小组第八次会议上强调，要集中力量办好这件大事，做好"一带一路"总体布局，尽早确定时间表、路线图。同月，党中央、国务院印发《丝绸之路经济带和 21 世纪海上丝绸之路建设战略规划》，对推进"一带一路"建设工作作出全面部署。同年,在"加强互联互通伙伴关系"东道主伙伴对话会上,习近平提出以亚洲国家为重点方向、以经济走廊为依托、以交通基础设施为突破、以建设融资平台为抓手、以人文交流为纽带的合作建议,指明了"一带一路"建设的方向和路径,推动"一带一路"建设进入务实合作阶段。

2015年,习近平在博鳌亚洲论坛、访问美国和英国期间的演讲中,反复阐述"一带一路"的开放包容性,加深了国际社会对"一带一路"建设的理解。3月,国务院授权发布《推动共建丝绸之路经济带和21世纪海上丝绸之路的愿景与行动》。共建"一带一路"倡议及其核心理念写入联合国、二十国集团、亚太经合组织、上合组织以及其他区域组织等有关文件中。党的十八届五中全会提出新发展理念,从开放发展的角度阐述"一带一路"建设的重大意义,推动"一带一路"建设向纵深发展。

在2016年召开的推进"一带一路"建设工作座谈会上,习近平对推进思想统一、规划落实、统筹协调、关键项目落地、金融创新、民心相通、舆论宣传、安全保障等推进"一带一路"建设的重点工作作出具体部署。党的十九大把"一带一路"倡议写入了大会报告和新修改的党章。2021年4月,习近平在博鳌亚洲论坛2021年年会开幕式上的视频主旨演讲中强调,"一带一路"是大家携手前进的阳光大道,共建"一带一路"追求的是发展,崇尚的是共赢,传递的是希望。面向未来,中国将同各方继续高质量共建"一带一路",践行共商共建共享原则,弘扬开放、绿色、廉洁理念,努力实现高标准、惠民生、可持续目标。他郑重承诺,中国将继续同各方建设更紧密的卫生合作伙伴关系、互联互通伙伴关系、绿色发展伙伴关系、开放包容伙伴关系，共同护佑各国人民生命安全和身体健康，让绿色切实成为共建"一带一路"的底色，把"一带一路"建成减贫之路、增长之路，为人类走向共同繁荣作出积极贡献。

各方高度的共识，助力"一带一路"形成陆海内外联动、东西双向互济的开放格局，打造国际合作新平台、增添共同发展新动力。2016 年 11 月，联合国 193 个会员国协商一致通过决议，欢迎共建"一带一路"等经济合作倡议，呼吁国际社会为"一带一路"建设提供安全保障。2017 年 3 月，联合国安理会一致通过第 2344 号决议，呼吁国际社会通过"一带一路"建设加强区域经济合作。2018 年，中拉论坛第二届部长级会议、中国—阿拉伯国家合作论坛第八届部长级会议、中非合作论坛北京峰会先后召开，分别形成中拉《关于"一带一路"倡议的特别声明》和《中国和阿拉伯国家合作共建"一带一路"行动宣言》《关于构建更加紧密的中非命运共同体的北京宣言》等重要成果文件。

共商共建共享"一带一路"

在习近平的亲自倡议推动下，为推动亚洲地区互联互通，深化区域合作，实现共同发展，亚洲基础设施投资银行（亚投行）于 2015 年 12 月 25 日成立。亚投行按照多边开发银行模式和原则运作，坚持国际性、规范性、高标准，实现良好开局，"朋友圈"越来越大、好伙伴越来越多、合作质量越来越高，得到国际社会广泛认可，成员数量从开业时的

★ 位于北京的亚洲基础设施投资银行总部

57个扩至2020年11月底的103个。截至2020年7月29日，亚投行共批准87个项目，覆盖24个经济体，投资总额超过196亿美元；亚投行成立以来，与世界银行、亚洲开发银行等多边开发银行保持良好合作，约53%的项目为联合融资。新冠肺炎疫情暴发以后，亚投行迅速设立50亿美元的危机恢复基金，为成员紧急公共卫生需求提供资金支持。后根据需要，该基金又追加至130亿美元。

为更好推动共建"一带一路"，中国政府倡议设立了丝路基金。该基金是按照《中华人民共和国公司法》设立的中长期开发投资基金，其定位为通过股权、债权、贷款、基金等多元化投融资方式为"一带一路"多边、双边互联互通提供投融资支持。2014年11月4日，习近平主持召开中央财经领导小组第八次会议，批准设立丝路基金。8日，习近平在"加强互联互通伙伴关系"东道主伙伴对话会上宣布，中国将出资 400 亿美元成立丝路基金。9 日，习近平在亚太经合组织工商领导人峰会上明确，丝路基金是开放的，可以根据地区、行业或者项目类型设立子基金，并欢迎亚洲域内外的投资者积极参与。12 月 29 日，丝路基金有限责任公司正式成立并开始运行。截至 2019 年 11 月，丝路基金通过股权、债权等方式多元化融资，签约 34 个项目，承诺投资金额约 123 亿美元，投资领域覆盖东南亚、南亚、中亚、西亚、北非、欧洲、北美以及南美等区域。

2017 年 5 月，首届"一带一路"国际合作高峰论坛在北京举办，29 位外国元首和政府首脑，140 多个国家、80 多个国际组织的 1600 多名代表与会，达成共五大类 76 大项、270 多项成果。首届"一带一路"国际合作高峰论坛进一步明确了"一带一路"合作方向，规划了具体路线图，确定了一批重点项目。这是"一带一路"框架下最高规格的国际活动，也是新中国成立以来由中国首倡、主办的层级最高、规模最大的多边外交活动。习近平出席开幕式并发表主旨演讲，强调要将"一带一路"建成和平之路、繁荣之路、开放之路、创新之路、文明之路。2019 年 4 月，第二届"一带一路"国际合作高峰论坛在北京成功举行。包括中国在内，38 个国家的元首和政府首脑等领导人以及联合国秘书长和国际货币基金组织总裁共 40 位领导人出席圆桌峰会。来自 150 个国家、92 个国际组织的 6000 余名嘉宾参加了论坛。习近平在第二届"一带一路"国际合作高峰论坛开幕式上发表的题为《齐心开创共建"一带一路"美好未来》的主旨演讲中强调，面向未来，我们要聚焦重点、深耕细作，共同绘制精谨细腻的"工笔画"，推动共建"一带一路"

沿着高质量发展方向不断前进。推动共建"一带一路"实现高质量发展是中国面向世界提出的重要理念，反映了参与共建"一带一路"国家的普遍愿望，树立起大家共同努力的目标。中方牵头汇总了论坛期间各方达成的具体成果，共6大类283项。论坛聚焦务实合作，首次举办企业家大会，为各国工商界对接合作搭建平台，签署总额640多亿美元的项目合作协议。

"一带一路"倡议提出以来，成绩斐然、硕果累累，成为当今世界广泛参与的国际合作平台和普受欢迎的国际公共产品。2020年12月，中国政府同非洲联盟签署关于共同推进"一带一路"建设的合作规划。这是我国和区域性国际组织签署的第一个共建"一带一路"规划类国际合作文件。至此，中国政府与138个国家、31个国际和区域组织签署了203份共建"一带一路"合作文件。

四、全面推进中国特色大国外交

以习近平同志为核心的党中央，观大势、谋大局，深刻把握新时代中国和世界发展的大势，提出了一系列富有中国特色、体现时代精神、引领人类发展进步潮流的新理念新主张新倡议，形成了习近平外交思想。在波澜壮阔的伟大斗争中，中国于危机中育新机、于变局中开新局，成功开展了新时代中国特色大国外交的伟大实践，坚定维护了我国主权、安全、发展利益，全面提升了我国国际地位和国际影响。

中国特色大国外交理论

党的十八大以来，中国同国际社会的互联互动已变得空前紧密，对世界的依靠、国际事务的参与不断加深。世界对中国的依靠、影响也不断加深。党中央统筹国内国际两个大局，牢牢把握服务民族复兴、促进人类进步这条主线，积极参与引领全球治理体系改革，打造更加完善的全球伙伴关系网络，开创了中国特色大国外交新局面，中国外交站在了新的历史起点上。

习近平深刻指出，当今世界正经历百年未有之大变局，这样的大变局不是一时一事、一域一国之变，是世界之变、时代之变、历史之变。能否应对好这一大变局，关键要看我们是否有识变之智、应变之方、求变之勇。党中央据此精心谋划我国外交工作，提出统筹国内国际两个大局，完善外交总体布局，推动建立以合作共赢为核心的新型国际关系，提出和贯彻正确义利观，倡导共同、综合、合作、可持续的安全观，推动构建新型大国关系，全方位推进大国外交、周边外交、发展中国家外交、多边外交和各领域外交工作，为全面建成小康社会、全面建设社会主义现代化国家争取良好国际环境。

2014年11月，中央外事工作会议提出了推进中国特色大国外交的战略思想。会议强调，中国必须有自己特色的大国外交，要在总结实践经验的基础上，丰富和发展对外工作理念，使我国对外工作有鲜明的中国特色、中国风格、中国气派，为和平发展营造更加有利的国际环境，维护和延长我国发展的重要战略机遇期，为实现"两个一百年"奋斗目标、

实现中华民族伟大复兴的中国梦提供有力保障。2018 年 6
月召开的中央外事工作会议，确立了习近平外交思想在对外
工作中的指导地位。

在习近平外交思想指引下，党中央全面推进中国特色大
国外交，全方位外交布局深入展开，倡导构建人类命运共同
体，促进全球治理体系变革，倡议高质量合作共建"一带一
路"，坚定维护多边贸易体制、支持全球化。中国的国际影
响力、感召力、塑造力进一步提高，中国外交以独特风范走
出了一条中国特色大国外交新路，为实现中华民族伟大复兴
的中国梦营造了良好外部环境，为实现和平与发展事业作出
了新的重大贡献。

完善全方位外交布局

党的十八大以来，中国致力于推动建设新型国际关系，
构建对话而不对抗、结伴而不结盟的全球伙伴关系网络，打
造覆盖全球的"朋友圈"。党的十九大报告指出，中国积极
发展全球伙伴关系，扩大同各国的利益交汇点，推进大国协
调和合作，构建总体稳定、均衡发展的大国关系框架，按照
亲诚惠容理念和与邻为善、以邻为伴周边外交方针深化同周
边国家关系，秉持正确义利观和真实亲诚理念加强同发展中
国家团结合作。

围绕推动建立以合作共赢为核心的新型国际关系，
习近平倾注了大量心血。2014 年 5 月，习近平在亚信会议
第四次峰会上的主旨演讲中指出，积极倡导共同、综合、合
作、可持续的亚洲安全观，创新安全理念，搭建地区安全合

作新架构，努力走出一条共建、共享、共赢的亚洲安全之路。在 2020 年 11 月召开的二十国集团领导人第十五次峰会第一阶段会议上，习近平发表题为《勠力战疫、共创未来》的重要讲话，强调面对疫情仍在蔓延、国际格局加速演变、单边主义和保护主义上升、全球产业链和供应链受到冲击，二十国集团应进一步发力，构筑全球抗疫防火墙、畅通世界经济运行脉络、发挥数字经济的推动作用、实现更加包容的发展。在同月召开的金砖国家领导人第十二次会晤和上海合作组织成员国元首理事会第二十次会议上，习近平呼吁金砖国家和上合组织成员国为人民福祉着想，秉持人类命运共同体理念，用实际行动为建设美好世界作出应有贡献。2021年 7 月 6 日，习近平在中国共产党与世界政党领导人峰会上发表主旨讲话指出，要倾听人民心声，顺应时代潮流，推动各国加强协调和合作，把本国人民利益同世界各国人民利益统一起来，朝着构建人类命运共同体的方向前行；要以宽广胸怀理解不同文明对价值内涵的认识，尊重不同国家人民对价值实现路径的探索，把全人类共同价值具体地、现实地体现到实现本国人民利益的实践中去；要提升全球发展的公平性、有效性、协同性，共同反对任何人搞技术封锁、科技鸿沟、发展脱钩；要坚持尊重自然、顺应自然、保护自然，共谋人与自然和谐共生之道；要推进适合本国国情的民主政治建设，不断提高为人民谋幸福的能力和成效。他强调，中国共产党愿同各国政党一起努力，让梦想照进现实，让行动成就未来，始终不渝做世界和平的建设者、全球发展的贡献者、国际秩序的维护者。

　　中俄关系作为维护世界和平与稳定的压舱石，一直是中国外交的重点方向之一。党的十八大后，习近平首次出访地就是俄罗斯。此后，中俄高层保持频密交往，两国元首在不同场合会晤20余次。2017年7月，两国元首签署中俄关于进一步深化全面战略协作伙伴关系的联合声明，中俄全面战略协作伙伴关系在不断深化中迈向更高水平。2019年是两国建交70周年，习近平对俄罗斯进行了历史性访问，两国元首共同宣布发展中俄新时代全面战略协作伙伴关系，签署关于加强当代全球战略稳定的联合声明，中俄全面战略协作更加稳固。2020年，中俄双边货物贸易额达到1077.7亿美元，连续3年突破千亿美元大关。中国在俄罗斯外贸中的占比进一步提升，连续11年稳居俄罗斯第一大贸易伙伴国地位。

对于中美关系，中方历来主张，作为世界最大的发展中国家和最大的发达国家，应该本着对人类负责、对历史负责、对人民负责的态度，认真对待和妥善处理好两国关系。2013年6月，习近平在访美期间与奥巴马会面，双方一致同意共同致力于构建中美新型大国关系。2018年，美国挑起经贸摩擦以来，中方在保持理性克制的前提下多次采取反制措施，积极维护了国家利益。2021年中国农历除夕，习近平同拜登通话时指出，中美合则两利、斗则俱伤，合作是双方唯一正确选择。拜登向中国人民拜年，表示美中两国应该避免冲突，美方愿同中方本着相互尊重的精神，开展坦诚和建设性对话，增进相互理解，避免误解误判。

中欧关系不断深化。2013年11月，中方与欧方共同制定发布了《中欧合作2020战略规划》，双方一致同意致力于进一步推动中欧全面战略伙伴关系向前发展。2014年3月，

★ 2020 年 11 月 22 日，习近平在北京以视频方式出席二十国集团领导人第十五次峰会第二阶段会议

习近平访问欧盟总部，这也是中国国家元首首次访问欧盟总部，中欧关系取得突破性发展。中欧发表《关于深化互利共赢的中欧全面战略伙伴关系的联合声明》，强调共同打造中欧和平、增长、改革、文明伙伴关系。中欧双方迄今已建立 70 余个磋商和对话机制。2020 年 9 月，中欧正式签署中欧地理标志保护与合作协定。

中国与周边国家唇齿相依、命运与共，相互以德为邻，是共同发展繁荣之基。2013 年 10 月，党中央专门召开新中国成立以来的首次周边外交工作座谈会，提出亲诚惠容的周边外交理念，并强调要坚持正确义利观。在 2014 年 11 月的中央外事工作会议上，习近平强调要切实抓好周边外交工作，打造周边命运共同体。中国不断深化同周边国家的互利合作和互联互通，推进"一带一路"建设，与周边国家相互依存和利益融合的格局更加稳固。中国把自身发展同周边国家发展更紧密地结合起来，让中国发展成果更多惠及周边，让大家一起过上好日子。

广大发展中国家是我国在国际事务中的天然同盟军。作为世界上最大的发展中国家，中国政府致力于支持发展中国家团结发展，维护发展中国家共同利益。在中非合作论坛约翰内斯堡峰会和北京峰会上，中国先后提出并实施中非"十大合作计划"和"八大行动"，开启了中非合作共赢、共同发展的新时代。中国同阿拉伯国家相互尊重、相互认同、相互信赖，双方弘扬丝绸之路精神，不断深化全面合作、共同发展、面向未来的中阿战略伙伴关系。中国与拉美和加勒比国家共同致力于构建政治真诚互信、经贸合作共赢、人文互学互鉴、国际事务密切协作、整体合作和双边关系相互促进的中拉关系五位一体新格局，打造中拉携手共进的命运共同体。

2020年，突如其来的新冠肺炎疫情给全世界带来了前所未有的冲击，加快了百年变局的演进，世界进入动荡变革期。疫情为各国线下交往按下了"暂停键"，但中国外交面对困难没有止步、面对挑战没有后退、面对重大议题没有失声，"云外交"成为中国与各国交往的主要形式。2020年，习近平亲自设计、亲自指挥、亲力亲为，以"云外交"的方式同外国领导人和国际组织负责人会晤、通话87次，出席22场重要双多边活动。

引领全球治理体系变革

随着国际力量消长变化和全球性挑战日益增多，加强全球治理、推动全球治理体系变革已成大势所趋。党的十八大以来，党中央以宽广的全球视野和世界胸怀，提出秉持共商共建共享的全球治理观，以中国智慧、中国主张、中国方案引领全球治理理念和实现创新发展。

维护以联合国为核心的国际体系，发挥联合国在国际事务中的核心作用。2015 年，习近平出席联合国成立 70 周年系列峰会并发表重要讲话指出，和平、发展、公平、正义、民主、自由，是全人类的共同价值，是联合国的崇高目标，要继承和弘扬《联合国宪章》宗旨和原则，构建以合作共赢为核心的新型国际关系，打造人类命运共同体。2016 年 9 月，中国政府发布《第 71 届联合国大会中方立场文件》，向世界阐述了中国关于支持联合国改革、支持联合国维和行动等问题的主张和看法。

2020 年 9 月，习近平在联合国成立 75 周年纪念峰会上发表重要讲话，指出《联合国宪章》仍然是世界和平与发展的重要保障。讲话围绕新形势下"世界需要一个什么样的联合国""在后疫情时代，联合国应该如何发挥作用"等重大问题，提出了四点建议 ①。

新时代，中国政府在全球治理问题上强调，大国之大，不在于体量大、块头大、拳头大，而在于胸襟大、格局大、担当大。大国要以人类前途命运为要，对世界和平与发展

———————

① 四点建议，即联合国应主持公道，恪守"大小国家相互尊重、一律平等"的《联合国宪章》首要原则；应厉行法治，毫不动摇地维护和遵循《联合国宪章》宗旨和原则是处理国际关系的根本遵循，也是国际秩序稳定的重要基石；应促进合作，始终遵循《联合国宪章》促进国际合作的宗旨和联合国成立的初衷；应聚焦行动，以解决问题为出发点，以可视成果为导向，平衡推进安全、发展、人权，特别是以落实联合国 2030 年可持续发展议程为契机，把应对公共卫生等非传统安全挑战作为联合国工作优先方向，把发展问题置于全球宏观框架突出位置，更加重视促进和保护生存权和发展权。

担负更大责任，而不是依仗实力对地区和国际事务谋求垄断。中国政府始终推动建设相互尊重、公平正义、合作共赢的新型国际关系；坚决维护以联合国为核心的国际体系和以国际法为基础的国际秩序；倡导世界命运应该由各国共同掌握、国际规则应该由各国共同书写、全球事务应该由各国共同治理、发展成果应该由各国共同分享，无论是维护和平稳定，还是促进共同发展，都必须充分贯彻民主的原则。中国对多边主义坚定承诺的重申、对推动构建人类命运共同体的呼吁、对世界各国在联合国旗帜下实现更大团结和进步的倡议，得到了世界各国的积极响应。

积极参与国际反恐合作，派军舰在亚丁湾、索马里海域执行护航任务。中国编织全球治理体系中的发展中国家合作网。中国坚定支持和积极参与联合国维和行动，是联合国安理会 5 个常任理事国中派出维和人员最多的国家。中国还积极参与网络、极地、深海、外空、核安全、生物安全、气候变化等新兴领域规则制定；发起并主办世界互联网大会，推动建立多边、民主、透明的全球互联网治理体系；积极开展国际反腐败合作，推动构建国际反腐败合作新秩序。

发挥负责任的大国作用，努力为全球治理贡献中国智慧和力量，在主场外交中推进全球治理体系变革，为解决人类社会面临的种种全球性挑战提供了中国方案，引导有关会议形成一系列开创性、引领性、机制性成果，为充满不确定性的世界注入稳定性和正能量。中国自 2015 年设立"南南合作援助基金"以来，到 2018 年，已在 30 多个国家实施 200 余个发展合作项目。中国在致力于消除自身贫困的同时，还力所能及地向 170 个国家和国际组织提供了不附加任何政治条件的援助，派遣 60 多万名援助人员，实施 5000 多个援外项目，为发展中国家培训 1200 多万人次，推动建立以合作共赢为核心的新型国际减贫交流合作关系。

2021 年 4 月，习近平在博鳌亚洲论坛 2021 年年会开幕式上的视频主旨演讲中指出，中国将始终高举和平、发展、合作、共赢旗帜，在和平共处五项原则基础上拓展同各国友好合作，积极推动构建新型合作关系；中国将继续同世界卫生组织以及各国开展抗疫合作，坚守疫苗作为全球公共产品的承诺；中国无论发展到什么程度，永远不称霸、不扩张、不谋求势力范围、不搞军备竞赛；中国将积极参与贸易和投资领域多边合作，推动建设更高水平开放型经济新体制，欢迎各方分享中国市场的巨大机遇。

五、统筹发展和安全两件大事

敢于斗争、敢于胜利，是中国共产党不可战胜的强大精神力量。实现伟大梦想就要顽强拼搏、不懈奋斗。新时代，中国比历史上任何时期都更接近、更有信心和能力实现中华民族伟大复兴的目标，同时必须准备付出更为艰巨、更为艰苦的努力。党的十八大以来，以习近平同志为核心的党中央统筹中华民族伟大复兴战略全局和世界百年未有之大变局，深刻把握我国社会主要矛盾变化带来的新特征新要求，深刻认识错综复杂的国际环境带来的新矛盾新挑战，始终居安思危，将发展和安全作为中国特色社会主义事业的一体之两翼、驱动之双轮，高度重视国家安全工作，坚持总体国家安全观，实施国家安全战略，维护和塑造国家安全，统筹传统安全和非传统安全，把安全发展贯穿国家发展各领域和全过程，有效防范和化解了影响我国现代化进程的各种风险，不断筑牢国家安全屏障。

总体国家安全观

中国特色社会主义进入新时代，国家安全的内涵和外延比历史上任何时候都丰富，时空领域比历史上任何时候都宽广，内外因素比历史上任何时候都要复杂，各种可以预见和难以预见的安全风险挑战前所未有。

总体国家安全观的提出。2014年4月，习近平在中央国家安全委员会第一次会议上，首次提出总体国家安全观。他强调指出，必须坚持总体国家安全观，以人民安全为宗旨，以政治安全为根本，以经济安全为基础，以军事、文化、社会安全为保障，以促进国际安全为依托，走出一条中国特色国家安全道路。

总体国家安全观的范围。十二届全国人大常委会第十五次会议通过的《中华人民共和国国家安全法》，将人民安全、海外利益安全、金融安全、粮食安全、外层空间安全、极地安全、国际海底区域安全等纳入总体国家安全观，并将信息安全、社会安全更名为网络与信息安全、公共安全。2020年2月，习近平在中央全面深化改革委员会第十二次会议上提出，把生物安全纳入国家安全体系。

总体国家安全观的内涵。党的十九大就总体国家安全观进行了深入阐述：必须坚持国家利益至上，以人民安全为宗旨，以政治安全为根本，统筹外部安全和内部安全、国土安全和国民安全、传统安全和非传统安全、自身安全和共同安全，完善国家安全制度体系，加强国家安全能力建设，坚决维护国家主权、安全、发展利益。"坚持总体国家安全观"作为新时代坚持和发展中国特色社会主义基本方略写入新修订的党章。2020 年 7 月，中央政治局会议对于高质量发展的目标定位，在原来更高质量、更有效率、更加公平、更可持续的基础上，增加了"更为安全"。党的十九届五中全会围绕贯彻落实总体国家安全观，进一步加强国家安全体系和能力建设，提出要统筹国内国际两个大局、办好发展安全两件大事，注重防范化解重大风险挑战，实现发展质量、结构、规模、速度、效益、安全相统一。会议强调，要增强全民国家安全意识，巩固国家安全人民防线。全会把统筹发展和安全纳入"十四五"时期我国经济社会发展的指导思想。在庆祝中国共产党成立 100 周年大会上，习近平强调，新的征程上，必须增强忧患意识、始终居安思危，贯彻总体国家安全观，统筹发展和安全。

总体国家安全观是顺应新时代新形势新要求的战略思想，是新时代维护国家安全和社会安全、经济安全、文化安全等各领域安全的根本遵循，是走中国特色国家安全道路的指针。

加强国家安全体系和能力建设

面临对外维护国家主权、安全、发展利益，对内维护政治安全和社会稳定的双重压力，面对各种可以预见和难以预见的风险因素，迫切需要搭建强有力的平台来统筹国家安全工作，加强对国家安全工作的集中统一领导。

党的十八届三中全会根据形势发展需要，决定设立国家安全委员会，明确其主要职责是制定和实施国家安全战略，推进国家安全法治建设，制定国家安全工作方针政策，研究解决国家安全工作中的重大问题。中央国家安全委员会按照职责，积极推进国家安全立法工作。十二届全国人大常委会相继通过了《中华人民共和国反间谍法》《中华人民共和国国家安全法》《中华人民共和国反恐怖主义法》等法律。国家安全法规定每年的 4 月 15 日为全民国家安全教育日。

2016 年 12 月，中央政治局会议审议通过的《关于加强国家安全工作的意见》，要求必须坚持总体国家安全观，以人民安全为宗旨，统筹国内国际两个大局，统筹发展安全两件大事，有效整合各方面力量，综合运用各种手段，维护各领域国家安全，构建国家安全体系，走中国特色国家安全道路。

党的十九届五中全会就加强国家安全体系和能力建设，完善集中统一、高效权威的国家安全领导体制；确保国家经济安全，加强经济安全风险预警、防范机制和能力建设，实现重要产业、基础设施、战略资源、重大科技等关键领域安全可控；保障人民生命安全，全面提高公共安全保障能力；维护社会稳定和安全等作出了系列要求部署。全会作出的统筹发展和安全、建设更高水平的平安中国的重要部署，体现了党中央统筹发展和安全两件大事的战略考虑，将推动我国实现发展质量、结构、规模、速度、效益、安全的有机统一。

中央国家安全委员会成立以来，按照总体国家安全观要求，统筹做好国家安全工作，初步构建了国家安全体系主体框架，形成国家安全理论体系，完善国家安全战略体系，建立国家安全工作协调机制，国家安全工作得到全面加强，牢牢掌握了维护国家安全的全局性主动，为实现更高质量、更有效率、更加公平、更可持续、更为安全的发展提供了保障。

坚决维护国家主权、安全、发展利益

维护国家主权、安全和发展利益，这是我国外交工作的出发点和落脚点。党的十八大以来，以习近平同志为核心的党中央不断丰富和发展维护国家利益的方式手段，坚决捍卫国家主权、安全和领土完整，坚决遏制和打击一切形式的分裂行径，积极保障经济金融安全，有效维护海外利益，防范和化解各种风险挑战，为改革发展和民族复兴提供有力支撑。

坚决反制美国在经贸、科技等领域的霸凌行径，批驳对中国抗击新冠肺炎疫情的诬蔑和不实之词，对于美国等少数国家一些政客的抹黑打压，中国坚决开展外交战、法理战、舆论战，同美方开展了有理有利有节的斗争。深入贯彻"一国两制"方针，坚决反对外部势力干预港澳事务，有力开展香港国安立法反干预斗争。巩固国际社会坚持一个中国原则的格局，党的十九大以来，我国同多米尼加、布基纳法索、萨尔瓦多、所罗门群岛、基里巴斯建交和复交，建交国数量从175个上升至180个。回击涉疆、涉藏问题上的无端指责，在联合国平台和国际上赢得大多数国家理解支持。坚决维护主权、领土完整和海洋权益，稳步推进"南海行为准则"磋商进程，稳定海上形势，妥善处理中印边界争端，维护边境地区和平安宁。排除干扰如期完成在南沙群岛部分驻守岛礁建设的陆域吹填工程，南海维权取得历史性进展。2014年7月设立的三沙市永兴（镇）工委、管委会，标志着中国在西沙岛礁首个基层政权城市雏形诞生，用政权实体组织形式进一步宣示我国主权。在钓鱼岛问题上，在尊重历史事实和国际法的基础上进行合理斗争，在多个外交场合和部分国家重要媒体上发表"钓鱼岛属于中国"的言论或文章，在钓鱼岛海域进行巡航执法，依法行使国家主权。

中国发起并主办世界互联网大会，推动建立多边、民主、透明的全球互联网治理体系，先后同70多个国家和地区深度开展打击网络犯罪合作，提出责任共担、社会共治的国际禁毒合作方案，联合各国开展国际追逃追赃、打击电信诈骗等执法行动，全面参与联合国、国际刑警组织、上海合作组织、中国—东盟等国际和区域合作框架内的执法安全合作，创建了湄公河流域执法安全合作机制，建立了新亚欧大陆桥安全走廊国际执法合作论坛。

维护我国海外利益安全，保护海外中国公民、组织和机构的安全与正当权益，努力形成强有力的海外利益安全保障体系。2014年9月，外交部全球领事保护与服务应急呼叫中心启动，可以随时为在海外遇到困难和有所需求的中国公民提供关怀与帮助。中国成功从多个突发战争或重大自然灾害的国家接回滞留同胞，成功组织多次海外公民撤离行动。

在国家安全体系建设总体框架下，建立起统一高效的境外企业和对外投资安全保护体系，同其他国家达成多项便利人员往来协定或安排。2019 年，外交部和驻外使领馆共处置各类领保案件约 7.9 万起，12308 热线接听电话量超过 35 万通，驻外使领馆办理各类领事证件总量近 1000 万件。"无论走到哪里，祖国在你身后"，是祖国对中国人民的庄严承诺。

开放一路走来，成就富裕中国；开放继续进行，筑就富强之路。新时代，以习近平同志为核心的党中央总揽战略全局，坚持站在历史正确的一边，站在人类进步的一边，坚定维护和推动经济全球化，践行开放发展理念，对外开放取得新的重大成就，奏响了中国与世界交融发展的新乐章。开放的中国，正在世界经济中扮演着越来越重要的角色。中国开放的大门不会关闭，只会越开越大。中国推动更高水平开放的脚步不会停滞，中国推动建设开放型经济的脚步不会停滞，中国推动构建人类命运共同体的脚步不会停滞。面向未来，中国开启全面建设社会主义现代化国家新征程，携手共进、迎风破浪，在新的征程上与世界相向而行，一定会缔造中华民族和人类社会更加灿烂美好的明天，一定会以更加开放更加昂扬的姿态巍然屹立寰球。

结　束　语

　　"以史为鉴，可以知兴替"，"欲知大道，必先为史"。历史是最好的教科书，也是最好的清醒剂。中国共产党历来高度重视学习历史、透析历史、反思历史、总结历史，历来善于从历史中不断汲取营养、涵养理念、自我完善、走向成熟。习近平指出，今天，我们回顾历史，不是为了从成功中寻求慰藉，更不是为了躺在功劳簿上、为回避今天面临的困难和问题寻找借口，而是为了总结历史经验、把握历史规律，增强开拓前进的勇气和力量。

　　党的十八大以来，以习近平同志为核心的党中央逐步完善了以学习党史、新中国史、改革开放史、社会主义发展史为主要内容的"四史"学习教育总体思路。2019 年 11 月，习近平在上海考察时指出，要深入学习党史、新中国史、改革开放史，让初心薪火相传，把使命永担在肩。2020 年 1 月，习近平在"不忘初心、牢记使命"主题教育总结大会上强调，要把学习贯彻党的创新理论，同学习党史、新中国史、改革开放史、社会主义发展史结合起来。

　　2021 年 2 月 15 日，党中央印发《关于在全党开展党史学习教育的通知》。20 日，党史学习教育动员大会召开，习近平发表重要讲话，要求全党学史明理、学史增信、学史崇德、学史力行，学党史、悟思想、办实事、开新局。5月，中共中央办公厅印发《关于在全社会开展党史、新中国史、改革开放史、社会主义发展史宣传教育的通知》。6月，《求是》杂志第11期、12期先后发表习近平的重要文章《学好"四史"，永葆初心、永担使命》《以史为镜、以史明志，知史爱党、知史爱国》。

习近平在党史学习教育动员大会上指出，在一百年的奋斗中，党始终以马克思主义基本原理分析把握历史大势，正确处理中国和世界的关系，善于抓住和用好各种历史机遇。他强调，要教育引导全党胸怀中华民族伟大复兴战略全局和世界百年未有之大变局，树立大历史观，从历史长河、时代大潮、全球风云中分析演变机理、探究历史规律，提出因应的战略策略，增强工作的系统性、预见性、创造性。要在全社会广泛开展党史、新中国史、改革开放史、社会主义发展史宣传教育，普及党史知识，推动党史学习教育深入群众、深入基层、深入人心。

在庆祝中国共产党成立100周年大会上，习近平指出："中国共产党和中国人民以英勇顽强的奋斗向世界庄严宣告，改革开放是决定当代中国前途命运的关键一招，中国大踏步赶上了时代！"波澜壮阔的改革开放历史，是党领导人民推进社会主义制度自我完善和发展的实践史，是集中展现决定当代中国命运的关键抉择和实践探索的壮丽画卷。40余年春风化雨、春华秋实，改革开放极大改变了中国的面貌、中华民族的面貌、中国人民的面貌、中国共产党的面貌。中华民族迎来了从站起来、富起来到强起来的伟大飞跃，中国特色社会主义迎来了从创立、发展到完善的伟大飞跃，中国人民迎来了从温饱不足到小康富裕的伟大飞跃。

改革开放是我们党的一次伟大觉醒，正是这个伟大觉醒孕育了我们党从理论到实践的伟大创造。改革开放是中国人民和中华民族发展史上一次伟大革命，推动了中国特色社会主义事业的伟大飞跃！党领导的改革开放和中国特色社会主义建设事业，贯穿于党的十一届三中全会以来的全部探索与实践。改革开放40多年积累的宝贵经验是党和人民弥足珍贵的精神财富，对新时代坚持和发展中国特色社会主义有着极为重要的指导意义，必须倍加珍惜、长期坚持，在实践中不断丰富和发展。

当代中国正经历着中国历史上最为广泛而深刻的社会变革，也正在进行着人类历史上最为宏大而独特的实践创新。改革开放成为当代中国最显著的特征、最壮丽的气象，中华民族伟大复兴向前迈出了新的一大步，社会主义中国以更加雄伟的身姿屹立于世界东方。时代潮流浩浩荡荡，改革开放永无止境，中国发展势不可挡。在中国共产党成立100周年的伟大时刻，在改革开放再出发的动员令下，全体中华儿女奋进新时代、迈向新阶段、筑梦新征程，正以饱满热情和昂扬斗志，踏上了实现第二个百年奋斗目标新的赶考之路。

长风破浪会有时，直挂云帆济沧海。在习近平新时代中国特色社会主义思想指引下，全体中国人民在新时代改革开放新的伟大征程中，一定会再创令人刮目相看的时代伟绩，全面建成社会主义现代化强国的目标一定能够实现，中华民族伟大复兴的中国梦一定能够实现，中华民族巍巍巨轮一定会抵达胜利彼岸。

责任编辑：任　民　钟　社
封面设计：林芝玉
版式设计：王欢欢

图书在版编目（CIP）数据

改革开放简史／《改革开放简史》编写组编著 . —北京：
　人民出版社：中国社会科学出版社，2021.8
ISBN 978－7－01－023727－5

I.①改…　II.①改…　III.①改革开放－历史－中国　IV.①D61

中国版本图书馆 CIP 数据核字（2021）第 173022 号

改革开放简史
GAIGE KAIFANG JIANSHI

本书编写组

人民出版社
中国社会科学出版社　出版发行

北京利丰雅高长城印刷有限公司印刷　新华书店经销

2021 年 8 月第 1 版　2021 年 8 月北京第 1 次印刷
开本：787 毫米 ×1092 毫米 1/16　印张：24.25　插页：5
字数：262 千字

ISBN 978－7－01－023727－5　定价：37.00 元

邮购地址 100706　北京市东城区隆福寺街 99 号
人民东方图书销售中心　电话（010）65250042　65289539